广西大学哲学社会科学文库

元宇宙赋能
广西非遗文化传播
未来图景研究

党琼·著

东南大学出版社
·南京·

图书在版编目（CIP）数据

元宇宙赋能广西非遗文化传播未来图景研究 / 党琼著 . -- 南京：东南大学出版社，2025.4. -- ISBN 978-7-5766-1777-1

Ⅰ. G127.67

中国国家版本馆 CIP 数据核字第 2024ZF4622 号

策划编辑：张丽萍　　责任编辑：陈　佳　　责任校对：韩小亮
封面设计：王　玥　　责任印制：周荣虎

元宇宙赋能广西非遗文化传播未来图景研究
Yuanyuzhou Funeng Guangxi Feiyi Wenhua Chuanbo Weilai Tujing Yanjiu

著　　者	党琼
出版发行	东南大学出版社
出 版 人	白云飞
社　　址	南京市四牌楼 2 号（邮编：210096　电话：025-83795842）
网　　址	http://www.seupress.com
电子邮箱	press@seupress.com
经　　销	全国各地新华书店
印　　刷	广东虎彩云印刷有限公司
开　　本	700 mm×1000 mm　1/16
印　　张	16.5
字　　数	330 千字
版　　次	2025 年 4 月第 1 版
印　　次	2025 年 4 月第 1 次印刷
书　　号	ISBN 978-7-5766-1777-1
定　　价	69.00 元

本社图书若有印装质量问题，请直接与营销部联系，电话：025-83791830。

PREFACE 前 言

广西,这片多民族聚居的土地,孕育了丰富多彩的非物质文化遗产。从壮族的歌圩、瑶族的长鼓舞,到侗族的大歌、苗族的刺绣,每一项非遗技艺都承载着深厚的历史记忆和民族智慧。然而,在信息化、数字化迅猛发展的时代,如何让这些非遗文化在新时代焕发新生,如何让更多人了解并传承广西的文化瑰宝,成为亟待思考和实践的重要课题。

元宇宙,作为数字技术发展的前沿领域,正在重塑人类社会的交互方式和文化传播路径。虚拟现实(VR)、增强现实(AR)、人工智能(AI)、区块链等前沿技术的融合应用,使得文化的传承和体验突破了传统时空限制,构建出更加沉浸、互动化的传播环境。这一变革,为广西非遗文化的保护、传播和创新带来了新的契机。

本书聚焦"元宇宙赋能广西非遗文化传播"这一主题,从元宇宙技术的特性、广西非遗文化的传播现状及挑战入手,探索二者的深度融合路径。期望通过案例分析、技术应用及未来趋势研判,揭示元宇宙如何赋能广西非遗文化传播,助力非遗走向全国乃至世界,让中华优秀传统文化在新时代焕发新的活力。

文化兴则国家兴,文化强则民族强。非遗文化不仅是历史的见证,更是民族共同体意识的重要载体。元宇宙的赋能,不仅可以促进广西非遗文化的创新传播,更有助于增强民族认同感,筑牢中华民族共同体意识。在科技与文化交融的浪潮下,期待元宇宙成为非遗文化保护与传播的新舞台,让更多人共享中华文化的独特魅力。

CONTENTS 目 录

第一章　绪论 ·· 001
　1.1　研究背景 ·· 002
　1.2　文献综述 ·· 004
　1.3　研究问题 ·· 016
　1.4　研究意义 ·· 016

第二章　元宇宙基本概要与原理 ···························· 019
　2.1　元宇宙概念 ·· 020
　2.2　区块链 ·· 023
　2.3　NFT 数字藏品 ·· 025
　2.4　元宇宙与新媒体 ·· 028

第三章　元宇宙对我国文化传播空间的拓展与影响 ··· 033
　3.1　元宇宙对我国文化传播空间的拓展 ······················· 034
　3.2　元宇宙对我国文化传播的三维影响 ······················· 045

第四章　广西非遗文化的传播现状与传承价值 ············· 059
　4.1　广西非遗文化类型与分布 ································ 060
　4.2　广西非遗数字化现状与存在问题 ·························· 069
　4.3　广西非遗文化的传播价值 ································ 088

第五章　元宇宙赋能广西非遗文化传播的可行性 ········· 101
　5.1　深度沉浸式体验为广西非遗社会化传承提供新载体 ······· 102
　5.2　群体创作为广西非遗供给侧扩容与迭代提供动力 ·········· 112

  5.3 全景式互动场域为非遗永续传承提供全面支持 …………… 121

第六章 元宇宙背景下广西非遗文化的叙事与共情研究 …… 131

  6.1 元宇宙和广西非遗空间场景叙事 ……………………… 132
  6.2 场景叙事与共情传播的一体化呈现 …………………… 138
  6.3 元宇宙场景的编码与解码 ……………………………… 145
  6.4 元宇宙广西非遗场景叙事与共情传播未来走向 ……… 154

第七章 元宇宙赋能广西非遗文化传播的路径探索 … 169

  7.1 空间再造：重构广西非遗文化原生场景 ……………… 171
  7.2 虚实交互：沉浸式具身体验广西非遗文化 …………… 180
  7.3 价值变现：激发广西非遗文化实践 …………………… 188

第八章 元宇宙赋能广西非遗文化传播风险与治理 … 199

  8.1 元宇宙赋能广西非遗文化传播风险 …………………… 200
  8.2 元宇宙赋能广西非遗文化传播治理 …………………… 212

结语 ………………………………………………………… 224

参考文献 …………………………………………………… 226

附录：广西国家级非物质文化遗产代表性项目名录
  （第一批至第五批）……………………………………… 247

后记 ………………………………………………………… 256

第一章 绪论

1.1 研究背景

随着数字经济的快速发展，互联网技术逐渐渗透到社会的各个领域。元宇宙作为互联网技术的新兴代表，正在改变人们的生活方式和生产方式。元宇宙是一个虚拟的、扩展的、集成的共享空间，其中包含多个用户生成的虚拟世界，由区块链、虚拟现实（VR）、增强现实（AR）等技术提供支持，以实现社区建设、内容创造、经济体系构建等目标（喻国明，2021；张洪忠 等，2022；陈鹏和沈文瀚，2023）。

元宇宙的实现依赖于一系列先进的技术。区块链技术提供了一个去中心化的平台，确保了虚拟财产的安全和交易的透明性（喻国明，2021）。虚拟现实和增强现实技术则通过创造沉浸式的体验，让用户能够身临其境地参与到虚拟世界中。通过这些技术的结合，元宇宙不仅可以模拟现实世界的复杂性，还能超越现实世界的限制，提供前所未有的互动和体验。在元宇宙中，社区建设是一个核心要素。用户可以在虚拟世界中创建和加入各种社区，与其他用户进行交流和互动。这些虚拟社区不仅是社交的场所，也是经济活动和文化交流的平台（张洪忠 等，2022）。例如，用户可以在元宇宙中开展虚拟会议、举办文化活动，甚至进行教育和培训，极大地拓展现实世界中的社交和商业活动。元宇宙为内容创造提供了无限的可能性。用户不仅是内容的消费者，也是内容的创造者。通过提供丰富的工具和平台，元宇宙激发了用户的创造力，鼓励他们创建各种虚拟物品、场景和体验。这种用户生成内容的模式，形成了一个自我循环的生态系统，推动了元宇宙内经济体系的构建和繁荣（陈鹏和沈文瀚，2023）。在这个经济体系中，用户可以通过出售自己的虚拟物品和服务获取收益，区块链技术确保了这些交易的安全和透明。

元宇宙正在改变人们的生活方式和生产方式。在生活方式上，元宇宙提供了一个全新的娱乐、社交和购物平台。用户可以在虚拟世界中体验到现实世界中无法实现的活动，如虚拟旅游、虚拟演唱会等。在生产方式上，元宇宙为远程工作和协作提供了新的解决方案。通过虚拟现实技术，员工可以在虚拟办公室中进行面对面的交流和协作，提高了工作效率和灵活性。在共享空间中，元宇宙不仅为用户提供了一个全新的社交平台和内容创作环境，同时还为非遗文化的传承和发展提供了新的可能性（陈长松和陈文敏，2023）。

非物质文化遗产（简称"非遗"），在 2003 年联合国教科文组织第 32 届大会通过的《保护非物质文化遗产公约》中被定义为"被各社区、群体，有时是个人，视为其文化遗产组成部分的各种社会实践、观念表述、表现形式、知识、技能以及相关的工具、实物、手工艺品和文化场所"（UNESCO，2018）。这一定义强调了非物质文化遗产的多样性和动态性，以及其在维持文化多样性和促进可持续发展中的重要作用。广西壮族自治区，位于中国南部，是一个多民族聚居的自治区。独特的地理位置和丰富的文化背景，使得广西成为一个多元文化交汇的地方。截至 2023 年 6 月，广西有壮、汉、瑶、苗、侗、仫佬、毛南、回、京、彝、水、仡佬等 12 个世居民族，和满、蒙古、朝鲜等其他民族。这些民族在漫长的历史进程中，共同创造了广西丰富多彩的非遗文化特色（李斯颖，2021）。广西拥有 70 项国家级非物质文化遗产代表性项目，涵盖了全部 10 个门类，其中民俗类非物质文化遗产项目占比最大。而在这些民俗类项目中，民族节日如壮族三月三、壮族霜降节和壮族蚂虫节等占据了重要地位。这些民族节日需要在特定的时间和空间中进行，这给广西非物质文化遗产的广泛传播带来了一定的限制（任爽 等，2023）。例如，壮族三月三是一个具有重大文化意义的节日，但其庆祝活动多在偏远的山区进行，这导致外界很难了解并参与其中。此外，随着现代化进程的加速和科技的发展，这些非物质文化遗产也面临着传承困难、缺乏创新等问题。年轻一代对传统文化的兴趣逐渐减弱，而现代生活节奏的加快也使得传统节日的庆祝方式面临挑战。为了应对这些挑战，如何利用元宇宙技术赋能广西非遗文化传播，推动其可持续发展成为一个重要的研究课题。

元宇宙的快速发展为非遗文化的传承和发展提供了新的机遇和平台，使得非遗文化可以通过数字化手段得到更广泛的传播和保护（詹一虹和孙琨，2022）。一方面，元宇宙可以提供虚拟现实场景，为非遗文化的展示和表演提供更为丰富和多样化的形式，让观众身临其境地感受非遗文化的魅力，增强对非遗文化的认识和理解。观众可以通过虚拟现实场景的沉浸式体验，感受非遗文化的历史背景、技艺技巧和审美价值（潘海霞和王亦敏，2023）。另一方面，元宇宙可以通过数字化技术对非遗文化进行全面、客观地记录和保存，避免因时间流逝而造成的损失（许昕然和李琼，2023）。此外，元宇宙可以作为非遗文化创新性发展的平台，通过与现代科技的结合，为非遗文化注入新的元素和活力（刘中华和焦基鹏，2023）。例如，通过虚拟现实技术可以将传统的非遗技艺和现代科技相结合，创造出新的艺术形式和作品。元宇宙技术可以为非遗文化的创新性发展提供支持，以促进非遗文化的传承和发展，推动年轻群众和非遗文化之间的互动和交流。传统的非遗文化传播方式主要依靠口传心授、表演展示等形式，传播范围有限，难以满足现代社会的需求。而元宇宙可以通过互联网和移动终端等渠道，将非遗文化传播到年轻群体中（鲁力立 等，2023）。

  本书旨在探讨元宇宙如何赋能广西非遗文化传播的未来图景。首先，通过深入分析元宇宙技术的基本概念与原理，探讨元宇宙技术如何改变传统文化传播方式，分析元宇宙在我国文化传播中的应用，探讨元宇宙对我国文化传播的影响和未来发展趋势。其次，探究广西非遗文化的传播现状，分析其传承的现状和存在的问题、传承价值和意义。再次，探究元宇宙技术如何赋能广西非遗文化传播，分析元宇宙技术在广西非遗文化传播中的可行性和应用前景，分析元宇宙背景下广西非遗文化的场景叙事方式和共情传播的特点，探讨如何利用元宇宙技术增强广西非遗文化的传播效果和感染力。最后，提出元宇宙赋能广西非遗文化传播的具体路径和实施方案，探讨元宇宙赋能广西非遗文化传播的风险和治理。本书旨在为广西非遗文化的数字化保护和创新性发展提供新的思路和方法，促进广西非遗文化的可持续发展。

1.2 文献综述

1.2.1 关于元宇宙的相关研究

  元宇宙是指一个虚拟的、扩展的、集成的共享空间，其中包含多个用户生成的虚拟世界（User-Generated Virtual Worlds）。方巍和伏宇翔（2024）认为这个空间是由物理现实和虚拟现实共同构成的，包括所有的虚拟世界、增强现实和互联网等。随着元宇宙（Metaverse）概念的提出与普及，人们开始探讨其对各领域可能产生的影响和变革。在现有文献中，学者们主要从概念厘清、现实应用以及风险伦理等多个方面进行分析，具体如下：

在概念厘清方面，元宇宙是一个高度抽象和复杂的概念，不同的研究者和学者都试图从不同的角度对其进行解读。姜宇辉（2021）从媒介考古学的角度，将元宇宙定义为一种超越现实物理世界的虚拟体验空间。胡泳和刘纯懿（2022c）则更关注元宇宙所可能引发的社会变革，他们认为元宇宙将可能催生一个全新的社会形态——"元宇宙社会"。而喻国明和耿晓梦（2022a）则从更宏大的视角看待元宇宙，他们认为元宇宙是媒介化社会的未来生态图景，是一个全新的数字生活空间。

随着元宇宙概念的提出与普及，学者们开始深入探讨其在各个领域的应用前景。这些领域包括出版、教育、新闻、社交、经济以及文化旅游等。延宏和王华（2021）在研究中探讨了"VR+"在元宇宙视域下出版业的融合发展模式。他们提出，通过结合虚拟现实技术，出版业能够提供更为沉浸式的阅读体验。例如，读者可以通过VR设备进入虚拟图书馆，体验书籍中的场景和情节，从而提升阅读的互动性和参与感。这种创新模式不仅能够吸引更多读者，还可以延伸出版业的服务内容，形成新的商业模式。元宇宙技术在教育领域的应用具有巨大的潜力。刘革平等（2022）研究发现，虚拟教室和沉浸式学习环境可以显著提升教学效果和学生参与度。例如，历史课程可以利用虚拟现实技术重现古代场景，让学生在虚拟世界中"亲身"经历历史事件，增强学习体验。此外，远程教育也可以通过元宇宙技术实现更高效的互动和交流，克服地域限制，提高教育资源的利用效率。史安斌和杨晨晞（2021）的研究表明，元宇宙可以成为新闻传媒业的新生态。他们认为，通过前沿科技，新闻传媒业可以重塑新闻生产和传播的方式。例如，记者可以通过VR和AR技术进行沉浸式报道，观众则可以通过元宇宙平台参与新闻事件的现场体验，从而提高新闻的真实感和现场感。陈昌凤和黄家圣（2022b）也强调，元宇宙技术能够增强新闻内容的互动性和多样性，吸引更多受众参与新闻消费。李都和马云阳（2022）研究了元宇宙在社交领域的应用前景。他们认为，元宇宙将极大地改变人们的社交方式，提供更加丰富和多样的互动体验。例如，用户可以通过虚拟化身在元宇宙中进行社交活动（如参加虚拟派对、虚拟会议等），突破现实世界的社交局限，形成新的社交网络和关系模式。在经济领域，袁园和杨永忠（2022）的研究指出，元宇宙将催生新的经济模式和商业机会。例如，虚拟房地产、虚拟商品交易以及数字货币等将成为元宇宙经济的重要组成部分。企业可以通过元宇宙平台进行品牌宣传和市场推广，增强品牌影响力和市场竞争力。张晟和张玉蓉（2022）认为，元宇宙技术能够为文旅产业带来革命性的变化。例如，通过虚拟现实和增强现实技术，旅游者可以在元宇宙中体验虚拟景点和文化遗产，获得沉浸式的旅游体验。这不仅可以丰富旅游产品的形式，还可以吸引更多的旅游者，提升文旅产业的整体水平。

在元宇宙的风险方面，学者们进行了深入研究，认识到虽然元宇宙带来了巨大的可能性，但也带来了一系列风险和挑战。元宇宙的技术安全性是一个重要问题。王文玉（2023）指出虚拟世界的建设和运行需要高度安全的技术支持，以防止网络攻击、数据泄露等安全问题的发生。滕长利和邓瑞平（2023）的研究发现，元宇宙可能存在隐私泄露的风险。在虚拟世界中，个人信息和数据可能面临被非法获取和滥用的风险，对用户隐私构成威胁。元宇宙面临着法律监管的挑战。赵精武（2022）的研究指出，随着元宇宙的发展，相关的法律法规和监管机制需要不断完善和跟进，以确保虚拟世界的合法运行和用户权益得到保障。高奇琦和隋晓周（2022）的研究表明，在虚拟世界中，人们的行为和社交模式可能发生变化，给社会价值观和文化传统带来挑战。元宇宙的发展可能导致经济泡沫。许鑫等（2022）的研究发现，虚拟世界中的虚拟资产和经济系统可能存在投机炒作，一旦泡沫破裂可能对经济造成不利影响。此外，在虚拟世界中，用户可能面临操作复杂、技术故障等问题，影响其体验和参与度（简圣宇，2022a，2022b）。王卫池和陈相雨（2022）认为，元宇宙带来人类数字化生存的无限可能，但人们在接受新媒介增强人类感知和社会实践自由度的同时，应对其所衍生的社会风险抱有警觉和审视。

综上所述，从文化角度来看，元宇宙的出现颠覆了传统的时间和空间限制，为人们创造了一个虚拟的世界，使得文化可以跨越地域和时间的限制，实现全球共享与创造。研究表明，元宇宙中涌现出多种多样的文化形式，包括但不限于虚拟艺术、数字音乐、虚拟旅游等。这些文化形式在元宇宙的环境下得以展现和传播，为人们带来了更为丰富和多样化的文化体验。例如，通过虚拟艺术展览和数字音乐演出，用户可以在虚拟空间中感受艺术的魅力，体验与现实世界不同的文化氛围。此外，虚拟旅游使得人们可以在元宇宙中探索世界各地的景观和文化遗产，拓展了人们的文化视野，促进了文化交流与理解。以上研究结果表明，元宇宙为非物质文化遗产的传播、传承与发展提供了新的可能性和思路。通过元宇宙平台，人们可以以全新的方式参与到非物质文化的创造和传播过程中，这为非遗文化的保护和传承注入了新的活力。未来，应继续深入研究元宇宙与文化之间的关系，探索如何更好地利用元宇宙平台促进文化交流与创新，推动非物质文化遗产的传承与发展。

1.2.2　非物质文化遗产数字化研究

在非物质文化遗产数字化领域，许多学者做出了重要的研究贡献。他们关注数字化技术在非物质文化遗产保护、传播和管理方面的应用，研究内容涵盖了以下几个方面。

数字化技术与非物质文化遗产保护领域的学者们致力于探索如何有效利用数字化技术记录、保存和传承口头传统、民间表演艺术、传统手工艺等丰富多样的非物质文化遗产，以及数字化对非遗保护的意义和效果（解梦伟和侯小锋，2021）。相关研究涵盖了多个方面，包括技术手段、方法论、政策制定等，为非物质文化遗产的数字化保护提供了理论支持和实践指导（宋俊华，2015；何晓丽和牛加明，2016；艾雾 等，2019；刘古月，2022）。这些学者对数字化技术在非物质文化遗产保护中的应用进行研究，提出了一系列的方法和策略。例如，他们探讨了数字化技术如何结合口述历史、民族学、人类学等学科知识，对口头传统进行系统的记录和整理，以确保其准确性和完整性；研究了数字化技术如何结合影像、音频、文字等多媒体手段，对民间表演艺术进行记录和传承，使其能够跨越时空传播；此外，还研究了数字化技术如何结合数字化制造、虚拟现实等技术手段，对传统手工艺进行数字化保存和传承，以保护传统工艺技艺和文化传统。这些研究不仅从技术层面探讨了数字化技术在非物质文化遗产保护中的应用，还从理论层面探讨了数字化对非遗保护的意义和效果。例如，通过数字化技术对非物质文化遗产的记录和保存，可以实现遗产的永久性保存和广泛传承，有助于弘扬民族文化，促进文化多样性和文化自信，促进社会的文化繁荣和发展。

　　学者们在数字化技术与非物质文化遗产传播领域进行了深入研究，探讨了数字化技术如何促进非物质文化遗产的传播与共享，以及数字化平台在扩大非遗的受众群体、提升传播效果等方面的作用（刘古月，2022）。这些研究不仅涉及技术手段和传播渠道，还关注传播效果、文化认同和社会影响等多个方面。这些学者对数字化技术在非物质文化遗产传播中的应用进行研究，提出了一系列的理论和实践探索（蒋慧，2018）。例如，学者们探讨了数字化技术如何结合社交媒体、在线视频平台等传播渠道，将非物质文化遗产推广到更广泛的受众群体，实现文化资源的共享与传播；研究了数字化平台如何利用虚拟展览、在线课程等形式，提供多样化的文化体验，吸引更多人参与到非遗传播中来；还关注了数字化技术如何通过个性化推荐、数据分析等手段，提升非物质文化遗产的传播效果，提高受众的参与度和满意度（刘岑和潘泺宇，2022）。这些研究不仅为非物质文化遗产的数字化传播提供了方法和策略，也为传统文化在数字化时代的传承与创新提供了新思路和实践经验，推动了非遗传播工作的深入发展。

　　现有研究对数字化技术在非物质文化遗产管理中的应用进行了深入研究，关注数字化技术如何应用于非物质文化遗产的各个管理环节，包括数字档案管理、数字展览设计、数字资源共享等方面（陈少华，2020；许鑫 等，2022；姚伟 等，2023）。这些研究既涉及技术应用，也包括管理策略、政策制定等方面。在数字档案管理方面，学者们探讨了如何利用数字化技术建立非物质文化遗产的数字档案系统，对非遗相关资料进行数字化整理、存储和管理，以提高信息的存取效率和管理水平（马林青 等，2023；杨利军 等，2024）。这些研究不仅关注技术手段，还着重考虑数据标准、元数据管理、权限控制等管理机制的建立和完善，以保障数字档案的质量和安全。在数字展览设计方面，学者们研究了如何利用数字化技术设计和开发具有丰富体验性和互动性的数字展览平台，以展示非物质文化遗产的丰富内涵和多样形式（杨红 等，2024）。这些研究不仅涉及展览内容的呈现和展示技术的应用，还关注用户体验、参与度等方面，致力于打造具有吸引力和影响力的数字展览产品。在数字资源共享方面，学者们研究了如何通过数字化技术建立非物质文化遗产的数字资源共享平台，促进各地区、各部门之间的资源共享和合作（翟姗姗 等，2017；陈海玉 等，2021）。这些研究不仅探讨了共享平台的技术架构和功能设计，还考虑到政策法规、利益分配等管理机制，以促进数字资源的有效利用和共享。综合而言，数字化技术在非物质文化遗产管理中的应用不仅涉及技术层面，还需要兼顾管理理论和实践的要求，促进数字化技术与非遗管理的有机结合，为非物质文化遗产的保护与传承提供更加全面和有效的支持。

数字化技术与非物质文化遗产可持续发展的关系研究探讨了数字化技术如何促进非物质文化遗产的可持续发展，并研究了数字化对传统工艺产业、文化旅游等行业的影响，以及数字化对非遗传统知识、技艺的传承与创新的推动作用等方面（唐筱萱和林丽，2023）。在数字化技术如何促进非物质文化遗产可持续发展方面，学者们进行了一系列的理论和实践探索。他们指出，数字化技术为非物质文化遗产的保护与传承提供了新的途径和手段，通过数字化记录、存储和传播，可以实现非遗资源的长期保存和广泛传承，为非遗传统的可持续发展提供重要保障（宗诚 等，2024；赵本钧，2024）。同时，学者们还研究了数字化对传统工艺产业、文化旅游等行业的影响。他们发现，数字化技术的应用可以提升传统工艺品的生产效率和品质，拓展产品的销售渠道和市场覆盖范围，促进传统工艺产业的转型升级和可持续发展（翟姗姗 等，2023）。此外，数字化技术还为文化旅游提供了新的体验和服务，吸引了更多游客参与到非物质文化遗产的保护与传承中来，推动了文化旅游业的繁荣与发展（李天滢 等，2022）。除此之外，学者们还关注数字化对非遗传统知识、技艺的传承与创新的推动作用（李默尘，2024；谢海燕和王欢，2024）。他们认为，数字化技术的应用可以打破时空限制，促进非遗传统知识和技艺的跨代传承和交流，同时也为非遗传统知识和技艺的创新提供新的空间和可能性，激发传统文化的活力和创造力。综上所述，数字化技术与非物质文化遗产的可持续发展密切相关，它不仅为非遗资源的保护与传承提供了新的途径和手段，还为传统工艺产业、文化旅游等行业的发展注入了新的动力和活力，推动了非遗传统知识、技艺的传承与创新。

1.2.3　元宇宙与非遗文化传播研究

作为人类智慧和创造力的瑰宝，非物质文化遗产是人类的重要财富。

随着科学技术的快速进步和发展，数字化和网络化的趋势日益加强。在这样一个过程中，传统的文化形态逐渐不再适用；因此，利用元宇宙技术来保护和振兴民族文化遗产是当今文化领域的一项重要工作。

具体而言，元宇宙可以通过构建虚拟化、沉浸式且高度交互的数字场景，提供丰富的创新空间和可能性。在非遗文化的数字化保护、传播和推广工作中，元宇宙具有很大潜力和发展前景，例如可以利用三维扫描与数字重建、虚拟现实、扩展现实（XR）等技术实现非遗资源的共享和再现，非遗技艺的学习与实践（鲁力立 等，2023）。通过对国内外相关文献的梳理和分析，发现现有元宇宙在非遗文化传承和发展中的应用研究主要包括以下几个方面：

一是虚拟展示与传播。学者们认为元宇宙的虚拟展示和传播功能对非遗文化的保护和传承有着非常重要的意义（陈少峰 等，2023）。通过虚拟现实等技术，元宇宙可以将非遗文化进行真实、生动、立体的呈现，使观众能够身临其境地感受非遗文化的魅力。传统的非遗文化展示方式常受到场地、时间等因素的限制，而元宇宙可以通过数字化技术突破这些限制，使观众通过终端设备随时随地进入虚拟空间进行参观和学习（詹一虹和孙琨，2022）。这种虚拟展示不仅打破了空间和时间的局限，还能大幅拓展非遗文化的传播范围和受众群体（刘中华和焦基鹏，2023）。通过互动体验，例如虚拟非遗表演、参与虚拟制作过程等，观众能够更深刻地理解和体验非遗文化的魅力，进一步激发对非遗文化的兴趣和热爱，从而促进非遗文化的传承。

二是数字化保护。元宇宙在数字化保护方面的应用为非遗文化的保存提供了新的可能。通过虚拟现实等技术，元宇宙能够全面、客观地记录和保存非遗文化，避免了传统保存方式因时间流逝而带来的损失（权玺，2022；赵跃 等，2023）。数字化技术能够对非遗文化的表演、制作过程、技艺传承等多个方面进行细致记录，确保其细节和精髓能够完整保存。此类数字化记录为后续的研究、传承和发展提供了可靠的基础。此外，元宇宙可以对受损或缺失的非遗文化元素进行修复和还原（王楚，2022），弥补现实世界中因岁月或人为因素导致的损坏，使观众能够更加真实地了解非遗文化的历史和文化内涵（温雯和赵梦笛，2022）。这种数字化保护为非遗文化的传承提供了坚实的基础，并为其未来发展开辟了新途径。

三是创新性发展。元宇宙不仅为非遗文化的数字化呈现提供支持，还能通过与现代科技的结合，为非遗文化注入新的活力（何一民 等，2023）。通过元宇宙的应用，传统非遗技艺与现代科技相结合，可以创造出新的艺术形式和作品，推动非遗文化的创新性发展（刘中华和焦基鹏，2023）。元宇宙中的虚拟世界为非遗文化的传承提供了更多元化的途径。观众可以在虚拟环境中参与非遗技艺的学习和制作过程，或者通过互动与其他用户共同探讨非遗文化的传承和发展（李燕琴和王鑫蕊，2023）。通过这种方式，非遗文化不仅能够传承，还能够在新的创意和技术支持下焕发出新的生命力。

四是市场化与产业化发展。随着社会经济的发展和人民生活水平的提高，非遗文化的市场化和产业化已成为必然趋势。元宇宙为非遗文化的市场化发展提供了新的途径（孙立青，2022；卢勇和任思博，2022）。通过虚拟现实等技术，元宇宙可以模拟和演示非遗技艺，使其更直观、更具吸引力，从而为非遗技艺的传承和推广提供便捷的途径（夏德元，2022）。此外，元宇宙还能与现代科技融合，为非遗文化注入新的创意元素，例如将传统非遗技艺与现代艺术形式相结合，创作出具有时代特色的艺术作品（解学芳和雷文宣，2023）。这些创新和发展不仅能提升非遗文化的吸引力，还能推动其市场化和产业化进程，拓展非遗文化的商业化应用和相关产品的市场空间。

综上所述，元宇宙作为数字技术的最新成果，为非遗文化的传播提供了新的途径和可能性。通过构建元宇宙中的非遗文化场景和互动体验，可以拓展传播渠道、增强互动体验、促进创新发展，进一步推动我国非遗文化的传承与发展。然而，对于如何确保元宇宙中的非遗文化传播具有真实性和完整性，以及如何保障传承人的权益和利益等，仍需进一步探讨和研究。未来，随着技术的不断进步和完善，元宇宙与非遗文化的结合将更加紧密。可以预见，在元宇宙中呈现的非遗文化将更加丰富多样，观众的参与度和体验感也将不断提升。同时，国际合作与交流的加强将有助于推动非遗文化在全球范围内的传播和发展。因此，对元宇宙赋能非遗文化传播的研究具有重要的理论和实践意义，值得进一步深入探讨。

1.2.4　广西非遗文化传播研究

广西作为一个多民族省份，拥有丰富的非物质文化遗产。这些非遗代表了广西的历史、文化和民族传统，是该地区人民生活的重要组成部分。然而，随着现代化进程的推进和全球化的冲击，许多优秀的非遗面临着被遗忘、无人传承的困境（孙传明 等，2017）。因此，加强广西非遗文化的传播研究具有重要的现实意义和理论价值。传播是文化的生命线，非物质文化遗产也不例外。目前广西非遗文化的传播研究涉及多个方面，包括传播现状、跨文化传播、旅游开发中的传播以及非遗文化品牌建设传播等。

在传播现状研究方面，广西非遗文化的传播主要涉及传统文化、民风民俗、手工艺技能等方面（李娟，2018；张明 等，2021）。这些文化元素不仅代表了广西悠久的历史和多样的民族文化，也体现了当地人民的智慧和创造力。然而，当前这些文化内容的传播存在一些问题。一些传播内容过于简单化和表面化，无法真正展现非遗文化的深厚内涵和独特价值。这种现象不仅影响了公众对非遗文化的全面理解，也可能导致文化遗产的失真和流失。在传播形式方面，除了传统的文字、图片、视频等方法，近年来一些创新的传播形式逐渐兴起，如互动式展览、虚拟现实体验等。这些新形式为非遗文化的传播提供了更多的可能性和更广阔的空间（陈羽峰和胡翼青，2022）。例如，互动式展览可以让观众在参与中更深入地了解非遗文化的背景和细节，而虚拟现实体验则可以创造身临其境的效果，使观众仿佛置身于历史场景之中，极大地增强传播的效果和感染力。梁奈（2023）的研究表明，针对不同的受众群体，广西非遗文化的传播策略也有所差异。对于年轻人和学生，传播的重点是通过学校教育和社会活动进行。例如，通过在学校课程中融入非遗文化的内容，举办文化讲座、工作坊和实践活动，提高年轻一代对非遗文化的认知和兴趣。这不仅有助于非遗文化的传承，也能培养学生的文化自信和民族认同感。而对于中老年人，传播策略则更多地依赖于舞台表演和展览等形式。通过组织丰富多彩的非遗文化表演——如传统戏剧、音乐、舞蹈等，以及举办专题展览——展示非遗文化的实物和历史资料，使中老年人能够在熟悉的文化氛围中感受到非遗文化的魅力。此外，这些形式还可以结合社区活动和文化节庆，提高老年人参与的积极性和互动性，促进非遗文化在社区层面的传承和发扬。

随着全球化的推进,跨文化传播逐渐成为广西非遗传播研究的重要方向。学者们认为,将广西非遗文化与不同地域、不同文化进行交流和融合,可以有效促进广西非遗文化的国际化发展(李金兰,2021)。这一观点在近年来的多项研究中得到了支持和验证。李金兰(2021)通过实地调研和案例分析,指出跨文化传播能够打破地域和文化的界限,使广西非遗文化在更广阔的国际平台上获得展示和传播的机会。研究表明,通过跨文化交流,不仅可以提升广西非遗文化的国际影响力,还能促进不同文化之间的理解与融合,从而为广西非遗文化的可持续发展提供有力支持。此外,卢羡婷(2023)在其研究中强调,加强对其他国家和地区非遗文化的了解和学习,是实现跨文化传播的关键。她通过比较研究发现,借鉴其他文化的优秀元素和传播经验,可以为广西非遗文化的传播提供更多的素材和灵感,进而丰富和拓展其内涵与外延。卢羡婷的研究成果还表明,这种双向的文化交流,有助于提升广西非遗文化的创新能力和多样性。雷雨晴(2022)则从宏观视角分析了全球化背景下广西非遗文化跨文化传播的重要性。她的研究指出,在全球化的进程中,文化的多样性和独特性显得尤为珍贵。通过参与国际文化交流活动、举办国际非遗文化节等方式,可以向国内外展示广西非遗文化的独特魅力和深厚底蕴。雷雨晴的研究结果显示,这些活动不仅是传播广西非遗文化的有效途径,还为其提供了与世界各地文化交流互动的平台,有助于提高广西非遗文化在全球范围内的认知度和影响力。

旅游开发为广西非遗文化的传播提供了重要机会,通过将非遗文化融入旅游体验,可以提升游客对当地文化的认知和理解(陈炜和凌亚萍,2018;李猛和王志扬,2022)。这一融合不仅能带动地方经济的发展,还能推动非遗文化的保护和传承。学者钟春云和杨忠钰(2021)在他们的研究中提出,可以在旅游景点和旅游线路中融入非遗文化元素,如民族服饰、手工艺品、文化表演等形式。他们对多个旅游景点实地调研后发现,游客对融有非遗文化元素的旅游项目表现出极大的兴趣和参与度。例如,在广西桂林的一些旅游景点,民族服饰展示和手工艺品制作体验活动受到了游客的热烈欢迎。这些活动不仅增强了游客的旅游体验,也有效地宣传了广西的非遗文化。然而,钟春云和杨忠钰也指出,需要加强对旅游开发中非遗文化传播的管理和保护，避免过度商业化和破坏性开发。他们的研究显示，一些地方在进行旅游开发时，过度追求经济利益，导致非遗文化元素被过度商业化甚至失真。为了保护非遗文化的真实性和完整性，学者建议制定相关政策，加强监管和指导，确保非遗文化在旅游开发中的健康传播。任爽等（2023）进一步分析了广西丰富的自然景观和非遗文化资源为旅游开发提供的良好条件。他们认为，通过将非遗文化融入旅游开发，广西可以打造具有特色的非遗文化旅游线路和产品，吸引更多游客前来体验。任爽等人的研究成果表明，融合了非遗文化的旅游线路，如民族村寨游、非遗技艺体验游等，不仅能提升游客的文化体验，还能促进当地社区的经济发展。例如，广西的龙脊梯田景区通过引入壮族的传统农耕文化和民俗表演，成功打造了一条非遗文化旅游线路。这条线路不仅吸引了大量游客，还带动了当地农民增收，成为非遗文化与旅游开发成功融合的典范。他们建议进一步挖掘和利用广西丰富的非遗文化资源，通过精心设计和策划，推出更多具有地方特色的非遗文化旅游产品。

在非遗文化的传播研究中，品牌建设成为一个关键议题。研究者们从品牌打造和推广的角度出发，认为品牌建设是广西非遗文化传播的重要手段（李斯颖，2021；方素梅，2022；吴沁柯，2022）。李斯颖（2021）的研究指出，品牌建设不仅能够提升广西非遗文化的知名度，还能增强其在国内外市场的竞争力。她分析了多家非遗文化企业的案例，发现成功的品牌建设通常包括独特的品牌定位和鲜明的品牌形象，这些要素能够有效吸引消费者的注意力和兴趣。方素梅（2022）进一步强调，品牌推广是非遗文化传播的重要环节。她的研究表明，通过多渠道的品牌推广策略，如社交媒体宣传、文化展览和大型文化活动等，可以显著提升品牌的知名度和影响力；此外，方素梅还指出，品牌推广应注重文化内涵的挖掘和呈现，以增强品牌的文化价值和吸引力。吴沁柯（2022）的研究则关注品牌故事的构建和传播。他认为，品牌故事是品牌文化的重要组成部分，通过讲述品牌背后的文化故事，可以增强品牌的情感吸引力和用户黏性。吴沁柯的实证研究显示，成功的品牌故事往往能够与消费者产生共鸣，从而提升品牌的市场认同度。学者刘银妹等（2023）认为，广西非遗文化的品牌打造和推广，需要通过建立品牌形象、提高品质标准等方式提高品牌的知名度和美誉度；同时，还需要加强对品牌的维护和管理，避免侵权和假冒伪劣等问题的出现，进而影响品牌的形象和信誉度。刘银妹等通过对非遗品牌企业的调查研究，提出了品牌维护的具体措施，如建立完善的品牌保护机制、加强品牌监管等，以确保品牌的长期健康发展。彭龙（2023）的研究强调，根据市场需求的变化进行品牌策略的调整和创新，是非遗文化品牌建设的重要环节。他通过市场分析和消费者行为研究，提出品牌策略应具有灵活性和前瞻性，以适应市场的变化和非遗文化传承发展的需要。例如，在品牌推广中，可以结合现代科技手段，如虚拟现实和增强现实，打造沉浸式的品牌体验，吸引更多年轻消费者的关注和参与。

对于非物质文化遗产而言，元宇宙是一项具有巨大潜力的创新技术，能够改变目前的非遗文化传播方式，并有望成为推广西非物质文化遗产的新引擎。一方面，元宇宙技术能够对传统的数字文化遗产进行保护和开发，提供新的利用方法和应用方式。另一方面，元宇宙可以将数字技术应用于保护、发扬和利用新兴的非遗文化资产，为其传播提供新的动力（Zhang et al.，2022；Innocente et al.，2024）。元宇宙技术在数字化保护方面具有显著优势。通过高精度的三维扫描和虚拟现实技术，可以对非遗文化进行详细记录和展示。这不仅能够保护那些濒危的文化遗产，还能开发新的互动展示方式，使用户能够身临其境地体验非遗文化（Hou et al.，2022）。这些技术手段为元宇宙中的非物质文化遗产保护和利用奠定了坚实的基础（Buragohain et al.，2024）。研究表明，借助数字化技术和虚拟世界的展示方法，可以显著提升非遗文化的传播效果和商业利益。例如，虚拟博物馆和在线文化展览能够吸引更多的观众，尤其是年轻一代，他们更倾向于通过数字化平台了解和体验文化遗产（Besoain et al.，2022）。此外，元宇宙中的虚拟商品交易也为非遗文化带来了新的商业模式，通过售卖虚拟物品和体验服务，可以实现文化传承与商业利益的双赢。Buragohain等人（2024）的研究进一步表明，元宇宙技术不仅能够提高非遗文化的可访问性，还能通过沉浸式体验拓展文化传播的深度和广度。例如，在元宇宙中创建虚拟的非遗文化场景，用户可以通过虚拟现实设备参与互动，感受传统文化的魅力——这种体验远比传统的文字和图片更加生动和有吸引力。综上所述，元宇宙技术为非物质文化遗产的保护和传播提供了新的机遇。通过数字化保护、虚拟展示和创新的商业模式，元宇宙有望成为推动非遗文化传播的新引擎。未来的研究应进一步探索元宇宙技术在非遗文化保护和利用中的应用，发掘其更大的潜力，为非遗文化的传承和发展提供更加全面和有效的解决方案。

1.3 研究问题

本书旨在探讨元宇宙如何赋能广西非遗文化传播的未来图景。具体来说，本书在元宇宙基本内涵的基础上，将围绕以下问题展开研究：一是区块链技术、NFT数字藏品等元宇宙技术如何应用于广西非遗文化的保护和传播。二是如何利用元宇宙技术拓展广西非遗文化的传播空间；在元宇宙背景下，广西非遗文化传播有哪些新的可能性和途径。三是广西非遗文化在数字化传播中的现状和面临的问题。四是元宇宙如何通过沉浸式体验、群体创作和全景互动场域等方式赋能广西非遗文化的传播；这些技术手段在非遗文化的社会化传承和持续发展中起到哪些具体作用。五是在元宇宙中，如何构建广西非遗文化的空间场景叙事；如何结合元宇宙场景叙事与共情传播，以提升非遗文化的影响力和认同感。六是元宇宙背景下，如何通过空间再造、虚实交互和价值变现等路径探索广西非遗文化传播的新方法。七是在元宇宙赋能广西非遗文化传播的过程中，可能会面临哪些风险，如何进行有效的治理，以确保非遗文化在元宇宙中的可持续发展和良性传播。

1.4 研究意义

1.4.1 理论意义

一是推动非遗文化传播理论的创新。本书通过研究元宇宙技术在广西非遗文化传播中的应用，丰富和拓展非遗文化传播的理论框架，为非遗文化传播理论的创新提供新的思路和方法。

二是拓展传播学研究的新领域。元宇宙技术作为一种新兴的数字化环境，其在广西非遗文化传播中的应用将为传播学研究开辟新的研究领域，丰富传播学研究的内容和方法。

三是加强中外文化交流与合作。通过研究元宇宙技术在广西非遗文化传播中的应用，可以促进中外文化交流与合作，推动中国非遗文化走向世界。

1.4.2 现实意义

本书提供了元宇宙技术在非遗文化传播中的应用案例，可以帮助企业探索如何通过虚拟现实、增强现实和区块链等技术，开发新的产品和服务，提升市场竞争力。例如，通过打造虚拟体验馆或数字藏品，企业可以吸引更多消费者，尤其是年轻一代，从而拓展市场。

本书的研究结果可以为政府制定保护和传承非遗文化的政策提供科学依据和实践指导。政府可以根据研究提出的元宇宙赋能非遗文化传播的策略，制定相应的支持政策和资金投入，确保非遗文化在数字时代得到有效传承和发展。本书提出的元宇宙技术应用方法，可以帮助非遗保护单位实现文化遗产的数字化保护与传承。通过建立数字档案和虚拟展示平台，非遗保护单位可以更有效地记录和传播非遗文化，确保其在现代社会中的延续和发展。

本书为非遗保护单位提供了新的研究视角和方法，促进了学术交流与合作。通过与高校和科研机构合作，非遗保护单位可以深入研究元宇宙技术在文化遗产保护中的应用，共同推动非遗文化的创新性保护和传承。

本书通过探讨元宇宙赋能广西非遗文化传播的可行性和路径，不仅为理论研究提供了新视角，也为公司、政府和非遗保护单位的实际操作提供了具体的指导和借鉴，具有重要的实践意义。

第二章 元宇宙基本概要与原理

2.1 元宇宙概念

Web 2.0技术在"人"的催化下产生了社交媒体，类似的，元宇宙技术在"人"的催化下生出了数字孪生（邓建国，2022）。数字孪生的概念最早由美国密歇根大学教授迈克尔·格里弗斯（Michael Grieves）在2022年的一次演讲中提出（Grieves，2005）。数字孪生（Digital Twin）是指以数字化的方式基于现实世界中的物理实体的各项属性特征在虚拟空间中建造的完全一致的虚拟模型，即数字化分身。数字孪生的模拟对象可以是人，也可以是特定的物理实体、流程或系统（刘大同 等，2018）。数字孪生的技术基础可以分为两大类：一类是用于收集模拟对象各项属性特征的技术群，譬如智能传感器、高性能数据计算等，以高度真实地反映特征；另一类是可视化相关的技术群，包括VR、AR、XR呈现，5G和6G数据传输、三维数据分析等，从而在虚拟空间中完美细致地呈现形象。两类技术的结合使得数据可以穿过时间、空间和虚实之间的界限，深层次、宽尺度地描绘模拟对象的动态状态。

数字孪生有两大特点：一是虚拟空间中的数字孪生物与模拟对象同步反应、共同变化，具有高保真度。基于这一特点，数字孪生可以用于模拟物理实体的变化和预测未来发展，通过数据融合分析等手段实现物理世界与虚拟世界的融合（陶飞 等，2018）。二是能够通过实时采集、更新、反馈数据，实现孪生物与模拟对象的即时比较，通过数据双向驱动，进而不断自我完善（Boschert and Rosen，2016），实现生产要素管理最优。在现代化产业中，如果每个设备、引擎乃至生产车间都建立了数字孪生，企业就能够在虚拟空间中等比例复制生产，机器的运作情况和环境等因素就可以被模拟，企业可以在虚拟系统中分析研判，快速锚定生产问题进而提升效率。数字孪生早期多被应用在航空航天领域，美国最早提出可以将数字孪生技术应用于航空航天飞行器的健康维护与保障（Jones et al.，2020）。随着新技术的迭代，数字孪生的应用范围逐渐拓宽，开始被用于工业、制造业、建立智慧城市、智能医院、元宇宙图书馆等。学者陶飞等（2017）总结了数字孪生车间的构建和运行机制。向玉琼和谢新水（2021）阐释了数字孪生城市治理的运行逻辑，并对现实实践提出了构想和对策。

虚拟原生是元宇宙发展的第二个阶段，用以描述在虚拟空间中，不依赖现实场景而形成的原生生态体系。在人工智能（AI）架构虚拟场景中，人与人、人与数字化身、数字化身之间进行虚拟社交（沈阳，2022），每个人的多个数字分身能在同一时间进行多线程工作。在元宇宙原生的生态体系中，赛博格（Cyborg）是新的主体。"赛博格"一词最早由美国学者曼弗雷德·克林斯和内森·克兰提出。他们各取"控制论"（Cybernetics）与"有机体"（Organism）的前三个字母合并出新词赛博格。唐娜·哈拉维（2007）在《赛博格宣言》中为赛博格下了定义：赛博格是神经控制有机体，是机器与生物体的杂交物，既是社会现实又是虚构的创造物。赛博格被技术穿透、数据浸润，是技术与人的融合创造出的新型主体。赛博格连接了人类与技术的双重逻辑、现实世界与虚拟空间的双重行动（孙玮，2018）。

虚实共生是元宇宙发展的第三个阶段，是指现实世界的信息与元宇宙的信息相互融合、相互作用。譬如现实世界中的真人受到了刺激，心跳加速、激素分泌加快，元宇宙中的数字化身也会呈现相似的状态。电影《头号玩家》就描绘了一个叫作"绿洲"的虚拟游戏世界，所有人可以通过VR头显、触感手套、全方位跑步机等设备进入游戏世界。玩家对虚拟人物的状态感同身受，玩家在现实世界中的每一个转身和抬手，都会在虚拟人物的动作上呈现；当虚拟人物受伤，玩家的皮肤也会同时流血。

虚实联动是元宇宙发展的第四个阶段，是指随着交互技术、算法技术等的发展，现实世界、虚拟世界、机器世界三者实现高度融合，理想中的元宇宙能将视觉、听觉、触觉、嗅觉、味觉纳入信息传播的过程中，极大增强用户的沉浸感，使其获得无限贴近真实世界的感受。在虚实场景相互作用的同时，自然人、虚拟人、机器人也相互作用、共同进化。

元宇宙是信息发展的最新阶段。元宇宙既是一个技术概念，也是综合了多种最新技术的应用（郭全中 等，2022a）。元宇宙的技术基础可以分为软件技术和硬件技术两类（表2.1），二者共同构成了实现元宇宙的物质底层。

表 2.1 元宇宙的技术基础

硬件技术	软件技术
智能数字设备制造	物联网
脑机技术、扩展现实-拟真现实（ER）	人机交互技术
5G、6G 通信技术	人工智能技术
云计算	区块链
边缘计算	

硬件技术主要起支撑元宇宙世界的作用，从基础的芯片到智能数字设备都在不断更新迭代，提升设备性能和承载能力。人类从现实世界进入元宇宙空间需要有渠道和入口，接口同样是硬件技术的一部分，因此脑机技术、扩展现实-拟真现实、动作捕捉和智能传感也是不可或缺的硬件技术。另外，从 1G 时代的模拟信号、2G 时代的数字信号，到 3G、4G 时代的移动通信，信息传输的重要性与日俱增。执行繁重的任务计算、访问数据库、用户共享信息都离不开网络与通信。在元宇宙中，即时通信和信息在节点之间的光速传递都离不开高速率、高容量、低延时、低消耗和规模化的 5G 和 6G 技术，这是流畅的用户体验的基础。云计算的价值主要体现在数据存储和数据处理：云端存储可以降低对每个用户的设备要求，降低进入元宇宙世界的技术门槛；而且终端设备的存储容量毕竟有限，云计算平台的分布式存储才能完成数据存储的任务。在数据处理方面，终端设备难以有能匹敌云计算平台的强大算力，因此云计算等技术能够提升系统运算的速度，更好地帮助视觉图像等功能呈现。除此之外，在终端设备距离云服务器较远的情况下，信息传输需要占用大量带宽，用户的网络延迟会大大增加——边缘计算可以解决这一问题。边缘计算在最接近最终用户和设备的地方计算、存储和传输数据，可以极大降低用户的时延。这几类技术构成了元宇宙的硬件技术基础（方凌智和沈煌南，2022）。

元宇宙的软件技术并非指某个具体的产品和应用，而是指辅助达到效果的技术群。首先，多种传感器、智能终端等物联网设备进行数据采集和传输，元宇宙的虚拟世界与现实世界依靠物联网而连接在一起。物联网能实现物与物、物与人的泛在连接，是元宇宙虚实交互和万物互联的技术基础，因此也被称为元宇宙基础设施的重要支柱。其次是人机交互技术，其中有图形图像技术，视觉呈现、触觉呈现等多种细分技术。这些技术的共同目标是在复刻现实世界的基础上，提升用户的沉浸感，譬如头戴式显示设备能够暂时封闭人对现实世界的视觉和听觉，通过虚拟成像引导感觉。人机交互技术在应用于元宇宙之前已有较长的实践积累，整体发展较为成熟，许多设备已面向消费市场普及。再次是人工智能技术。人工智能作为引领新一轮科技革命的战略性技术，已经强烈地影响了诸多产业和现实生活的方式，元宇宙世界的运行和发展自然也离不开人工智能的赋能（方巍和伏宇翔，2024）。在元宇宙世界中，赛博格的语言、视觉、听觉、触觉感知离不开人工智能驱动的计算机视觉、自然语言处理等，计算机处理自然信息、人的语音和动作命令等也需要人工智能进行识别和理解。人工智能不仅组成了世界运转的底层架构，还有利于元宇宙产业发挥生命力，将产业延伸至更广阔的维度。目前，人工智能研发取得较大突破，从"识别内容、文字、图片、视频"升级为可以"创造内容"。譬如在国内，百度AI可以根据文字指令描述，自行绘制各种绘画作品，也可以在几十秒内写出多篇作文。在国际，人工智能研发公司 OpenAI 开发出了一款名为 ChatGPT 的 AI 聊天模型，它拥有超过以往模型的学习能力，可以编小说、讲故事、写歌词、画画，还能根据互动者的需求改代码、教人社交。最后是区块链技术。传统的数据库管理系统基本是由单一组织或机构进行管理维护的，这一组织机构既是中心，也在某种程度上对所有数据拥有"绝对掌控"，其他组织和机构缺少接触库中数据存储和更新的过程，因此在这种数据模式下的信任体系往往演变成对权力的服从。而区块链以其技术上的特点，颠覆了现有网络的底层协议，可以成为元宇宙中信任机制的基础。区块链通过集成 P2P 协议、非对称加密等，无需借助任何第三方可信机构保存、管理数据，所有用户不需要相互了解和信任，也可以实现可信、对等的价值传输。

2.2 区块链

区块链是一种分布式数据存储模型，所有的数据存储在一个一个的"块"中，所有区块都按时间顺序链接。区块链和比特币是在同一个概念体系中诞生的，区块链就是比特币背后被单独剥离出来的技术。尽管比特币留存于网络之中，但比特币的每一次转手交易、每一次流动都需要有所记录，区块链就是比特币的记账方法。因此，区块链也可以视作一个对全部人可见的庞大账本。

区块链的核心技术是密码学和数据结构保护账本中的信息真实，因此区块链具有高度的防篡改性，这主要通过哈希值（hash）实现。哈希值是通过特殊加密算法结合交易的细节计算出来的一串由数字和字母组成的字符串，其中需要使用的细节包括出版物的生产时间、购买对象、金额等。而且哈希值对其底层数据的改变十分敏感，仅仅改动一个标点符号就会让整个字符串变得截然不同。由于每一个区块存储的交易信息不同，因此哈希值也多有差异，再加上每一个区块储存了前一个区块的特征，这样能够将全部区块按照顺序排列，最终形成了区块链条，即区块链。这样的技术模型使得区块链能够实现元宇宙中数据的去中心化和高透明度，建立一个无需互相信任就可以良好运转的分布式系统。由于每一台服务器都存储有整个链条上的全部数据，所有人的行为信息都会被网络以广播的方式对全体共享，因此某个节点想要完全篡改数据则至少要对超过50％的节点进行修改，这大大增加了攻击、篡改数据的成本和难度。基于这一特点，区块链可以以较低成本和较高效率，为数据提供安全保障，解决传统的中心化机构数据存储难题（袁勇和王飞跃，2016）。因此，相较于其他类型的数据存储结构，区块链可以为元宇宙中的生产活动提供一个去中心化、公开透明、不可篡改、安全可靠的数据保障（史安斌和叶倩，2019）。

区块链在架构上有五个层次，即网络层、共识层、数据层、智能合约层和应用层（邵奇峰 等，2018）。区块链有三种，包括公有链、联盟链和私有链。公有链是指任何人都可读取、交易且获得确认的区块链，这种被认为是实现了完全去中心化的结构。联盟链是只对特定的团体开放的区块链，在严格意义上也可以被划为私有链。譬如，脸书（Facebook）在2019年推出的Libra就是一种私有链，它由脸书和28家国际级支付机构共同打造。私有链是指其写入、读取权限被单一组织掌握的区块链，对他人权限有所限制。私有链是不完全去中心化的区块链，如果中心化程度过高，就接近于传统的中心化数据库。

区块链有潜力赋能诸多产业。在金融、商业、网络安全等领域广泛应用之后，欧美国家和地区开始将区块链技术应用于新闻业。目前学界公认，区块链技术对新闻生产有着特别的价值，能够改变当前互联网中的生产关系，还能够更好地保护用户隐私，帮助用户夺回自己的权利，促进科技向善理念的传递（郭全中，2020）。有学者提出，区块链技术可以较大程度保证数据采集的真实性，有利于纠正新闻系统中记者和编辑等人的刻板印象和媒介本身的内容偏向；还可以减少政治和技术力量的干预，准确跟踪出版内容的传播去向，有利于保护自身内容版权（邓建国，2018）。区块链还可以重构新闻生产透明性，建立相对去中心化的新闻展示平台。新闻采集者将最新消息写入联盟链或公有链；编辑、记者在其中呈现新闻的每一步生产和客观程序；媒体在最后封装新闻时可以将信源、采集时间、使用等细节写入区块链条，并附带上时间戳。在这样的模式下，用户阅读新闻内容的同时，也是利用区块链观看新闻生产、核查信息是否发生畸变的过程，无需额外的精力去核实消息的真实性，同时也实现了新闻的分布式储存，由此一个有序且开放的新闻平台便得以落地运转（郭恩强和梁杰兵，2019）。

区块链亦可以成为打击虚假新闻的武器，譬如 Userfeeds 依靠区块链技术建立了一套公开透明的新闻排名算法，其逻辑能被公众审查和监督；PressCoin 则颠覆了媒体的传统商业模式，搭建了一个基于区块链的"依存共生"（codependence）的生态系统，将新闻的内容和质量与机构的收入强关联，一旦发现虚假信息，系统就在区块链中直接定位新闻机构，并进行处理和惩罚（吴果中和李泰儒，2018）。但这种模式存在相当大的不确定性，譬如区块链模式要求庞大的用户基数；只有达成了共识和认可，人们才会在其中付费，整个商业模式才能运转。在技术层面，目前区块链和智能合约的安全性不足，相关法律和监管制度体系急需完善，投资者和用户的保护机制缺位（谭小荷，2018）。

2.3 NFT 数字藏品

NFT（Non-fungible token）全称为非同质化通证，是一种建立在区块链基础上的加密货币。与 NFT 常常同时出现的名词还有 NFR（Non-fungible rights，非同质化权益），指具有独特资产所有权的数字代表。NFR 同样以区块链技术为技术基础，用以记录数字资产的数字所有权，并形成专用的真实性证书。从 NFT 到 NFR，非同质化强调资产之间的差异性，完全独特、不可分割且唯一，譬如特殊的域名、游戏皮肤、社交媒体账号等，传统意义上的艺术作品，如绘画、摄影图片也是非同质的。

与非同质化对应的是同质化，即资产之间能够替换、具有统一性、每一个资产可自由分割。同质化通证包括比特币、游戏场的游戏币等。NFT 与同质化通证（fungible token，FT）之间存在本质差异：首先，NFT 有价值锚定物，比如具有实际价值的文化产品和权利，而 FT 没有价值锚定物，其价值取决于大众是否认可；其次，NFT 具有唯一性和稀缺性，每个 NFT 都不相同，而每个 FT 的价值相同。因此，相比于使用 FT，以 NFT 的形式进行元宇宙交易更加可靠。

NFT 数字资产具有独一无二、不可分割和高透明性三个特点（郭全中，2021）。首先，NFT 以区块链为底层技术。区块链技术包括分布式储存、分布式账本与智能合约、哈希算法与时间戳技术等，这些赋予每一个数字资产独一无二的数字标记，其证书不可篡改、不可复制。其次，NFT 是非同质化的，即不能被替换，也不可分割，NFT 的最小单位是 1。最后，区块链上每一个区块都含有全部的信息，可以用于信息回溯和信息公开。对于 NFT 数字资产的交易双方来说，这一产品的生产和每一笔交易都是公开透明可查的，甚至整个市场的相关数字资产的交易情况都能查询到，因此整个 NFT 市场在理论上是高度透明的。当前 NFT 主要应用在艺术领域，已经有诸多艺术家、收藏家、画廊将自己的艺术作品创建 NFT 进行交易。世界著名卖行在 2021 年纷纷入局 NFT，将其纳入拍卖类别之中。2021 年佳士得共卖出超 100 件 NFT 作品，成交总额接近 1.5 亿美元；另一家拍卖行苏富比举办了线上 NFT 拍卖会，全年销售额不俗。但在理论层面上，NFT 并不局限于艺术藏品，文字、图像、音频、视频、游戏道具等都可以数字化而变成一件 NFT。譬如推特公司的前 CEO 杰克·多尔西（Jack Dorsey）将自己在 2006 年发布的首条推文制成了 NFT 进行拍卖，最终成交价达到 290 万美元。NBA 则推出了多种 NFT 产品，从足球游戏中的主题数字收藏卡到代币化的球赛门票，引发球迷的广泛关注和购买。

NFT技术不断成熟，其应用场景也不断深化和广泛，有望为新闻传播业带来变革。当前许多传统新闻媒体机构陷入了营收困境，不仅广告收入大幅下滑，入不敷出，还被平台以"流量入口"为由霸占内容，被动成为"内容奶牛"。新闻媒体机构拥有许多特有资源，譬如重大事件报道中的各类报道文本，珍稀的人物专访、图片和音频、视频等资源，这些都具有无可取代的历史价值，可以成为收益增长点。每一篇新闻报道、音视频甚至标题、架构在某种程度上都可以NFT化，通过吸引买家竞标产生收益（史安斌和杨晨晞，2021）。《纽约时报》在2021年就将一篇介绍NFT的科技专栏文章标记为了NFT，最终以56万美元高价拍出。同年《时代》周刊也将三期标志性的封面进行了NFT拍卖，每张拍下价格都超过了1.8万美元。更进一步，传统的内容市场在作品完成交易后，内容创作者就与作品后续交易完全无关了，也不能继续获益，NFT则有所不同：在NFT交易的利益分配模式中存在回扣机制（royalty），能够让创作者从每一次交易中获益。创作者拥有自定义回扣比例的权利，5%～10%不等。随着创作者声誉和认可度的上升，作品价格不断走高，作者可以从一次次交易和高价回扣中得到双重利益。

目前NFT市场作为新兴产业在国内市场日益火爆，但野蛮生长，整体扩张市场既没有统一标准，也缺少监管力量，法规缺失导致市场乱象丛生（Bocart and Oosterlinck，2011）。当前NFT市场对于作品来源尚没有可靠的验证方法，作品数过多时就难以保护原创者的知识版权，导致产权风险。买方必须通过专业机构核实艺术家身份，确认其是否为该NFT艺术作品的创作者，且同意对NFT作品进行交易，这增加了双方交易的风险（江哲丰和彭祝斌，2021）。另外，NFT不仅可以发布在公有链上，也可以发布在联盟链和私有链之上，譬如支付宝在其研发的"蚂蚁链"上发售了付款码NFT皮肤，哔哩哔哩在自家的"高能链"上发售艺术头像。在这些联盟链和私有链之上发布的NFT作品只能在这单一链上交易，并不能像发布在公有链上的作品一样自由流通，这样NFT资产的价值必然有所影响。而且只有公有链能做到完全的去中心化，联盟链和私有链的运营方依旧对链上的数字资产具有掌控权，左右稀缺性与所有权，这使得区块链与NFT沦为概念而非真正落地的产品。

2.4 元宇宙与新媒体

从传播学的角度来看,元宇宙并不是单纯的虚拟现实或传播空间,而是一种"元媒介"(胡泳和刘纯懿,2022b),可能对现有的新媒体产业实现颠覆与重构。数字游戏被称为第九艺术,是大众文化的主要组成部分。数字游戏是一种"根植于其文化环境的文化产品"(Kücklich,2006),是"任何一个社会的活的镜鉴"(Vowinckel,2009)。随着用户多元化增长和产业链上下游的逐渐完善,游戏从单纯的文化娱乐产品走向产业经济。《2020—2021年中国数字出版产业年度发展报告》显示,2020年我国数字出版产业的产值达 11 781.67亿元,其中网络游戏收入达到635.28亿元(中国数字出版产业年度报告课题组,2021)。可以认为,游戏已经成为我国数字产业的顶梁柱,对社会有着较大的影响力。在满足审美需求、提供娱乐的基础上,游戏内容与现实交织,游戏的文化价值日益突出。2019年巴黎圣母院发生火灾,遭受了严重破坏,关闭了短期内游客游览活动。而在此之前育戏开发公司碧游曾推出动作冒险游戏《刺客信条:大革命》,游戏以18世纪的巴黎为背景,几乎还原了巴黎大部分建筑。游戏制作者曾表示,在塑造游戏中的巴黎圣母院时,他参考了大量实拍照片,用了两年时间确保每一块砖的纹理都和现实中的巴黎圣母院一致。极高的还原度为玩家提供了"赛博旅行"的可能性。

元宇宙融合了多种前沿技术,虚拟现实、人工智能、区块链、大数据、云计算等描摹了人类新的生存空间。古老的文化遗产与新潮的元宇宙在过去、当下和未来三重维度相互碰撞(顾振清 等,2022)。谷歌成立了艺术与文化平台,与全球两千多家博物馆和文化机构进行合作。在平台上,公众既可以欣赏意大利画家拉斐尔的画作,通过放大观察油彩在画布上形成的细小纹路,也可以切换页面来到长城,360°实景游览长城。平台的数字特性为公众足不出户欣赏全球艺术提供了可能,但现有的技术手段只能呈现脱离了原始环境的文化作品,相关联的时空环境、文化生态等元素缺位。元宇宙空间或许可能提供解决这一问题的路径:基于数字化的历史档案、高精度三维采集与建模技术打造绘画、建筑等文化遗产的数字孪生,还可以基于时间关系、空间关系、事件关系等逻辑,将文化与作品相互关联，建立多面向的叙事模式。公众借助VR头盔和多种连接在身上的智能传感器进入赛博博物馆，以虚拟化身的形式进行游览参观。倘若加入游戏的互动属性，以游戏的方式"再现"油画等艺术作品的创作过程，或者在虚拟空间中建造现实的经典建筑，玩家就可以"亲眼见到""亲身参与"，立体化认知人类文化遗产。

目前谷歌平台已提供查找附近博物馆和展览的功能，可以实现线上线下的艺术联动。元宇宙空间中，技术或许可以帮助人们实现身体和意识的双重同时在场，穿梭于真实博物馆和虚拟博物馆之间。元宇宙游戏中的服务可以叠加相关的现实环境场景，虚实交互既能实现文化遗产的可视化呈现和互动化传播，培育社会文化共识，也能减少用户的疲劳感，增强体验，是对于文化遗产和用户的双向增强（詹一虹和孙琨，2022）。从社会层面来看，游戏不仅孕育了传统的复兴，还与社会精神有所关联，是历史实践的一部分（刘梦霏，2020）。

2.4.1 元宇宙成为阅读与教育的新空间

摩尔定律提出每18个月集成电路上晶体管最大容纳量会增加1倍，这同时意味着处理器的性能也提升了1倍。从互联网时代到元宇宙时代，设备性能的升级会带来数据量的升级，进而再一次迭代阅读和教育的方式，实现从传统阅读到智能阅读、从线下教育到融合教育的跨越。具体体现在"人、物、场"三个层次。

首先，人是阅读和教育的主体。彼得斯在《对空言说：传播的观念史》一书中提出，人类一方面在面对面传播时渴望逃离"身体"这一枷锁，另一方面却又在中介化的传播中寻找能够模拟"身体"的体验，传播媒介的发展就是身体在其中消失和回复的过程（Peters，2001）。传统的线下阅读、教学受限于教室和校园等物理场所，阅读和学习的过程往往是使用眼睛观看、大脑记忆的过程；元宇宙世界中人工智能、虚拟现实在模拟现实世界的基础上营造了虚拟空间，老师和学生通过数字孪生将"身体"纳入学习，身体与精神实现有机融合（李小涛，2022）。从古诗词到朝代更迭，从物理规律到化学反应，在虚拟世界中亲身感受能够为知识增加"记忆锚点"，不仅强化了学生学习的兴趣，同样延长了对知识的记忆。

其次，在物的层面，元宇宙中的书目和阅读品是纸质书的"孪生图书",具有与纸质书完全相同的外观、尺寸和内容,甚至可以模拟纸质书的手感、书籍印刷时的油墨气味(方卿 等,2022)。而且,人工智能技术可以帮助进行跨章节、跨书目甚至是跨语言的信息查询,提供更加丰富的注脚。这种海量知识的精确匹配意味着用户与深度思考无关的行为将可以被代劳,如重复性记忆背景知识、查找相关文献等。譬如,用户在阅读《奥赛罗》时,元宇宙中的阅读平台不仅可以关联到莎士比亚四大悲剧,为用户补充背景知识,还可以进行横向对比,结合用户的中国身份搜索中国的四大悲剧,分析不同文化背景下悲剧故事的异同点。有学者提出,在智能技术的帮助下,人们将走向更高层次的需求,即从简单的生存生活发展至追求生命品质与灵魂提升(徐升国,2022)。

最后,在场的层面,阅读和教学的空间将由原本单一的物理空间向虚实相融的空间转换。元宇宙技术基于现实数据建立 3D 虚拟校园、拟真教室、图书馆等空间,提升学生的熟悉程度和沉浸感。如中国传媒大学便在百度研发的希壤元宇宙平台中搭建了孪生校园,几乎完全复刻了整个校园的建筑。另外,还可以借助虚拟技术实现现实中不能进行或难以进行的教学活动。譬如物理化学实验室中资金成本较高和对学生危险的实验,可以借助 AR 和传感器提供视觉、听觉、触觉甚至是嗅觉,"还原"实验结果。

2.4.2 对元宇宙热潮的反思

人们对元宇宙有诸多乌托邦式想象。由于元宇宙兼具真实与虚拟,既为人类不受现实生活的束缚而进行崭新的探索提供了可能,也赋予个体以全新的数字身份,为其提供了挖掘精神世界的切入口,元宇宙被认为是一个蕴含着无限希望与可能的生存空间。在全球经济由于流行疾病而受到巨大冲击的背景下,元宇宙这一概念为教育、旅游、医疗、娱乐等行业带来了生的希望,因而迅速兴起,掀起热潮。虚拟经济、虚拟社交、虚拟地产、虚拟货币等将成为商业资本竞相投入的新蓝海。

但是,斯塔夫里阿诺斯在《全球通史》中指出,技术与社会发展必须相匹配,一旦社会过度落后于技术,引起的问题可能是全球性的。因此应该在技术与社会间做出反思。当技术革命受到资本或政治的裹挟,技术的发展催促社会生活越来越迅速、破碎时,事物的多变性和不确定性在不断增加,自我价值就成为模糊不定的东西。马尔库塞曾经用"单向度"来描述发达的工业社会：工具理性的过度发展使得人文艺术隐藏其后，人们失去了否定的能力和自由的灵魂。工具理性不断膨胀，价值理性却步步消退，价值追求的失衡必然会导致人文危机。从人工智能到元宇宙，对于技术工具的过分依赖，会逐渐削弱人的思辨和批判精神，导致人的退化。托马斯·克伦普在《数字人类学》中指出，人类建构的数字系统就是人的镜像系统。人类社会充满了各种形式的歧视，如民族和宗教歧视、商业生态中的金钱歧视、政治和社会中的权力歧视等，这些歧视在利益交织的社会中不断演变。作为现实世界的映射和延伸，元宇宙的运行规律由人类主导设计，不可避免地会受到价值观的影响。这些歧视在元宇宙中可能变得更加隐蔽。元宇宙公司Everyrealm的首席执行官和联合创始人就因涉嫌性骚扰和种族歧视而被起诉。元宇宙的开发公司尚且如此，那它们推出的元宇宙产品、制定的生态规则则更难保证。Meta公司开放的虚拟社交平台Horizon Worlds刚刚公测一个月就收到了多名女性用户被骚扰和言语侮辱的报告。同样的，种族歧视的问题也已经在元宇宙内发生。

尽管元宇宙热潮为社会发展带来了许多新的机遇和可能性，但也不能忽视其中存在的问题和挑战。因此，在追逐元宇宙热潮的过程中，需要保持清醒的头脑，审慎评估技术发展的利弊，充分考虑个体和社会的长远利益，努力寻找技术发展与社会发展之间的平衡点，实现科技进步与人类福祉的双赢。

第三章　元宇宙对我国文化传播空间的拓展与影响

3.1 元宇宙对我国文化传播空间的拓展

近年来,随着我国元宇宙概念热潮的兴起和元宇宙技术在多领域的探索和应用,元宇宙技术在文化传播领域的应用也成为我国政策层面的重点关切对象。2022年5月中共中央办公厅、国务院办公厅印发《关于推进实施国家文化数字化战略的意见》,强调要"集成全息呈现、数字孪生、多语言交互、高逼真、跨时空等新型体验技术,大力发展线上线下一体化、在线在场相结合的数字化文化新体验"等(中共中央办公厅和国务院办公厅,2022)。这意味着元宇宙技术成为推进我国文化产业数字化布局的重要引擎,推动我国文化传播空间的创新发展。每种新技术都蕴含着改造环境的力量(张蓝姗和史玮珂,2022a)。元宇宙作为一个蕴含巨大潜力的全新生态系统,其实现将促进人类的生存空间、视角维度、感官体验以及思想实践等方面实现全方位的拓展和延伸。

3.1.1 元宇宙对生存空间的拓展

近年来居家办公、线上教学、虚拟旅游等活动的普及推进了人们的数字化生存,人们的生活开始向虚拟世界迁移,逐渐过渡到线上线下"两栖"生存。中国互联网络信息中心(CNNIC)发布的第50次《中国互联网络发展状况统计报告》显示,截至2022年6月,我国网民规模为10.51亿人,互联网普及率达74.4%(中国互联网络信息中心,2022)。这为人类进入元宇宙时代奠定了心理和行为层面的基础。元宇宙时代的到来将极大拓展人类的生存和活动范围,它将构建一个跨越虚实、生死无界的虚拟生存世界,成为人类进行文化传播、生活交往的全新空间,构成未来人类的生存境况。

1. "跨越虚实"的元宇宙

人类活动从现实世界拓展到虚拟世界,但元宇宙并不会取代物理世界,而是与物理世界既平行同步,又相互叠加嵌套,互联互通。个体在其间可以进行沉浸式社交、货币交易、文化消费、劳动生产等多种活动,并且能够实现与社会现实同频同步或是虚实混合。元宇宙是一个可感知、可移动、可交互、虚实联动的社会生态系统。

（1）元宇宙对社会的重构与建构。在宏观层面，元宇宙是对社会现实的重构与虚拟社会的建构，是既映射于又独立于现实世界的虚拟世界，成为未来人类社会生存的媒介基础设施。元宇宙的经济系统搭建则为虚拟经济交易活动提供了可能，拓展了人类的生存版图与活动半径。尼葛洛庞帝指出，数字世界与现实世界之间的差异在于物质构成的不同：现实世界以原子作为构成要素，而原子的实在性决定了其形态会受到现实物理环境的限制，这使得基于原子进行的生存传播活动需要通过实体工具得以开展，而物理世界中的自然资源是有限的，这意味着经济成本是需要考量的要素之一（尼葛洛庞帝，1997）；而元宇宙是由比特所构成的，比特具有无重量、易复制、传播速度快且成本低的特性，这使得元宇宙突破了现实世界中物理条件的桎梏，极大减轻了人类对现实环境的依赖和所受限制，拓展了人类的生存疆域与探索空间，成为人类数字化生存迁移的虚拟世界，并且与现实世界互联互通，供人类在其中开展数字生存、数字传播、数字交易等各式各样的创造性活动，开启全新的数字文明世界和社会体系。以经济方面为例，元宇宙的到来为虚拟经济发展注入极大的活力。不同于现实世界中的实体经济对土地、原材料、人口等生产要素的依赖，元宇宙经济所依托的是数据、人力资本、技术和金融资本，这为当前的经济发展打开了一个数字天地。元宇宙的到来将极大促进信息共享、资源共享，降低市场交易成本。现实生活中的经济系统和产品服务能够映射和移植到虚拟空间中，而不必受限于传统生产要素以及现实的物理空间。

（2）元宇宙对人的重建与拓展。在微观层面，元宇宙是对人的身份及其交往的重建和拓展。在数字孪生、区块链、虚拟现实等多种技术的支持下，在元宇宙中，个体可以凭借虚拟化身获得相应的数字身份，在元宇宙中展开活动。具体来说，人们可以将自己现实中的形态与社会角色通过自己的化身映射到元宇宙当中，从而使自己的现实生活在虚拟世界中继续，又或者是依据自己的意愿设定自己的数字身份，开启"另一个自己"在元宇宙的全新历程。在行动层面，个体不论在现实世界中身处何处，都能借助数字分身与身处不同现实空间的人在元宇宙所搭建的交往场景中会合，完成工作、社交、娱乐等各种主体性活动，与现实世界同频同步。除了对于人的身份和交往行动的拓展，元宇宙还拓展了人的交往对象。个体的交往对象不仅是真人以及其所映射的虚拟身份，还可以是虚拟数字人。这些以往的"物"不再只是交往的客体，而拥有了全新的主体身份（王敏芝和王军峰，2022）。例如国内虚拟偶像"柳夜熙"在网络微短剧中初登场便一炮而红，其首部作品即获得369.5万个"赞"，截至2022年11月29日，其账号在抖音平台上拥有864.8万粉丝。其主演的微短剧将中国文化与元宇宙概念相结合，剧情引入了"脑机接口""VR"等元素，并赋予主角降妖除魔等玄幻人设，打造了一个颇具东方色彩的"元宇宙"世界。在视频的评论区中，柳夜熙回复网友评论的互动，模糊了"虚拟形象"与"真人"的界限。元宇宙中建立的各种虚拟关系也会投射到现实世界中，形成虚拟与现实混合与流动的交往关系（王敏芝和王军峰，2022）。

2. "生死无界"的元宇宙

自古以来，人类就在追求"不朽"与"永生"（余乃忠，2019）。元宇宙作为一个"真实＋虚拟"的虚拟数字空间，其虚实共生的特征也意味着"生死无界"，这体现在虚拟世界中的人类和逝去的事物得以实现"数字复活"和"数字永生"。

（1）元宇宙赋能下的数字"复活"。基于VR、AR等技术，元宇宙能够再现历史古迹和已逝先辈，这使得人们可以在元宇宙所构建的虚拟场景中见到现实中已不复存在的人文风光和体验文化历史发展的过程。当前"数字复活"已经照进现实。例如在"数剧京韵"项目中，人们可以置身于借助虚拟技术再现的200多年前的梨园盛景，还可以在三维的虚拟情境中与虚拟传承者进行互动和练习，获得沉浸式的全新体验，进而促进中国传统文化的传承和发展。在重塑已逝者的虚拟影像方面，人工智能技术和机器学习能够赋予虚拟人与逝去人物一致的音容笑貌以及行事风格，实现跨越生死的同时空交互。例如数字王国整合了全球领先的面部捕捉、动作捕捉及顶级特效技术，并融合机器学习加持下的高阶渲染系"Mystique Live"推出了虚拟邓丽君。虚拟邓丽君现身于2022年江苏卫视跨年晚会舞台上，其音容笑貌一如往昔，与身旁的歌手周深一同深情演唱《大鱼》。

（2）元宇宙赋能下的数字"永生"。虚拟化身是个体在元宇宙中生存和活动的载体，这意味着个体将从"生物意义"上的人向"算法意义"上的人发生转变，其生命存在状态也得以跨越生死，实现"数字永生"。在元宇宙中，人体的功能也将得到延伸与强化，伴随着身体的全面数字化，人的感知系统也会经历一个数字化复刻的过程。智能设备强大的追踪监测系统和量度能力，能够精准、全面地追踪、采集和上传人体各方面的数据——包括神经活动、感官输入、运动模式等数据。依靠这些详细的数据，人类的身体不仅可以在虚拟空间中被复制与再现，还能实现实时的互动和反馈。借助先进的技术，人类在虚拟世界中的体验将变得越来越真实和复杂，从而推动人类向前所未有的赛博格化转变（张蓝姗和史玮珂，2022a）。

个体在元宇宙的活动轨迹和生产将会被全部记录下来，形成完整的生命周期数据。进一步说，即使一个人在现实世界中的肉身会物理性消损，他也会在元宇宙中继续进行生命演化，实现"数字永生"。此外，个体在元宇宙的生命中还能够进行编辑和重启，这弥补了现实世界中人只能活一次的缺憾。元宇宙中人机交互是"人与技术的双重逻辑和人在实体与虚拟双重空间行动的交织互嵌"（孙玮，2018），是人与技术的高度融合和互构。在这一意义上，虚实边界将消失，生死的界限也不复存在。

3.1.2 元宇宙对视角维度的拓展

元宇宙不同于现实世界，但又不完全等同于现在互联网上的虚拟空间。基于扩展现实技术，人机交互从二维界面拓展到了三维空间，元宇宙突破了原有二维化的互联网虚拟世界，成为一种全新的三维化时空存在。在元宇宙所建构的虚拟空间中，物理层面上的时空维度得到了前所未有的拓展和延伸，与此同时，个体对于环境的感知视角也被重构，个体能够在元宇宙中实现第一视角与第三视角的自由切换。

1. 元宇宙对时空的延伸

时空是人类社会的重要尺度。而在元宇宙中，传统时空观将不再适用，甚至被颠覆或消解，一种全新的时空观在元宇宙中被创建和使用。

（1）元宇宙对时间维度的延伸。胡塞尔的时间意识现象学研究中将时间分为三个层次：客观时间、内在时间和内在时间意识（Csikzentmihalyi，1975）。客观时间是不以人的意志为转移的物理学存在意义上的视角；内在时间指的是人们主观上对时间的认识和感知，又可以称作"时间知觉"；内在时间意识则是在内在时间的感知基础上所进行的感觉、回忆、想象等意识行为。胡塞尔的内在时间和内在时间意识理论与德国哲学家康德对于时间有效性的看法不谋而合，康德认为，人们是通过在经验世界之中对各种现象或事物的知觉来完成对时间的感知和使用的（康德，2011）。元宇宙中的时间具有全时间性，它涵盖了"绵延""瞬间""此刻"等时间特性，强化了人们对时间弹性与韧性的主观性感知（任兵 等，2022）。因为元宇宙的时间是数据化算法化的，具有技术上的可编辑性，所以元宇宙的时间是非线性的、可回溯的。

元宇宙中的时间主要可以分为两种：一是系统设定的自然流动时间，为元宇宙中的多重空间提供基础性的时间设定；二是适用于行动主体感知的时间，用以在时间线上进行跳转、断点和回溯。人们能够在过去、现在和未来之间实现任意的瞬时的切换、断点和跨越。不同于传统的线性时间模式，虚拟情境的呈现顺序可以被自由排列组合，构造出全新的叙事，人们也可以在技术的支持下对时间线进行快进、回放、慢放以及编辑和重组，实现时间的回溯和跳转切换，丰富和加深参与者和创造者的体验。例如在观看流星的虚拟情境时，可以反复欣赏而不担心其稍纵即逝，还可以选取特定片段细细品味，甚至可以自由发挥想象力进行编辑和重组，创造出个性化的流星景观。

（2）元宇宙对空间维度的延伸。元宇宙拓展了时间维度的同时，在空间维度也实现了延伸。从媒介本体论的角度出发，空间一般被划分为客观的物理空间（physical space）和主观的感知空间（perceptual space）两个维度（向安玲 等，2022）。其中，物理空间是个体生存和活动的场域，是不随人的意志为转移的客观存在。感知空间则是个体主观上对于空间的感知。梅洛-庞蒂主张身体是知觉主体，即身体是感知外部世界的主体，对于空间的认知也是借由身体的感知来实现的。在元宇宙中多种交互技术的支持下，个体肉身所携带的知觉被移植到虚拟化身中，虚拟空间得以实现，开启了全新的体验革命。元宇宙作为虚拟空间，超越了现实空间的物理性限制，但并非割裂，而是重构为一个既依附现实世界又超脱现实世界的虚拟世界。元宇宙中的空间是无限的、不唯一的，其空间逻辑可以被打散重组，可以同时存在多重异构化时空系统，即元宇宙中可以有多个虚拟社会空间。个体可以借助虚拟现实技术灵活地进行场景切换和空间转移，自由穿梭于现实空间以及多重虚拟空间之间，而不会受到地域距离等物理条件的限制，这极大拓展了行动的自由度和便捷性。例如，个体在现实生活中的咖啡店里休憩的同时，可以在元宇宙中装饰自己的房屋，还可以在不同的空间界面实现跳转，穿越到唐宋时期的虚拟影像，观赏诗人们饮酒赋诗的风采，又或是选择具体的情景细节进行体验交互，加入诗人们的活动中同其把酒言欢甚至是吟诗作对。

2. 元宇宙对个体视角的重塑

法国哲学家加斯东·巴什拉在《空间的诗学》中指出，空间并非填充物体的容器，而是人类意识的居所（巴什拉，2013）。时空维度的拓展意味着个体感知情境的拓展，前者是后者的"情景基础"（IHDE，2022），这使得个体到元宇宙后，在虚拟化身的技术支持下，其体验视角也发生了颠覆和重塑，朝着多维化、沉浸化的方向发展。唐·伊德提出，人的身体与虚拟空间有三种关系，即屏幕上（on the screen）、通过屏幕（through the screen）和在屏幕中（in the screen）（伊德，2008）。在过去已有的传统交互方式中，技术的限制带来的身体与媒介的分离以及感官的割裂，人们更多是一种"屏幕上"的浅层性虚拟体验状态，例如看电视、浏览网页等，这时人们的感官和知觉基本停留在屏幕外的现实世界，只是个体单方面地接受信息。在当前的互联网时代，人们在玩网络游戏、进行网络社交时，则借助自身的想象力以及对数字化身的"知觉映射"感知虚拟世界，形成解释学意义层面上的知觉，实现"通过屏幕"的虚拟交互状态。在元宇宙中，VR、AR等体感技术赋予的"虚拟化身"拥有完整的知觉时，个体能够据此开展沉浸式的具身交互，实现"在屏幕中"的深度交互状态。这意味着在元宇宙中，屏幕这堵"墙"被打破，肉身被超越。这时的肉身虽然仍在现实空间中，但是个体能够"进入"元宇宙空间，并与之发生关系、实现互动，并且能够借助数字化身获得视角的转换和拓展，个体的传统体验视角被颠覆和重塑。

（1）从第一视角到第三视角。个体作为生活在现实世界的自然人，对于周围世界的感知往往是基于肉身所赋予的第一人称视角来完成的，但也由于肉身的限制，个体无法超越物理性视觉来看待其他事物，也就是说我们只能借助自己的眼睛来观察身边的环境。进一步说，现有的电子游戏中玩家也只能在系统所设置好的几个视角中进行切换。而在元宇宙所构建的世界里，由于虚拟分身的离身交互能够赋予个体第三人称视角，个体可以自由变化自己的视角，实现以多种角度来看待和探索周围的环境，并且是以自己的身体视角来获得不同生态位的感知体验。例如在欣赏艺术雕塑、历史文物、建筑模型等时，个体能够灵活自由地切换仰视、俯瞰、平角等多种角度实现多方位的观察，获得立体的视觉化感受以及超越现实世界的极致观赏体验。

（2）从第三视角到第一视角。元宇宙赋能个体从以往的第三人称视角观看到第一人称视角亲历的转变。在元宇宙中，人们被赋予第一人称视角来亲历体验、创造和传播虚拟世界中的内容和场景。个体在虚拟空间中进行文化活动时，不再是单向接受信息的观看者，而是能够以体验者的身份参与到文化作品中进行感受、互动和参与叙事。例如，在元宇宙中体验《红楼梦》这一经典文化作品时，个体能够以第一人称视角"在场"观看和感受故事情节，或是化身为其中的某一个角色去亲历跌宕起伏的故事情节，甚至是发挥自己的想象力来参与创造新的故事场景。

3.1.3 元宇宙对感官体验的拓展

从保罗·莱文森的媒介补偿理论来看，每一种新技术的出现都是对旧有技术的补偿（莱文森，2011）。在这一过程中，媒介的演化将朝着人性化的趋势发展，整部媒介技术的演进史是一场对人体感官的补偿和身体的复归的旅程。元宇宙的到来将拓展人体的感官维度，颠覆与重构人的感知经验，实现对人体感官的补偿整合以及增强超越。

1. 元宇宙对人体感官的补偿和整合

正如麦克卢汉的理论"媒介是人的延伸"，每一种媒介都是对人体感官的延伸，例如广播延伸了人的听觉，报纸电视延伸了人的视觉。每一次媒介技术的更替都将重塑身体的感知。然而已有的媒介技术都是从身体的整体性中剥离单一或者部分感官，延伸的同时也形成了整体感官的割裂，其中，视觉感官的延伸往往是首选。韦贝尔（Pius Weibel）等认为，眼睛是20世纪占主导地位的感觉器官（Weibel and Druckrey, 1996）。直到今天亦是如此。这是由技术革命的发展中巨大的视觉机器所引起的。也就是说，视觉感知的各方面，包括创造、传播和接收，都受到了模拟和数字机器的驱动和支持。不论是印刷时代还是今天的互联网时代，人类所使用的媒介包括报纸、电视、手机、电脑等都是对视觉技术的更新和拓展，并且在各个阶段都成为人们接触最多的传播媒介，这使得视觉感官成为主导，即使得人们过于依赖视觉感官，听觉、嗅觉、触觉等其他感官参与较少。而在元宇宙，所有感官将被唤醒、调动并强化，人们可以同时"听见""看到""触及""嗅出""品尝"，被传统媒介分裂的感官系统将得到重新整合，并得以综合协作实现充分协同作业，形成一种综合、平衡的整体知觉，实现从视觉主导到多重感官的转变，由感官的分裂到整体知觉的汇合（喻国明和姜桐桐，2022b）。

当个人在使用媒介时，在身体变更作用下的媒介技术呈现出一种透明状态，在这一状态下，个体会忽略媒介本身的存在而沉浸在媒介内容当中。唐·伊德认为，这一方面是由技术具身的透明性决定的，另一方面是由身体的变更能力决定的。变更是指身体知觉在建构外部事物一种知觉形态的同时保有建构另一种形态的能力，而身体变更能力与媒介技术相关（张正清，2014）。随着媒介技术维度的拓展加深，媒介的透明性越高，个体沉浸感则更强，元宇宙所带来的具身式交互正是迎合了这一趋势。相较于以往的传统媒介，元宇宙在感官上的参与更加全面化和深度化。在现实生活中，人类的所有感觉无论是视觉、听觉、触觉、嗅觉还是味觉都源于感觉神经元对外界环境变化的敏锐捕捉。感觉神经元将这些外部刺激转换成神经脉冲，通过复杂的神经网络传递到中枢神经系统。在中枢神经系统中，这些神经脉冲被解码和处理，最终形成人们对周围世界的主观体验。在元宇宙中，通过 3D 显示屏幕，用户可以享受到逼真的立体视觉效果，看到深度和空间感极强的虚拟世界。立体声耳机能够生成环绕声效，让用户在虚拟环境中清晰定位声音的来源，从而增强空间感和现实感。触摸手套则通过传感器和反馈系统模拟真实的触感，使用户在虚拟世界中感受到物体的质地和温度。体感服装则更进一步地通过全身的触觉反馈让用户体验到虚拟环境中的风、雨、压力等各种感觉，提升沉浸感。气味模拟设备在虚拟环境中释放出各种气味，使用户能够闻到花香、食物的香气，甚至是海风的咸味。这些气味增强了虚拟现实的真实感，进一步丰富了用户的感官体验。虽然味觉模拟技术尚在发展中，但研究人员正致力于通过电刺激等方式模拟不同的味觉，使用户未来在虚拟环境中也能品尝到各种味道。这些技术的结合，使元宇宙中的虚拟现实不仅仅是视觉和听觉的体验，而是一个涵盖多种感官的综合体验系统。通过这些设备，用户能够在虚拟世界中看到、听到、触摸到、闻到，甚至未来能品尝到虚拟环境中的事物，从而获得一种全方位的、身临其境的参与感。这种高度沉浸的体验使得元宇宙成为一个极具吸引力和互动性的虚拟空间，超越了传统媒介所能提供的感官体验。

2. 元宇宙对人体感官的增强与超越

由于人在其间以虚拟身体的化身进行感知活动，而这一虚拟化身借助技术拥有了与客体肉身类似的行为模式和感知能力（唐娟和聂萌，2021），据此个体在虚拟场景中能够获得虚拟和现实重叠下的沉浸式交互体验。需要注意的是，在元宇宙中，需要多种虚拟感官的全面延伸和相互平衡才能得以复制现实世界中真实的体验感，只要任何一种虚拟感官无法做到完美迁移，都会导致身体虚拟感知与现实的错位，进而影响在元宇宙中的沉浸感。倘若配合顺利，则能够形成现实感官与虚拟感官并用的"综合感官"（synthetic sensation）这一全新的人类感知模式，能够增强人体感官的感知能力（王儒西和邹开元，2022）。这是因为虚拟化身是由数据构成的，相应的感官功能也是由算法主导的，这使得个体在元宇宙中的感官得到前所未有的增强。

当人们在元宇宙中进行文化传播活动时，能够获得传统肉身和现实访问无法做到的深度体验。以视觉感官为例，在进入虚拟博物馆后，人们可以以任意角度观看整个博物馆的内部建筑构造，在3D扫描建模技术的支持下，个体通过放大构造，能够高清观察廊柱顶部上的雕花细节。在观赏展品时，改变原来的观摩方式，进行智能化观赏，当展品以虚拟形式在高像素形态下呈现时，观者可以使用高清放大、旋转、对比等功能将展品上的纹路质感、颗粒细节等看得一清二楚，从细节处体会作品中隐藏着的玄机奥妙。这种虚拟性观赏不只是复刻现实观赏活动，而是一种超越现实的深度观赏体验，让观者获得极致的感官体验和审美性享受。

除了对人体感官的增强，元宇宙也实现了对物理身体感官的再造和超越，外扩和延展了身体的边界。借助虚拟化身，人们能够在虚拟世界中行走、奔跑、跳跃，甚至获得现代人类躯体所不具有的功能，例如飞翔。并且在体感技术的支持下，个体在元宇宙中进行躯体活动时发生撞击、摩擦、触碰等，身体会产生相同的感受，进而产生颇为真实的触觉体验。当技术渗透到身体的肌理，人类的身体和虚拟现实的边界呈现模糊、流动的状态，身体与技术之间融为一体，没有明确的界限。这意味着人们能真正借助媒介载体,以自身的身体去亲自感受和体验,实现最大化的"感同身受"。随着身体在虚拟现实的卷入越来越深,"在场"的意义也被重构。

3.1.4 元宇宙对思想实践的拓展

元宇宙被视作21世纪新的产业蓝海,元宇宙与产业的融合应用成为各行业发展的趋势。对于文化产业而言,元宇宙为我国的文化传播空间提供了全新的应用前景和发展路径。依托于元宇宙,文化产业能够突破发展瓶颈,在促进藏品保护的同时优化人们的文化体验方式。当前各地进行的各种探索则为深入推动元宇宙与文化产业融合发展提供了实践基础与经验参考。

1. 元宇宙对文化体验的拓展

虚实交互的跨时空体验是元宇宙的特征之一。元宇宙对文化体验的拓展主要表现为两个方面:一是沉浸式数字展区的打造,二是虚拟数字人的应用。元宇宙对文化体验的拓展促使了实体空间向虚实混合空间的延伸,实现了从"与物体相遇的体验"到"互动展览的体验"的转变(纪晓宇,2021)。

(1)元宇宙赋能下的数字展区。通过数字技术进行时空的再现乃至场景的再造,体验空间从实体化向虚实混合化的转变。也就是说,人们可以不受地域、时空的限制在数字孪生技术支持下的旅游景点中穿行游览,从传统的"静观"转变为全感官的"介入"模式(纪晓宇,2021)。例如2022年1月福建泉州计划开展的元宇宙项目中,以国潮城市为剧本,以AR文旅为形式,推出当地22个世界遗产景点,游客进入景区后可以选择AR导览与AR剧本双模式开启沉浸式体验;在景点实地的AR体验点还提供了基于AR的解说、任务、道具和奖励,提升了参观的互动性与趣味性。除了实现在虚拟空间中历时的"在场",在元宇宙所打造的虚拟空间中,人们还可以身临其境地体验不同时代生活的场景空间。例如良渚古城遗址公园内的数智体验馆中,观众不仅可以虚拟置身于远古捕猎现场,体验古人捕猎的感觉,还可以参与祭祀、与古人合影。

(2)元宇宙赋能下的"虚拟人"。在元宇宙的赋能下,将虚拟数字人应用到文化产业中也成为各地的探索实践之一。例如杭州文化广电旅游局联合杭州移动推出了文旅数字人物形象"杭小忆"。在三维空间重构技术打造的南宋御街数字空间中,"杭小忆"依托语音识别、人工智能等技术为人们提供引导与服务,实现了"隔空"互动与"面对面"交流。"杭小忆"在优化游客体验的同时,成为城市的独特符号,吸引更多游客前来。此外,虚拟数字人的应用不仅能够为人们提供切实的功能服务,还能够通过直播带货、品牌代言、周边衍生品开发等方式带来创收。例如入职国家博物馆的虚拟数智人"艾雯雯"负责为游客讲解文物藏品,并且凭借其古风少女的形象吸引了众多粉丝,为国博文创带货。

2. 元宇宙对文化藏品拓展

在 VR、AR、区块链等数字技术的支持下,元宇宙应用已经成为我国文化产业发展的重要方向。当前,元宇宙赋能下的数字展品、数字藏品为文化藏品提供了全新的访问方式和保存路径,增加了文化藏品价值,推动了我国文化的传播与发展。

(1) 元宇宙赋能下的数字展品。数字展品指的是通过数字技术对原藏品进行模拟还原,以数字化的形式对外展出的一种虚拟性文化展品。数字展品的应用将有助于实现文化藏品的保护,拓展和丰富文化产品的访问方式。不少实体文物由于其本身物质形态的原因难逃老化的宿命而无法被人们所欣赏。例如我国古代卷轴绘画,氧化后会导致纸张颜料脱色,无论如何小心保存都难以避免受损。而将藏品数字化,文化藏品将在元宇宙中实现永久保存。相应的,人们也能够在不破坏藏品原真性的前提条件下得以窥见珍贵的卷轴绘画作品。

在访问方式方面,数字展品增加了人们接触和感知展品的机会,促进了"物"与人的连接。例如南昌汉代海昏侯国遗址博物馆打造了一个 2 000 平方米的数字展区,展区内没有一件实体文物,全是数字展览项目。在一个名为《衣冠礼乐》的展览项目中,借助 3D 试衣镜和人脸识别技术,游客可以在"魔镜"前尝试自己喜爱的汉代妆发服饰等,体验各种汉代装扮。这丰富了展品的访问方式,实现了展品的"活化"运用。除此之外,数字藏品还能将文化体验延伸到实地参观之外,让短暂的现场访问扩展到持续的对话接触。人们可以通过虚拟访问,不受时空限制地观赏原作。

(2) 元宇宙赋能下的数字藏品。不同于数字展品,数字藏品是 NFT 的一种应用形式,即通过加密运算技术,将图片、音频模型等数字资产或实体写入智能合约,具有独立认证代码和元数据,可供收藏、交易和流通

（艾瑞咨询，2022）。近年来，我国国内数字藏品总体增长态势迅猛，不少博物馆、非遗文化馆等推出了馆藏数字藏品。例如，百度百科艺术计划与敦煌博物院联合推出了"敦煌历代飞天"系列藏品。这一系列精选了从北魏到元代最具代表性的数十款飞天形象，陆续发售。其中一些作品的壁画原型来自永久关闭的石窟，这些石窟由于保护原因不再对公众开放，因此这些壁画的原型具有极高的历史价值和艺术价值，极其稀缺。随着技术的发展，数字藏品的玩法越来越多元化，如人民网灵境·人民艺术馆与秦始皇帝陵博物院联合推出"博古通今·数字秦俑"高清视频数字藏品、吴文化博物馆推出数字藏品盲盒等。兼具审美和收藏价值的数字藏品一经面世便受到了诸多的关注和追捧，为文化产业注入了全新的活力，促进了我国文化的传播和发展。

目前元宇宙基本上仍处于概念层面，相关的技术发展和应用仍处于初级阶段，但元宇宙对人类社会的拓展以及对我国文化传播领域的赋能具有相当的想象空间。元宇宙的"生存空间拓展"是对人类活动版图的衍生，回应了人类的未来生活情境；元宇宙的"感官体验拓展"是对人类感官体验的再造，补偿了人类的物理性缺陷；元宇宙的"视觉维度拓展"是对信息呈现方式的更新，实现了时空维度的突破与个体视野的转变；元宇宙的"思想实践拓展"是对文化传播领域的激活，开创了文化元宇宙的未来图景。想象是技术发展与社会变革的推动力。可以想见，在不久的将来，想象将走进现实，元宇宙的到来将对人类社会及其文化场域的构建产生变革性影响和颠覆。

3.2 元宇宙对我国文化传播的三维影响

元宇宙一词最早来源于 1992 年出版的科幻小说《雪崩》（*Snow Crash*），其作者尼尔·斯蒂芬森（Neal Stephenson）在书中描绘了一幅人们通过耳机、目镜等装备连接虚拟终端分化成虚拟分身，参与线上虚拟社会的生活与工作的图景，这也是元宇宙概念的开端。近年来，随着虚拟现实、人工智能等技术的发展，元宇宙横空出世。在 2021 年 3 月，沙盒游戏平台 Roblox 首次将元宇宙这一概念写入招股书，故其也被称为"元宇宙第一股",它在美国纽约证券交易所正式上市之后,首日市值暴涨超 400 亿美元。同年 10 月,美国著名社交平台 Facebook 创始人扎克伯格宣布将 Facebook 改名 Meta,并预计在 5 年之内将 Facebook 转型为一家元宇宙公司。

在国内,《雪崩》一书在 2009 年才经翻译传入我国,2021 年元宇宙概念开始大火,一跃成为我国 2021 年的年度"十大网络用语"之一。国内企业诸如腾讯、百度、字节跳动(抖音)等纷纷开始布局元宇宙市场,百度在 2021 年底率先进军元宇宙领域,在 Create AI 大会上高调发布其元宇宙产品"希壤",致力于打造虚拟互动空间。腾讯作为元宇宙的超级玩家,高举"全真互联大旗",在 2022 年上半年共发布 4 款元宇宙游戏,并推出了"光子宇宙"品牌。字节跳动(抖音)则以 90 亿元人民币高价收购 VR 初创企业 Pico,发展 VR/AR 设备。

元宇宙发展得如火如荼,元宇宙对于社会发展各个方面的影响也不容小觑。从概念来说,元宇宙中人是线下现实在虚拟社会中的分身,元宇宙的空间是虚拟社会和真实社会两种不同空间产生的数字孪生,线下的真实社会和线上的虚拟社会两种文明的碰撞必然迸发出新的火花,这就产生了新一轮的文化传播。文化传播则是将一个社会的文化信息传播到另一个社会当中,不同社会文化之间的交流与互动的过程。元宇宙所带来的全新虚拟社会对旧有的现实社会文化传播造成了巨大的冲击。虚拟世界的发展,使得一些原产于虚拟网络的文化也逐渐流行了起来,如赛博朋克、亚文化等。而元宇宙直接的产生原因就是新技术催发的科技成果,元宇宙的发展也立足于平台的发展之上。元宇宙社会带来最大的不同就是虚拟空间的产生让三维世界的人还能从另一个虚拟立体空间中体验多样文化的可能性。因此,本节将从技术、平台、空间三个层面探究元宇宙对于多元文化传播的影响。

3.2.1 从技术层面看元宇宙对多元文化传播的影响

《雪崩》一书出版于 1992 年,是斯蒂芬森基于 1989 年万维网的诞生和互联网协议 http 的发展进行的科幻创作。新的技术发展总会带来一场新的革命与变革,正如媒介环境学派学者麦克卢汉所言:"每一种新技术的产生与运用,都宣告我们进入了一个新时代。"元宇宙从技术层面来说它不是一种新技术，而是对现有的 IT 技术进行的综合运用，它的出现也会不断催发旧有的技术进行革新换代和新的技术产生（王文喜 等，2022）。在 2021 年出版的《元宇宙通证》一书中，作者将元宇宙核心技术归纳为"BIGANT"六大核心技术，即区块链技术（blockchain）、交互技术（interactivity）、电子游戏技术（game）、人工智能技术（AI）、网络及运算技术（network）以及物联网技术（internet of things）（邢杰 等，2021）。这些技术都是在互联网大发展中产生的。近些年来不断出现的新技术给元宇宙的虚拟空间提供了实现的可能性，现实中的用户可以通过新的技术将现实与虚拟连接起来，在元宇宙空间中重设一个属于自己的虚拟身份，体验庞大又丰富的虚拟世界。信息和文化传播形式在这些技术的推动之下不再局限于人与人之间的口口相传、大众传播，而是面向更广阔的超现实元宇宙世界；文化传播活动也从现实传播转向虚实共融、共同传播。技术的发展催发元宇宙时代的到来，文化传播也将进入一个新的时代。具体来说，这六大不同的元宇宙底层技术对于多元文化传播也产生了差异的传播影响。

1. 区块链技术：打通文化虚拟传播的根基

区块链技术作为一种去中心化、安全可信、不可篡改的分布式账本技术，具有很强的潜力，可以为文化虚拟传播提供重要支持和保障（邵奇峰 等，2018）。区块链是由一个又一个区块组成的链条，具有不可修改性和去中心化两大特点。区块链技术的这两大特点从根本上保证了元宇宙中虚拟人物的唯一性和不可替代性，每个虚拟人物有着自己独特的链接，不可修改，这也是虚拟空间得以存在的根基（史安斌和叶倩，2019）。

区块链技术能够帮助数字文化实现数字内容的版权保护和溯源，确保文化作品的知识产权得到有效保护。通过区块链技术，可以建立去中心化的版权登记和交易系统，实现作品版权的透明化和不可篡改性，保障作者的合法权益。区块链技术有助于实现文化资产的数字化和交易，为文化产业的发展提供新的机遇和可能性（张立波，2021）。通过区块链技术，可以将文化资产转化为数字资产，并建立去中心化的数字资产交易平台，实现文化资产的交易和流通。区块链技术打破传统文化传播的地域和门槛限制，有助于实现文化内容的去中心化共享和传播。通过区块链技术，可以建立去中心化的文化内容平台，实现用户之间的直接交流和分享，促进文化内容的广泛传播和共享。此外，通过区块链技术，可以建立去中心化的文化数据平台，实现文化数据的安全存储和共享，提高文化数据的利用效率和透明度（郭恩强和梁杰兵，2019），为文化研究和治理提供重要支持和保障。区块链技术能为文化产业的发展提供新的融资渠道和模式。通过区块链技术，可以建立去中心化的文化项目众筹平台，实现项目方和投资者之间的直接对接，促进文化项目的创新和发展。

区块链技术具有很强的潜力，可以为文化虚拟传播提供重要支持和保障，打通文化虚拟传播的根基，促进文化产业的发展和繁荣（郭全中，2020）。随着区块链技术的不断发展和应用，相信它将为文化产业带来更加广阔的发展空间和更加丰富的创新可能性。

2. 交互技术：提升了文化传播的沉浸感和互动性

当下学者对于元宇宙技术的阐述离不开交互技术，交互技术构成了元宇宙最具特色的虚拟空间。交互技术具体来说主要包括 MR、VR、AR、脑机交互、全息影像、传感技术等。这些交互技术在虚拟空间中的应用，大大提升了文化传播的体验感和互动性，让文化传播不再局限于现实活动和产品，还可以通过声、光、画等技术延伸人的感官，让用户通过耳、目、触、运动等全方位沉浸式体验多元文化内容与内涵（蒋慧，2018；占琦，2022；刘古月，2022；吴承笃和王颖，2022）。如现今很多博物馆也开始打造自己的元宇宙，开启数字化转型，通过虚拟现实技术打造云端博物馆，开展线上云展览、云体验。尤其是通过元宇宙所构建的沉浸式交互场景体验，利用全景视频、图像和全程直播等动态方式，结合文物产生的时空环境、文化生态、生活习俗等背景资料，实现文物时空场景接近人性和真实的全感官再现，营造出全新的沉浸式体验，让文物"活起来"（吴承笃和王颖，2022）。2022 年 3 月，国内 60 位博物馆馆长、高校学者共同发起《关于博物馆积极参与建构元宇宙的倡议》，呼吁博物馆要抓住新一轮数字化转型，积极拥抱元宇宙，通过虚拟化过去场景让用户全方位体验文物和其背后的历史文化。

此外，交互技术可以提供更加创新和多样的传播形式，通过游戏化、社交化等方式，吸引用户的注意力，提升用户参与的积极性和热情。比如，利用游戏化技术，可以设计文化知识竞赛、文化探索游戏等，吸引用户参与并学习文化知识；利用社交化技术，可以建立文化内容分享平台、用户社区等，促进用户之间的交流和互动。交互技术可以提供更加便捷和个性化的参与方式，通过智能设备、移动应用等，用户可以随时随地参与文化传播活动，提升参与感和归属感。比如，利用智能手机，用户可以通过扫码、语音识别等方式参与文化活动，分享自己的观点和感受，与其他用户进行交流和互动。

3. 电子游戏技术：增强了文化传播趣味性

电子游戏是元宇宙最直接也是最广为应用的展现形式。它不仅为元宇宙提供内容创作的平台，还成为元宇宙进行休闲娱乐和社交的平台。事实上电子游戏技术不仅仅指的是日常世界中所接触到的虚拟游戏，还包括游戏引擎、3D建模、实时渲染三个部分的技术。游戏引擎顾名思义就是用来制作游戏的，它的出现降低了大型游戏搭建游戏场景的难度。3D建模和实时渲染技术让元宇宙场景中人物更加真实并且符合人体美学原则，所构建的场景也被渲染得更为丰富多样，增加了文化传播中的真实性和趣味性（周逵，2018）。沙盒游戏2012年被开发出来，最早在游戏中提出元宇宙概念。它的整体形式类似于社区，人们可以通过购买虚拟空间中的数字土地，开发数字藏品。2021年，虚拟游戏平台"Sandbox"中的一块虚拟土地被以430万美元的价格拍下，刷新了元宇宙空间的最高纪录。这是元宇宙发展历程中的一个重要里程碑，展示了虚拟世界的无限可能性和广阔前景。此外，文化传播同样可以利用电子游戏的趣味性，开发出适应文化的元宇宙游戏。

4. 人工智能技术：拓展了文化传播的传播主体

元宇宙中一个重要的技术就是人工智能技术。众多研发者通过利用AI技术开发出了原生于元宇宙中的虚拟人形象，他们外表上是像人类一样十分逼真的3D人物，但内在是通过数字技术和AI仿真技术模拟出来的。从早期的洛天依、初音未来，到选秀节目中的虚拟偶像"赫兹"，再随着元宇宙概念大火，各大互联网公司媒体企业都打着元宇宙旗号纷纷推出自己的"虚拟人形象"。湖南卫视就在其周播综艺《你好，星期六》中推出虚拟主持人"小漾"，与主持人何炅搭档和其他嘉宾进行互动。一些虚拟偶像也凭借着其类人化的美丽外形和独特的形象在网络上引起大量关注，2021年在社交平台上被称为现象级虚拟人的AYAYI就是其中之一，她的外形与人类几乎无差别，带有一定的时尚感，是我国国内首个超写实的虚拟人，2021年9月作为"虚拟员工"入职了阿里巴巴。在北京冬奥会期间，AYAYI作为虚拟人参加了冬奥会的宣传活动，并且拍摄了多张滑雪照片，将中国的滑雪文化和现代科技展示给世界，吸引更多的年轻人了解冬奥文化。基于此次贡献，北京冬奥组委新闻宣传部还专门向AYAYI颁发"魅力冬奥"知识传播行动特聘讲解员荣誉证书。

5. 网络及运算技术：筑就了文化传播的未来

元宇宙得以横空出世少不了5G网络的发展和大数据算法的推动。无论是远程计算信息传输，还是个体在元宇宙社交时所需要的沉浸式体验，都离不开网络和算力。元宇宙世界要求庞大的算力和计算网络。5G网络作为新一代信息化基础设施，具有低延迟、大带宽、高可靠性等特点，也为元宇宙的沉浸式体验提供了可能。元宇宙运行中会产生难以估量的海量数据，这就需要一个强大的算力系统处理数据，云计算（cloud computing）就在这一过程中扮演着重要角色。它是一种分布式运算方式，通过网络"云"将海量的数据分配到云端，拆解成为无数个较小的子程序，再将其通过不同的数据服务器进行运算并回传给用户。通过这项技术，网络服务的提供者可以在几秒之内处理完成庞大的数据，这给元宇宙容纳多个用户的海量信息提供了可能。现在的云计算已经是近年来发展最快的科技领域之一，伴随着通信速率和云算力的持续升级，云端游戏已经成为现实，而未来元宇宙庞大的数据量对算力的需求几乎是无止境的，算力网络将向泛在计算与泛在联接紧密结合的方向演进，推动计算与网络深度融合。未来在网络与算力的技术支撑下，越来越多的用户将可以自由快速地进入元宇宙世界，拥有流畅的虚拟体验。

6. 物联网技术：开启文化传播的万物互联

物联网（internet of things，IoT）是将现实世界和虚拟世界泛在连接的桥梁，它通过各种传感器、智能终端实时采集现实世界中物体的声、光、电、位置等各种信息，再通过网络，达到万物互联的效果，实现物与物、物与人的泛在连接。而它也是元宇宙连接的物理入口，我们进入元宇宙世界所必须用到的手机、电脑、VR眼镜、AR眼镜都属于物联网设备。元宇宙与现实最紧密连接的技术都来自物联网中的信息采集。这种全面的数字采集与联网也将推动数字孪生的诞生。元宇宙的数字孪生就是真实物理实体的虚拟反映，其外观和行为方式与在线激活环境中的真实存在相似。

具体到文化传播领域，物联网也开启了文化传播的万物互联时代。一件文物可以通过传感器等技术清晰和完整地在虚拟平台上重现，而用户通过传感设备进入元宇宙，也可以真实地看到和感受到文物的具体形态。物联网对于文化传播的应用当然不只是物体的真实再现。它通过物与物的连接，让元宇宙映射的虚拟空间更加智能，不需要人—物交流，物与物自动就能进行传感器对接，智能化满足人的需求。

3.2.2 从平台发展层面看元宇宙对文化传播的影响

随着互联网化和媒体融合的深入，不同媒体公司都曾提出要打造"平台型媒体""平台化服务"。近些年来，互联网平台不仅成为用户、企业、政府各方舆论交流的聚集地，更进一步发展成为当下社会一种重要的基础设施（infrastructure）和社会操作系统（苏涛和彭兰，2022）。那么如此重要的平台具体指的是什么呢，其又是如何产生的呢？美国微软公司创始人比尔·盖茨就曾给平台下过一个简短又有力的定义："当一个公司为用户提供的经济价值之和超过创造它的公司的价值时，那它就是一个平台。"平台从一开始就是工业化大生产大繁荣之后伴随着数字化转型产业出现的将资源集中化、服务最大化的产物，它的出现为用户之间的活动、用户个人与企业的活动提供了一个空间，让他们自由交易，获取所需的社会价值和收益。

元宇宙作为众多企业和政府关注并将长期发展的战略布局，它也为平台的未来发展注入了新的发展方向——虚拟平台。我国学者胡泳等人认为，"虚拟平台意味着对一种沉浸式的、通常是三维模拟的数字化环境与世界的开发和运营，用户和企业可以在其中探索、创造、交往和参与各种各样的体验，并从事经济活动"（胡泳和刘纯懿，2022b）。互联网的平台化催生出来最重要的改变就是受众的变化。受众变成用户，虚拟平台的虚拟与现实融合，也让用户拥有虚拟身份和虚拟体验。此外，虚拟平台的实时性、虚拟性、在场感等特点让平台的功能性更强，也能容纳更多样的文化，让更多元的文化进行交流传播。

平台的治理难题一直是国家互联网领域治理的重中之重，平台的隐匿性、庞大的用户数量、高虚拟化程度，以及平台背后的大数据和算法垄断难题,也导致平台治理难度大。在元宇宙所催生出的虚拟平台也同样面临这一治理难题。

1. 对文化传播的积极影响

元宇宙背景下虚拟平台的产生对于文化传播的影响具有双面性。从积极的方面来看,元宇宙的发展顺应着技术时代发展的洪流,结合互联网平台催生出了虚拟平台,虚实共融,为文化传播提供了一个沉浸式的空间,让文化传播不只是在现实世界而且在虚拟平台上进行。这个虚拟平台的出现扩展了原本的现实空间,也发展了原本的二维平台,可以容纳更多的用户参与文化活动。

在这个虚拟平台中,人们可以进行交易、收藏,开辟商业化的道路,NFT就是其中的代表。2021年也是NFT元年,在这一年NFT作为区块链的破圈产品开始大规模商业化、规模化,国内外也开始利用虚拟平台进行数字藏品的商业发售。在博物馆界,数字藏品也成为他们展示文化开启商业新思路的宠儿。2021年至今,国内外已有超过10家博物馆进行数字藏品的发售,诸如河南省博物馆的"越王勾践剑"、四川省博物院的"东汉陶摇钱树"、秦始皇帝陵博物馆的"秦陵彩绘铜车马",各大博物馆陆续推出自己的博物馆数字藏品。将传统文化拥抱数字化的虚拟平台,用平台进行元宇宙产品的交易,一方面可以传播文化,吸引更多互联网用户来关注历史文化、了解历史;另一方面可以通过发售数字化产品增加收益,让元宇宙产品可以看得见经济效益,给文化传播开辟一条新的商业化途径。

2. 文化传播中的隐患

元宇宙的大火不仅推动了数字虚拟技术的革新和文化传播的多样化,同时从平台角度来说更要警惕其的裹挟而来的文化帝国主义倾向。20世纪60年代,美国学者赫伯特·席勒在他的著作《大众传媒与美利坚帝国》中首次提出文化帝国主义思想,指出以美国为首的西方资本主义国家利用大众媒介将其包含意识形态观点的媒介内容传递给第三世界国家,对其进行媒介渗透以期达到意识形态控制的目的。从大众媒介到新媒体平台再到元宇宙的虚拟平台,为文化帝国主义在虚拟空间的传播以及影响现实环境提供了可操作性。"元宇宙"作为一个源自西方且发展先进的理念,其中不免裹挟着一定的意识形态领域陷阱。一方面,由于"元宇宙"概念尚处于成长阶段,因此很多国家对于元宇宙的监管、边界界定不明晰,对其给文化安全领域带来的冲击缺乏准确的判断；另一方面，元宇宙本身特性就是虚拟的平台空间，这种虚拟性、无限性使得原有的文化传播地域界限被打破，新生的虚拟世界数字边界不明和监管弱化这些缺点也让文化帝国主义在虚拟平台中的宣扬有了可趁之机。

从平台企业监管角度来说，元宇宙虚拟空间的隐私泄露和算法大数据窥视也值得警惕。在元宇宙中，用户的虚拟化分身实际上是用户数据全方位、全面数据化的过程（王卫池和陈相雨，2022）。为了让用户能够参与和使用虚拟空间，元宇宙平台的拥有者必须对用户的个人信息如姓名、年龄、性别、兴趣爱好、行为习惯等数据进行复杂的编码，并将其整合成一个可供虚拟空间使用的格式。这些信息随后被投放到虚拟空间中，使得每个用户都拥有一个独特的虚拟身份，能够在虚拟环境中自由活动和互动。然而，在这个过程中，用户的数据被平台集中掌握，形成了巨大的数据垄断，也即一种对用户个人来说的"数据霸权"。

电影《楚门的世界》里面楚门自小就是孤儿，他被放置在一个无时无刻不在被监视的人为制造的虚假世界当中，他的人生包括父母、亲人、朋友都是被电视节目背后的导演安排好的，他的生活被24小时全天候转播到电视节目当中，也在不知不觉中被植入电视广告。元宇宙所冲积的虚拟平台中的用户也可能成为虚拟的"楚门"。用户一旦进入元宇宙空间之中，他所面临的整个世界都是虚拟的可被人操控的，而他的隐私被背后的平台拥有者洞悉。平台方要想为了某种利益给用户在沉浸式体验中灌输某种理念，也相当容易。就算是在现今的大数据算法时代，平台利用个人所表现的部分偏好自动推荐平台想要推荐的内容，冠之以"智能化推荐"的名义，让用户频频陷入信息茧房式的算法陷阱之中，用户对比毫无反抗之力，无法通过简单有力的措施制止智能化推荐，只能被动接受。基于此，元宇宙文化传播过程中的虚拟平台监管成为亟待解决的问题，如果不加监管，未来信息权力滥用、用户隐私身份泄露也将成为虚拟文化传播的最大拦路虎。

从用户的虚拟主体保护来说，元宇宙中出现了一个新的物种即"虚拟人"。用户在虚拟平台上通过虚拟分身进行社交、体验活动，元宇宙技术的逼真性让用户在这些活动中的体验感受更加真实。人们在现实生活中被法律伦理道德束缚着，会自觉遵守社会既有的运行规则，而当在浩如烟海的虚拟空间中,人们无拘无束,可以自由进行传播社交活动,这也使得文化传播主体在虚拟世界的主体权利无法被保障。2022年3月,日本有位博主发文称,自己在使用虚拟设备玩一款名为 Chat 的 VR 游戏时,在使用 VR 睡眠功能时,被一个虚拟人好友对其虚拟角色进行了一些侵犯动作。博文发出之后,"VR 侵犯"这一热词立即登上了日本网络热搜榜,网友争执的焦点是虚拟世界的虚拟人侵犯算不算犯罪,在现实当中是否需要受到相应的惩罚。而早在2007年,比利时一款网络游戏《第二人生》中,一虚拟女性被另一虚拟人利用一组程序编码控制了她在游戏中角色的身体并实施了"强奸",当时的比利时警方对此展开调查,但该案最终未能起诉。

因此,元宇宙的虚拟平台虽然如雨后春笋般涌出,但是这些虚拟平台也都存在着国家安全、用户隐私、个人权益等方方面面的隐患问题。在文化传播过程中,这些隐患都是值得注意且需各方共同努力进行解决的。

3.2.3 从物理空间层面看元宇宙对多元文化传播的影响

奥斯卡获奖电影《星际穿越》中有一个很有意思的设定:当男主角库珀在太空探索中遇险,他陷入了一个奇特的五维空间,在这个五维空间里他可以看到过去的时间和空间线。最后他在五维空间中用摩斯密码向女儿墨菲传递了新的空间站信息,拯救了人类世界。由此可以看出,不同维度的空间差异极大,低维度和高维度的世界有着完全不一样的体验。维度的不同也常出现在各种科幻电影和科幻小说当中。根据物理学上的定义,空间维度包括0维、1维、2维、2.5维、3维、4维及以上的高维空间。0维没有线和面,就是一个奇点;1维只有线;2维是平面世界,有线和面;3维就是我们的现实世界中能够看到的立体世界,拥有长、宽、高的三维空间。

元宇宙理念从科幻小说中产生,它展现的维度是类似于现实社会的三维虚拟空间,但同时它拥有着无限空间和无限时间的特性,使用者可以通过虚拟身份自行到达虚拟空间中的任意时间和空间当中。在牛顿的绝对时空观中,时空是一个固定的框架,人们在这里上演出生、繁盛、死亡一系列活动,而虚拟空间中的时空特性显然不符合绝对时空观。元宇宙的空间在文化传播过程中更像是一种场景,这种虚拟空间场景不只是现实世界的完美复制，更多的是超越时空界限、打破限制做出的一个超自然的传播空间。因此，在元宇宙空间下的文化传播其实更具沉浸感和多元性。

1. 丰富文化空间体验

在文化传播过程中，文化其实是一种抽象的概念，传播者要想将文化传播出去，必须通过一定的文化传播活动，口口相传抑或是通过一些声画影像，将文化具象化呈现给不同的社会群体观看，以达到文化传播的效果。而很多传统的文化传播活动一般囿于线下场地平台的限制，每次传播的受众人数极其有限，传达的效果也相对受限。一场画展最多只有几千人观看，一次演唱会最多能容纳几万人，一次精彩的体育赛事也只有在现场的观众能够实时地体验竞技体育的紧张感。Web1.0和2.0时代互联网平台的出现让这些传播活动搬到了线上互联网平台，通过对演唱会和赛事在线转播，让受众可以在线接收到文化传播活动的文字、声音、画面，拓展了活动的受众。2022年9月3日，刘德华开了一场线上演唱会，历时两个多小时，最终这场演唱会有3.5亿观看人次，直播点击量达16亿点赞。

但是就传播效果而言，二维的声画语言无法带给观众以在场的真实体验，反而让文化传播活动"只见其形，未闻其景"，无法让更多的受众体会到传播活动背后的文化内涵。在元宇宙与平台相结合的虚拟空间中，文化传播突破了原来的二维限制，用虚拟全方位的空间给这些文化传播活动提供了更广阔的舞台、更真实立体的体验，让更多人能在虚拟社会中亲身体验文化的魅力，完成从在线到虚拟的"在场"的飞跃。2022年6月，瑞典传奇天团ABBA利用数字技术，开办了一场别开生面的数字＋虚拟的演唱会，通过舞台灯光技术将音乐融入"虚拟化身"中，不断变换演唱者装束、演唱场景，让观众体验到仿佛是来自未来与过去的歌手在进行对话。同时，歌手在演唱时还增加了特效、表情等功能，增强了观众的互动感与沉浸感，提升了传播效果。

2. 创新文化传播形式

元宇宙所带来的虚拟空间和现实空间其实是相融共生的，元宇宙产生的是基于现实又凌驾于现实之上的超现实空间（王卫池和陈相雨，2022）。在这一空间当中，元宇宙虚拟场景中的用户获取的信息有时候不是经过传播者精心筛选的二维空间场景。用户可以从"我"视角出发，在庞大的虚拟空间中，按照自己想要探索的角度去主动进行社交和体验文化活动。不同人从不同角度看到和体验到的文化活动不同。平台方将更多的爆炸性的信息放在一个理论上无限大的虚拟空间当中，不同的用户可以根据自己的偏好在虚拟平台上获取感兴趣的信息，这也使得原本只能呈现很小部分的文化内容更加丰富立体多角度地展现出来。原有的文化传播活动有可能就是博物馆展出的一件藏品、纪录片中短短几十分钟的视频、一次大型赛事几个小时的直播，这些线上线下的活动，用户获取的信息内容只是其中一小部分，或者说是经过平台方精挑细选的单一角度。这样做固然有其优点，可以帮助用户更好地找到文化的关键点，但是在现在的 Web 3.0 时代，用户更具有主动性，单一的视角已经无法满足用户对于文化的需求。比起单单的一件文物，他们更想了解文物是怎么被铸造出来的，使用场景是什么，摸起来手感如何，还有文物更多细节性的信息。这些通过文字或者视频图片其实很难让文化传播的受众展开联想。而在虚拟空间中，数字虚拟的仿真藏品则可以满足用户更进一步的需求，用户通过虚拟主体能够更好地接触到文物更多细节性的信息，接收到更多文化内容，满足兴趣和需求。

3. 拓宽文化传播边界

麦克卢汉曾说过"媒介是人身体的延伸"，任何媒介不外乎是人身体感觉和感官的延伸，报纸印刷媒介是视觉的延伸，广播是听觉的延伸，电视是视觉和听觉的双重延伸。相较二维的互联网平台的内容和平台连接，元宇宙的三维虚拟平台呈现给用户的是生态连接，人的身体感官的连接。通过 VR、AR 等虚拟技术，用户可以实现感官再造，视觉、听觉甚至触觉都达到真实感觉。元宇宙的脑机接口技术通过人脑发出指令就能使得其他感官"再生"，与之前的大都通过视觉、听觉获取文化体验不同，它极大拓展了感官的边界。在虚拟空间当中，视觉方面的提升是最大的，虚拟世界的事物景象已经从平面发展到 3D 立体的展示。在诸多的 3D 电影、3D 游戏当中，超真实的视觉体验一直都是一大卖点，3D 的视觉体验极大增强了用户的沉浸感。

除了人体感官边界，虚拟空间最大的边界就是打破了时空界限，可以复现过去消失的生物，重现过去时代生活。文化元宇宙技术不仅通过虚拟世界增强了文化传播的体验感，还通过线上的虚拟社区打破了时空限制。现实中的用户通过虚拟分身参与元宇宙社会的虚拟体验。虚拟世界可以拉伸了时空纵隔，不受三维现实世界的时空限制，让现在的人可以体验到过去的某个时空的历史文化，让某一地理空间的人可以不用跋山涉水就实地体验大洋彼岸的历史风光，人们可以无限制地体验不同地域不同时间的文化。这样一来，文化传播不再囿于时空的桎梏，延展了文化传播的无限性，大大提升了文化传播的效率。

2021年6月，法国巴黎国家自然历史博物馆利用微软HoloLens 2技术推出了一个新的沉浸式展览，参观者可以通过HoloLens 2装置看到已经灭绝的剑齿猫、渡渡鸟等物种，并与其展开虚拟的互动，以增强物种保护意识。元宇宙通过这样虚拟的手段重现已经灭绝的物种或者历史中存在的文化，用虚拟的真实让人更加全身心体验到文化的魅力。

第四章　广西非遗文化的传播现状与传承价值

4.1 广西非遗文化类型与分布

4.1.1 广西非遗文化的类型

广西地理较为复杂，少数民族人口众多，民族多样，文化多元，非遗资源具有民族性、多样性和独特性。以国家级非遗代表性项目为例，广西国家级非遗代表性项目70项，覆盖10大门类，其中：民间文学6项，传统音乐9项，传统舞蹈9项，传统戏剧7项，曲艺3项，传统体育、游艺与杂技1项，传统美术3项，传统技艺8项，传统医药1项，民俗23项（如图4.1）。

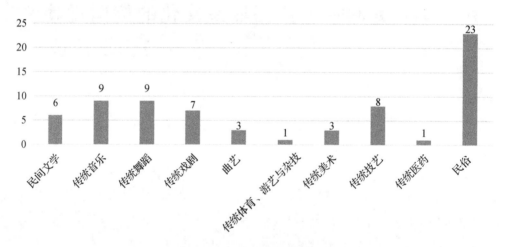

图4.1 广西国家级非遗代表性项目数量分布统计图

广西作为民族地区，其非遗也承袭了少数民族能歌善舞的民族特色，在70项国家级非遗代表性项目中，传统音乐、传统舞蹈、传统戏剧、曲艺等民间艺术项目共28项，占比40%，比重较大。除此以外，民俗类项目也尤为突出，拥有23个国家级非遗代表性项目。广西非遗的民俗类项目包括民族节日、民族服饰、规约习俗等内容，其中民族节日数量最多。

民族节日蕴含着民族生活中的风土人情、宗教信仰和道德伦理等文化因素，是一个民族历史文化的长期积淀。把民族传统节日列入非物质文化遗产名录，有利于保护中华优秀传统文化，有利于中华优秀传统文化的传承与发展。民族节日是民族文化的集中展示，是民族情感的集中表达。透过民族节日与习俗，我们可以领略不同民族文化的韵味，增强中华民族的凝聚力，有利于发展中国特色社会主义文化，有利于构建和谐社会。

综上，广西非遗的类型分布可以从一定程度上体现出国家对民族文化的重视与保护。非物质文化遗产是一种"无形"的文化遗产，需要在一定的传承情境和约定的时间域内才能进行传播与传承。而在互联网时代，尽管非遗文化在新媒介的推动下，激发出了多种样态的表现形式，但脱离了一定语境的非遗传承，想要实现可持续的长久传承，仍需要更大努力。基于此，本节将从国家级非遗项目的10个门类入手，深入分析各类型非遗项目的文化内涵及意义，以便归纳出其类型特点，更好地进行传承。

1. 民间文学

广西民间文学非遗项目以少数民族口口相传的神话故事为主，包括布洛陀、刘三姐歌谣、壮族嘹歌、密洛陀、壮族百鸟衣故事、仫佬族古歌。除了密洛陀和仫佬族古歌外，其余4个民间文学非遗项目均流传于壮族地区，由世代壮族人民进行口头传承得以保留至今。布洛陀和百鸟衣故事是壮族地区广泛流传的民间故事，具有帮助壮族人民认识历史、满足精神需求和规范习成的作用。刘三姐歌谣与壮族嘹歌具有以歌代言的诗性特点和鲜明的民族性，传承比较完整，歌谣种类丰富多样，传播广泛。壮族人民喜好用歌谣传达情感，在过去的历史里，还长期存在过"倚歌择配"的婚配传统。由此可以看出，壮族民歌不仅具有深厚的历史意义，还具有独特的社会研究价值。

密洛陀则是瑶族（布努瑶）人民的创世史诗，主要讲述了母神密洛陀创造宇宙万物和创造人类及其民族文化的功绩，表达了布努（瑶族先民）征服和改造大自然的愿望和坚忍不拔的民族精神。仫佬族古歌是仫佬族民众集体创作的有关民族历史文化、生产知识的民间歌谣的总称。仫佬族古歌积淀着仫佬族民众对大自然和社会的认识实践与生命体验，反映了崇德尚智的民族性格与质朴的自然审美观念，是仫佬族凝聚力和认同感的重要源泉。但口头传承的民间文学通常具有原生性的特征，即集体性、口头性和变异性（王琨，2020）。在新的传播环境中，传统民间文学的传承方式也难以维系其原有的功能。如今，广西民族民间文学的活态传承环境正面临着现代化生活方式的严峻挑战，危机日深，亟待保护。

2. 传统音乐

如果说广西民族古民歌以其丰富的文化内涵得以世代传承，那么传统音乐则以其悠扬和独具特色的音韵为广西人民所青睐。侗族大歌、瑶族蝴蝶歌和壮族三声部民歌是以多声部为特色，通常由民间自发组建的歌队演唱的一种民间合唱音乐，具有多声思维和多声形态的特点，在合唱技艺方面也有极高水平（林剑，2015）。高水平多人合唱的音乐艺术需要人们对传统音乐自发的喜爱和高配合性的训练才能得以习成。广西多声部民歌之所以能够传唱至今，正是因为广西多声部民歌中所根植的深厚文化底蕴，和其独特的音乐结构和声乐特色中所体现出的艺术价值，以及音韵传唱过程中所承担的社会教育、文化传承、规范社会伦理道德等社会功能（汪月如和耿华瑞，2024）。

那坡壮族民歌以一唱一和的演唱形式为主，演唱内容极为丰富，包括叙事歌、农事歌、赞颂歌、礼仪歌、风俗歌、祭祀歌、祝酒歌和情歌等，不同的歌唱内容分别在不同的场合下演绎。长此以往，那坡壮族民歌形成了与民间习俗相依存、程序相对稳定、内容丰富多彩以及原生性等特征。凌云壮族七十二巫调音乐则以单人独立演唱为主，最初只有几个音阶，唱法相对简单，是壮族女巫举行仪式时所唱的一种巫歌。凌云壮族七十二巫调音乐历经数千年而发展成型，积淀了壮族人民的智慧和文化，是数代壮族人民共同的社会记忆（李尚凤，2016）。

吹打（广西八音）、京族独弦琴艺术和壮族天琴艺术是民族器乐。在演奏方面，广西八音声调曲调优美、嘹亮，演奏风格热烈、欢快，富有广西地方民族特色，是广西颇有影响的民间器乐艺术，其中以玉林的八音最具代表性。京族独弦琴艺术的音律主要表现为悲凉婉转，因此又叫"悲凉琴"。壮族天琴艺术又称"唱天""弹天""跳天"，是唱、弹、跳融合的歌舞音乐，具有音域宽广、音色圆润、节奏明快的特点。

广西传统音乐不仅具有交际、宣传、教育、娱乐等功能，同时还具有较高的艺术欣赏价值。但由于现代年轻人的审美越来越偏离传统音乐的演奏特点，多数传统音乐也面临着失传的危机。

3. 传统舞蹈

瑶族人民善舞，在广西传统舞蹈非遗项目中，以瑶族的铜鼓舞、长鼓舞和金锣舞为主。与锣鼓舞相似的是，以壮族为主的狮舞也是在击打器乐的节奏下进行的舞蹈表演。尽管两个民族的居住环境、风俗习惯各有不同，但也在长期的交往中，衍生出了一些共通的文化符号。如两个民族的人民都喜闻锣鼓声而起舞，且大多是在节日庆典、拜年、集会、婚嫁、娱乐等喜庆活动中表演。狮舞有地面狮舞和高空狮舞两种表演形式，前者以通过模仿狮子搔痒、舔毛、打滚、钻穴、抖毛等动作展现狮子活泼可爱的神态为主要特点；后者则将武术、杂技等高、难、惊、险、美的狮舞动作融入其中，表演过程以展现高难动作牵引观众的视线和情绪为重心。铜鼓舞是瑶族民间流传最广、影响最大的古老舞种之一，源于瑶族先民的自然崇拜和祖先崇拜活动。铜鼓舞表演时，通过鼓点节奏的变化引导舞蹈队形和动作的变化。舞者情绪随舞蹈而起伏，舞法矫健有力，舞姿粗犷灵活，舞蹈场面欢快动人，显示出鲜明的民族和地域特色。

瑶族金锣舞、侗族多耶和壮族打扁担都源于劳动，具有浓郁民族特征和独特艺术形式，起初只限用于酬神、祭祀、驱邪等民俗活动，后来演变为贺新春、庆丰年的主要舞蹈。金锣舞的舞者少则3～5人，多则可达上百人。多耶也是一种集体舞蹈，由众人跟随领唱者的节奏起舞。区别在于引舞的形式不同：前者以锣声为舞，后者以歌为舞。壮族打扁担主要反映壮族人民从种到收的主要劳动过程。打时，每人手执一根扁担，模拟劳动动作，上下左右、站立下蹲、转身跳跃、原地前进等互相敲击，有时配合叫喊"咳咳"呼声，场面紧凑，气氛热烈，具有强身健体和娱乐作用。

4. 传统戏剧

广西传统戏剧非遗项目包括粤剧、桂剧、采茶戏（桂南采茶戏）、彩调、壮剧、侗戏和邕剧共7种，多由外地流入广西，被广西人民融入地方唱腔特色而成，也具有鲜明的地方特色。广西粤剧以梧州粤剧团为名，梧州地处两广之界，是岭南文化的发源地之一。而粤剧的剧目内容、表演程式、服饰化妆、舞台风貌等构成元素及其多样化的实践方式也都充分体现着浓厚的岭南民俗文化意蕴。桂剧由明末清初流播到广西的昆腔、后高腔和弋阳腔几种声腔相互融合形成，声调优美，以唱工细腻、表情传神著称。桂南采茶戏于清代中叶从江西赣南经粤北传入广西南部，以小生、小旦、小丑为主演，载歌载舞，活泼热烈，具有浓厚的地方特色。彩调是清代北方的柳子戏流传到广西北部以后与当地民间俚曲小调紧密结合而形成的地方剧种，剧目多以劳动、爱情、家庭生活等为主题，具有内容谐趣、形式活泼的表演特色。壮剧是在壮族民间文学、歌舞和说唱技艺的基础上发展而成的，植根于民族生活土壤之中，是壮族人民创造的历史悠久、独具特色的剧种，是东南亚地区的民族文化交流的桥梁。侗戏则由贵州黎平县水口区于1875年传入，经100多年的发展和改革，广西侗戏的艺术色彩更丰富，感染力也更强。邕剧发源于湖南，是广西四大地方剧种之一，具有一整套带有浓郁乡土气息和民族特色的音乐唱腔、表演程式、演出剧目，在民间拥有庞大的观众群体。

戏剧源于生活。传统戏剧要活态传承，进入现代人的文化喜好中，就需要在戏剧中加入现代生活元素，以实现传统文化的创造性转化和创新性传承。但受到多元文化和强势文化的冲击，广西传统戏剧的生存出现危机。因此，及时对广西传统戏剧进行抢救和保护已成为不可忽视的重要任务。

5. 曲艺

广西曲艺非遗项目包括广西文场、桂林渔鼓、末伦3个项目。广西文场的演唱形式多种多样，既有数人表演的"坐唱"、一人表演的"立唱"，也有唱做结合的"走唱"，还有"文场挂衣"的文场戏。在长期发展过程中，广西文场逐渐形成"光派"和"瞎派"两个艺术流派：前者以声腔华丽多彩著称，后者则追求质朴深沉的演唱风格。桂林渔鼓以伴奏乐器"渔鼓"而得名，唱词要求生动形象和口语化，基本为7字句，逢双押韵，一韵到底。末伦是一种以唱为主、以说为辅、说唱结合的民间曲艺，以壮语南部方言为载体，以诗体语言和叙事方式来演绎。末伦是靖西市现存的流传较广泛、民众参与度较高的传统曲艺项目。

6. 传统体育、游艺与杂技

壮族抢花炮是广西唯一的传统体育、游艺与杂技非遗项目，具有强烈的对抗性、娱乐性和独特的民族风格。传统的抢花炮以"自由"为特点，在场观众也可成为参赛选手，以抢到花炮并传递至炮台为胜。为了更具观赏性和公平竞争性，抢花炮的规则也在逐步完善，后成为正式体育比赛项目之一。少数民族的传统体育运动中凝聚的劳动色彩越多，其创造性越强，壮族抢花炮亦是如此。在抢花炮运动中，抢得头炮，就寓意着五谷丰登、万事吉祥如意，体现出人们对美好幸福生活的渴望和向往。

7. 传统美术

广西传统美术非遗项目具有较为浓厚的地区特色和艺术欣赏性。如毛南族花竹帽，其基本造型为平面和圆锥体的立体组合，编成的篾纹以五角星为中心，周边又按六角形环叠交叉辐射编结，整合定型后还要以上好桐油炼膏涂刷。其帽形大方，花纹美观，结实耐用。北海贝雕是艺人巧用贝壳的天然色泽、纹理形状，经精心设计、雕琢、堆贴而创作出的高雅艺术品。其将国画的神韵、刺绣的空灵、玉雕的质感、珍珠的光泽浑然天成地融为一体，有极高而独特的艺术欣赏性。合浦骨角雕则是利用当地牛羊角为主要原料，经开料、削坯、精雕组装成各类水族生物、飞禽走兽、花鸟草虫等工艺品，以立体圆雕的表现形式、玲珑剔透的雕工、逼真传神的效果与典雅自然的风格在中国传统美术中独树一帜。

8. 传统技艺

广西传统技艺非遗项目包含衣、食、住三个方面。在"衣"方面，壮族织锦技艺有自成体系的3大种类、20多个品种和50多种图案，以结实耐用、技艺精巧、图案别致、花纹精美著称。在"食"方面，广西传统技艺非遗项目不仅包含了装盛食物的陶器烧制技艺（钦州坭兴陶烧制技艺），还具有地区特色的黑茶制作技艺（六堡茶制作技艺）、米粉制作技艺（柳州螺蛳粉制作技艺、桂林米粉制作技艺）、龟苓膏配制技艺等。在"住"方面，则以侗族木构建筑营造技艺为名。不难看出，广西传统技艺非遗项目的生活气息和民族特色极为浓郁，彰显了广西人民热爱生活、追求美好生活的质朴情怀。

9. 传统医药

壮医药是壮族人民的传统医药。它是在古代骆越文化和岭南文化的背景上，以阴阳为本，巧坞（脑）主神，人天地三气同步，脏腑骨肉气血为体，气道、谷道、水道"三道"和龙路、火路"两路"为用的民族传统医药。壮医药的应用，以壮族群众为主，周边的苗、瑶、侗等民族，也交流交叉为用。壮医药线点灸疗法，因应用方便、疗效较好，现已作为农村适宜技术向全国推广。

10. 民俗

广西民俗非遗项目共有23项，包括民族节庆、民间祭祀仪式、民族服饰、民族风俗等多个方面，它们从不同的角度以不同的形式展示出各民族的民间风情习俗和历史文化。

在民族节庆方面，广西作为多民族地区，各民族也都有着其各具民族特色的节庆活动，庆祝方式以歌舞等娱乐项目为主，同时伴随着祭祀等宗教活动。如壮族三月三，不仅是壮族，而且还是汉、瑶、苗等多个民族共享的重大传统节日，以民众祭祀、集会对唱山歌、男女青年聚会、文艺表演、民间商贸等活动为主要内容，是一个集民俗、娱乐、社交、商贸于一体的民族传统节庆。再如京族最隆重的节日哈节，由祭祖、乡饮、社交、娱乐等内容组成，节日活动历时3日，通宵达旦，歌舞不息。与此有异曲同工之妙的，还有瑶族盘王节、壮族蚂𧌒节、仫佬族依饭节、农历二十四节气（壮族霜降节）、宾阳炮龙节、中元节（资源河灯节）、瑶族祝著节、壮族侬峒节等。

在民族服饰方面，瑶族五彩缤纷、式样繁多的各种服饰，凝聚着瑶族独特的文化意蕴，不仅具有实用价值，还具有审美艺术价值、历史价值和文化价值。

在民族风俗方面，瑶族石牌习俗、壮族会鼓习俗、瑶族油茶习俗、壮族补粮敬老习俗、大安校水柜习俗、壮族铜鼓习俗、钦州跳岭头等习俗包含了广西各民族人民衣食住行、婚丧嫁娶、生产生活、节庆礼仪等物质生活和文化生活方面约定俗成的习惯、喜好、风气、习尚和禁忌。通过不断的优化和改革，去其糟粕、取其精华，如今的广西民族风俗，在多方面体现了广西各民族的优良传统文化。

4.1.2 广西非遗类型的特点

1. 种类丰富

广西非物质文化遗产的种类丰富，包含了国家级非遗项目的十大门类，涵盖了丰富多彩的传统技艺和文化表现形式。从生产性保护的角度来看，非遗传承人作为非物质文化遗产传承的核心和关键，直接影响着非遗的传承质量和效果。正如陈炜（2017）所指出的，非遗传承人的角色至关重要，他们承载着非遗技艺的传统与精髓，是传统文化传承的重要保障。因此，对非遗传承人的支持与培养成为非物质文化遗产保护工作中的重要环节。然而，种类丰富的广西非遗也带来了一定的挑战和难度。首先，对于广西众多非遗项目的传承，需要寻找并培养大量的非遗传承人，这对资源投入和人力成本提出了较高要求。其次，由于每一项非遗项目都承载着特定的历史、地域和文化内涵，保持其真实性、整体性和传承性成为一项艰巨的任务。在传承过程中，需要确保传承人能够准确、完整地传授非遗技艺，并在现代社会中找到与时俱进的传承方式，以适应社会发展的需求和变化。因此，尽管广西非遗文化的种类丰富，但同时也需要在传承人的支持与培养、传承方式的创新和适应、真实性与完整性的保持等方面持续努力，确保非遗文化得以有效传承和发展。

2. 多民族化

广西是一个多民族聚居的自治区，拥有汉族、壮族、瑶族、苗族、侗族、仫佬族、毛南族、回族、京族、彝族、水族、仡佬族等12个世居民族。每个民族在广西地区都有着丰富的非物质文化遗产，这些遗产承载着各民族独特的文化传统和价值观念。正如黄启学（2013）所指出的，广西各民族的非物质文化遗产具有明显的民族特性，与其他民族的文化有着明显的区别。然而，随着社会发展和文化交流的深入，民族同化的问题日益突出，这给民族非遗文化的传承与保护带来了挑战。面对民族同化的压力，最大限度地保留各民族非遗文化的特性和独有的文化内涵成为当前非遗传承与保护工作的紧迫任务。这意味着需要采取一系列措施，包括加强对各民族非遗文化的调查和研究，记录和保存其传统知识和技艺，积极开展非遗传承人的培训与传授工作，以及建立健全非遗保护政策和法律制度，保障各民族非遗文化的传承和发展。只有保护和传承各民族的非物质文化遗产，才能实现广西多民族文化的多样性和丰富性的持续传承。

3. 空间性强

广西非遗项目中，民俗类非遗项目占据着相当大的比重，而在民俗类非遗项目中，民族节日是数量最多的类型，如壮族的三月三、霜降节，以及蚂𧊅节等。这些民族节日作为非遗项目，有着浓厚的地域特色和文化内涵。文化生态系统理论认为，文化发展过程是一个动态的生态系统运转过程，能动地与周围自然环境、社会环境和人文环境相互依赖、相互依存、相互作用（苏黄菲菲，2021）。传统的民族节日通常需要在特定的时空环境中聚集一定的人群才能进行，这表现出了它们较强的空间性特点。这种特点在一定程度上限制了广西非遗文化的广泛传播——因为非遗文化的传播通常需要跨越时空的限制，以便更广泛地接触到不同地域和群体的人们。因此，为了更好地推广和传承广西非遗文化，需要探索创新的传播方式和策略，克服空间性限制，使非遗文化得以在更广泛的范围内传播和发展。这可能涉及利用现代科技手段进行线上的虚拟传播、开展非遗文化节庆的巡回演出以及设计更具吸引力的非遗文化体验活动等。

在广西非遗文化长达千百年的历史传承过程中，许多地方性非遗传承场景如庙宇、戏台等扮演了重要角色。这些场景不仅是非遗传承的重要载体，也是非遗文化传承过程中的历史见证者和文化符号。基于这一认识，要想最大限度地保留和传承广西非遗文化，就需要利用先进技术如元宇宙搭建非遗文化传承的原生场景，重现和保护那些承载非遗文化历史的地方性场所。通过元宇宙，人们可以身临其境地体验非遗传承场景，感受到非遗文化的丰富内涵和历史渊源，从而增强对非遗文化的认同和保护意识。重塑非遗文化传承的自然人文环境需要借助技术手段，将非遗文化传承与自然环境、人文景观相结合。这可能涉及对传承场所周边环境的保护与规划，以及对文化景观的修复与保护，使非遗传承环境更加完整和真实。复原非遗文化传承的生态系统需要全社会的共同努力和参与。除了技术手段的支持外，还需要政府、社会组织、非遗传承人等各方的积极参与，形成一个完整的非遗传承体系，实现非遗文化的传承与发展。

4.1.3 广西非遗地区分布

广西非遗文化资源因其地理分布和民族特色而形成了区域性特色，反映了当地不同民族的文化传承和发展。从地理分布上来看，广西北部以外的地区民族分布较为分明，各自拥有独特的非遗文化（图4.2）。

在广西中部地区，壮族非遗文化占据主导地位。壮族是广西人口最多的少数民族，其非遗文化在中部地区得到了广泛传承和发展，包括壮族的歌舞、服饰、手工艺等。而在广西东部地区，则以瑶族非遗文化为主。瑶族是广西的重要少数民族之一，其非遗文化包括瑶族的歌谣、舞蹈、传统医药等，反映了瑶族丰富的文化传统和生活方式。南部地区以京族非遗文化为主。京族非遗文化主要包括京族的歌舞、民俗、传统习俗等，展现了京族独特的文化风貌和传统习俗。

基于广西非遗文化资源的地理分布和民族特色，可以考虑针对不同地区设立非遗保护区，以便更好地保护和传承当地的非遗文化。这样的划分能够有针对性地维护各地区非遗保护的生态系统,促进广西丰富多彩的非遗文化得到更好的传承和发展。

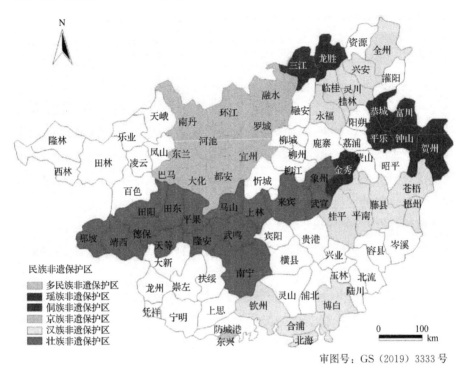

图 4.2 广西非遗的地理分布

4.2 广西非遗数字化现状与存在问题

4.2.1 广西非遗数字化的现在

1. 非遗数字化的重要性

非物质文化遗产数字化是指利用数字化技术手段,将非物质文化遗产的各种形式,如口头传统、表演艺术、社会习俗、传统手工艺等,转化为数字化形式,并通过数字平台进行保存、传播、展示和交流的过程。这一过程旨在保护和传承非物质文化遗产,使其得以永久保存,并让更多的人能够轻松接触、了解和体验传统文化。

永久保存是数字化非物质文化遗产的重要优点之一。数字化技术可以将非物质文化遗产以数字形式保存在网络服务器或其他数字存储设备上，从而避免了传统物质载体易于损坏、丢失的问题，实现了文化资源的永久保存。与传统的纸质文档、录音带、磁带等物质载体相比，数字化媒体具有更高的稳定性和耐久性。数字化文档可以通过多重备份、数据加密等措施，降低因硬件故障或人为损坏而导致的文化资源丧失的风险。此外，数字化文档的复制和传输也更为便捷，这使得文化资源的备份和迁移更加容易和高效。数字化技术的应用为文化遗产的永久保存提供了新的解决方案。研究表明，数字化技术在文化遗产保存中的应用不仅可以提高文化资源的保存效率和成本效益，还可以实现对文化资源的智能化管理和检索，提升了文化资源的利用价值和传播效果。然而，值得注意的是，数字化文化资源的长期保存仍然面临着一些挑战，如数字格式的技术标准化、数据安全与隐私保护、长期存储与更新等问题。因此，对于数字化非物质文化遗产的永久保存，需要综合考虑技术、政策、法律等多方面因素，并采取有效的措施和策略来保障文化资源的长期保存和可持续利用。

数字化技术为非遗文化的传播和共享提供了便捷的途径和广阔的平台。通过互联网、社交媒体等数字平台，非遗文化可以跨越地域和时空限制，被全球范围内的观众轻松获取和分享，促进了文化资源的共享与传播。通过互联网、社交媒体等数字平台传播和共享数字化非遗文化，不仅提高了传统文化的传播效率和覆盖范围，也拓展了文化资源的传播形式和传播渠道。研究表明，数字化技术为非物质文化遗产的传播提供了更广泛的受众群体和更直接的传播方式，有助于加强非遗文化在当代社会的影响力和传播力。同时，数字化平台还为用户提供了多样化的文化体验和交流机会，促进了文化资源的共享与互动，加深了用户对非遗文化的理解和认同。除此之外，数字化非遗文化的传播和共享也为跨文化交流和文化交融提供了有利条件。通过互联网等数字平台，非遗文化可以跨越地域和国界，与全球各地的用户进行互动和交流，促进了不同文化之间的相互了解和友好交往，有利于构建人类命运共同体和世界文化大家庭。

数字化技术为非遗文化的展示和传播提供了丰富多样的形式，包括文字、图像、音频、视频等多媒体内容，这种多样化的呈现方式不仅丰富了非遗传统的展示手段，也提升了用户的参与度和体验感。数字化技术的应用为非物质文化遗产的呈现提供了多种形式和载体。通过文字资料的数字化、图像的数字化处理，音频的数字录音，视频的数字拍摄等手段，非遗文化可以以多媒体形式进行展示和传播，丰富了传统文化的呈现方式。研究表明，多媒体形式的展示能够更好地吸引用户的注意力，提升用户的参与度和体验感，促进非遗文化的传播和传承。在学术研究方面，数字化技术的应用为非物质文化遗产的多样化呈现提供了新的研究视角和方法论。研究者通过对多媒体展示形式、用户体验设计等方面的探索，不仅提高了非遗文化的展示效果和传播效果，也拓展了文化传承与创新的可能性。同时，多媒体形式的呈现也为文化研究和教育提供了丰富的资源和工具，有助于加深人们对传统文化的理解和认知。然而，值得注意的是，多样化呈现也需要考虑到文化传统的保护和尊重。在数字化非遗文化的过程中，需要遵循文化保护的原则和伦理，尊重非遗文化的传统形式和价值观，避免过度商业化和失真化。因此，在数字化非物质文化遗产的过程中，需要加强相关的法律法规和管理机制建设，保障非遗文化的传承和发展。

通过数字化平台，如虚拟展览、在线课程、数字游戏等，用户可以获得互动式的体验和参与机会，更积极地参与非遗文化的传承和体验。数字化平台为非物质文化遗产的互动性与参与性提供了广阔的空间和丰富的可能性。通过虚拟展览，用户可以在数字环境中自由浏览和参观非遗文化展品，感受到身临其境的视听体验。在线课程则为用户提供了学习非遗文化的机会，通过视频、音频、文字等形式的教学内容，用户可以深入了解非遗文化的历史、传统和技艺，促进非遗文化的传承和学习。此外，数字游戏等互动娱乐形式也为用户提供了参与非遗文化的新方式，通过游戏的角色扮演、互动竞赛等活动，用户可以更加轻松愉悦地了解和体验非遗文化，增强对传统文化的兴趣和热爱。在学术研究方面，互动性与参与性也是数字化非遗文化的重要研究课题。研究者通过对数字化平台的设计和用户体验的优化，探索了如何提高用户的参与度和体验感，促进非遗文化的传承和发展。研究表明，互动式的数字化平台不仅能够吸引更多的用户参与非遗文化的传播和传承，还可以促进用户之间的交流和互动，增强文化传承的社群性和参与性。然而，要实现数字化平台的互动性与参与性，还需要关注用户体验设计、技术支持等方面的问题。在数字化非物质文化遗产的过程中，需要注重平台的用户友好性和易用性，提供多样化的互动功能和参与机会,以满足用户的需求和期待。同时,还需要加强对数字化平台的技术支持和维护,确保平台的稳定运行和持续更新,为用户提供良好的体验和服务。

2. 广西非遗数字化现状与紧迫性

非物质文化遗产数字化是指利用数字化技术手段对非物质文化遗产进行全面、系统的记录、存储、展示和传播,以实现非遗文化的数字化保护、传承和利用。具体来说,广西非物质文化遗产数字化主要包括以下几个方面的工作:

(1)非遗数字档案建设。广西各级文化部门和非遗传承机构积极推动广西非遗的数字化工作,建设了一批非遗数字档案数据库,将非物质文化遗产的相关资料进行数字化整理和归档,包括文字资料、图片资料、音频资料、视频资料等。其中,广西壮族自治区博物馆和广西民族博物馆是广西重要的文化遗产保护和传承机构,积极开展了非遗数字档案建设工作。这两个博物馆建设了广西非物质文化遗产数字档案数据库,收录了大量文字资料、图片资料、音频资料、视频资料。此外,广西壮族自治区非物质文化遗产保护中心自 2006 年 12 月成立以来,一直承担着全区非物质文化遗产保护的重要职责。其中,信息与资料部是该中心的核心部门之一,其主要职能涵盖了全区非物质文化遗产资源数据库的建设与维护、非物质文化遗产项目的数字化转化,以及官方网站和社交媒体平台的管理等工作。在非遗的数字化管理方面,保护中心已经建立了完善的资源数据库,对全区范围内的非物质文化遗产进行了系统的分类、整理与记录。保护中心充分利用现代社交媒体的优势,通过官方微信公众号"广西非物质文化遗产"同步推送自治区内的非遗新闻与线下活动展览;此外,保护中心还积极策划和组织各类非遗相关的活动,如非遗展览、演出、研讨会等,为公众提供更多了解、体验非遗文化的机会。同时,通过官方网站和社交媒体平台发布活动新闻、传承人介绍、非遗项目介绍等内容,进一步提高公众对非遗文化的认识和关注度。

(2)数字展示平台的建设。在数字化传承的基础上,广西各地建设了一批非遗数字展示平台,通过互联网平台、移动应用等方式向公众展示广西非遗的丰富多彩。广西壮族自治区博物馆 APP 平台内共有 6 大数字展览与五大网上展厅(图 4.3),部分藏品拥有三维立体的数据模型。桂林博物馆内设有 AR 导览,虽不涉及非遗文化,但未来可在该展览基础上继续深化拓展 AR 应用。

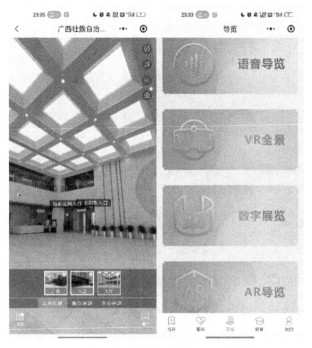

图 4.3　广西壮族自治区博物馆 APP 平台展厅

广西文化和旅游厅的抖音账号积极参与非遗的推广与传播工作,通过创建非遗视频专题与话题的方式,有效吸引了公众的注意力,提高了非遗的知名度和影响力。其中,"非遗里的广西"专题(图 4.4)创建仅 1 个多月就发布了 12 条视频,播放量超过 279 万,展示了广西非遗文化的独特魅力和深厚底蕴。

广西壮族铜鼓习俗是第一批国家级非物质文化遗产之一,其传承保护对广西特色民族文化与中华民族文化意义重大。目前,广西除建立铜鼓文化生态保护区、制定地方性法规、开展传统工艺振兴工程等举措外,铜鼓的数字化保护也取得显著成效。广西壮族自治区博物馆设有"鼓动八桂 声震九州"的广西古代铜鼓文化数字化陈列,这是国内首个铜鼓专题的数字化展厅。展览分为"鼓动万象""追根溯源""寻踪觅迹""精炼细铸""千古传风""锦上添花"6 个主题,涵盖了铜鼓的历史、类型、用途、分布、

图 4.4　广西文化和旅游厅账号建立专题"非遗里的广西"

工艺、民俗、纹饰等知识内容。展览由线上展示平台和线下数字展两个部分组成，通过裸眼 3D 屏、视觉互动、魔屏触摸交互、AR、动作捕捉、裸眼 VR 虚拟漫游、全息投影、智能桌面交互等多种先进的数字技术，为观众呈现了一场沉浸式的观展体验。

刘三姐歌谣作为歌谣类非物质文化遗产不具备数字化扫描与采集的条件，因此数字化保护十分必要。刘三姐歌谣的数字化可以使其纸质记录转变为有声、可高保真传唱的永久性数字化保存（梁瑛，2019）。除广西多个政府机构、自媒体与网友拍摄影片、纪录片、短视频等外，刘三姐的形象也在数字化时代得到创新传承。"刘三姐"这一民族文化的抽象符号以 AI 数字人的形象呈现在公众视野中，增强了公众的沉浸式体验，也有效推动了广西文化旅游的传播。2023 年，"刘三姐数字人"由广西旅游发展集团创新推出，担任第一届全国学生（青年）运动会直播互动栏目《学青 e 刻》的主持人，携手多位广西网红达人，通过直播形式聚焦赛场内外，带给观众沉浸式的互动体验。据统计，直播累计曝光量超过 120 万，点赞数高达 42 万，展现了强大的传播效果。

保护与传承需求迫切是广西非物质文化遗产数字化的关键驱动因素。广西作为一个历史悠久、文化丰富的地区，拥有着独特而丰富的非物质文化遗产。然而，这些非遗文化由于口传心授的特点，面临着逐渐流失的风险，而数字化技术的应用可以有效地记录、保存和传承这些珍贵的文化资源，从而确保其得以永久保存，满足当代社会对传统文化传承的需求。

广西非物质文化遗产数字化研究也日益活跃。学者们通过深入研究广西各地的非遗项目，从历史、地理、人文等多个维度，探讨了非遗文化的传承与发展。他们关注非遗传统的形成与演变，研究非遗项目的地方特色和文化内涵，探索非遗传统对当地社会经济、民俗习俗等方面的影响。此外，学者们还关注非遗传承中的困境与挑战，探讨数字化技术在非遗传承中的应用，以及如何促进非遗传统与现代社会的融合与创新。

外部文化冲击与市场竞争对广西非物质文化遗产的保护与传承提出了新的挑战。广西作为一个多民族、多文化共存的地区，拥有着丰富多样的非物质文化遗产。然而，随着现代化进程的加速和全球化影响的增强，广西的非物质文化遗产面临着来自外部文化冲击和市场竞争的压力。例如，广西的传统歌舞艺术面临着来自外部流行文化的竞争，年轻一代对传统歌舞的兴趣减退，导致传统歌舞艺人队伍的减少和传统舞蹈剧目的稀缺。同时，广西的民间传统医药也受到了现代医学的冲击，一些传统医药知识和技艺面临失传的危险。此外，广西的手工艺品产业也面临着来自外部工业品的竞争，传统手工艺制品的销量逐渐下降，一些手工艺人面临着生计困难。为了应对外部文化冲击和市场竞争的挑战，数字化非遗文化在广西具有重要意义。通过数字化技术，广西的非物质文化遗产可以在全球范围内得到更广泛的传播，增强其在文化市场中的竞争力。数字化非遗文化不仅可以扩大传统文化的影响力和知名度，还可以为非遗传承者提供新的发展机遇和创新空间。因此，数字化非遗文化是广西应对外部文化冲击和市场竞争的重要举措，有助于促进广西传统文化的传承、发展与创新。

加强文化自信与自主传播是数字化非遗文化的重要意义之一，尤其对于广西这样一个拥有丰富非物质文化遗产的地区而言。通过数字化平台，广西的非遗文化可以更自主地向全国乃至全球传播，展示地方文化的魅力与特色。例如，壮族的舞蹈表演可以通过高清视频在国际舞台上展示，吸引全球观众的关注，增强壮族文化在国际上的影响力。侗族的芦笙音乐是广西独特的民间音乐形式，通过数字化平台可以进行网络演出，吸引全球音乐爱好者的关注和欣赏，展示侗族文化的独特魅力。广西的民间传统医药知识通过数字化平台得以网络传播，不仅在国内各地得到广泛传播，还能够吸引国外民众的关注和学习，为广西的传统医药传承和创新提供新的机遇。广西的非遗通过数字化平台走出国门，不仅增强了地方文化的自信心，也为当地非遗文化的传承和保护提供了新的途径和机会。数字化非遗文化的全球传播，不仅是对当地文化传统的展示，也是对当地文化自信的体现，有助于推动广西非遗文化的传承与发展。

文化旅游发展对广西具有重要意义，而非物质文化遗产作为其独特的文化资源之一，在文化旅游中扮演着重要角色。数字化非遗文化为广西文化旅游的发展提供了新的动力和机遇，促进了文化旅游业的繁荣与发展。数字化非遗文化为广西文化旅游提供了丰富的内容和体验。通过数字化平台，游客可以在不同的时间和地点，通过网络展览、虚拟体验等形式，感受到广西丰富多彩的非遗文化，增强游览体验和参与感。例如，游客可以通过数字化平台欣赏壮族的传统歌舞表演、体验侗族的民俗文化活动，而不受时间和空间的限制。数字化非遗文化为广西文化旅游提供了便捷的信息和导览服务。游客可以通过数字化平台获取关于广西非遗文化的详细信息，包括历史背景、传统技艺、地方特色等内容，从而更加深入地了解广西的文化底蕴。此外，数字化平台还可以提供智能导览服务，引导游客进行非遗文化的游览和体验，提升游览效率和体验质量。数字化非遗文化为广西文化旅游提供了全新的营销渠道和推广方式。通过数字化平台，广西的非遗文化可以向全球游客进行推广和宣传，吸引更多的游客来到广西进行文化旅游。例如，通过社交媒体、在线旅游平台等渠道，广西的非遗文化可以与全球游客进行互动和交流，增强了广西文化旅游的国际影响力和竞争力。数字化非遗文化为广西文化旅游的发展提供了新的动力和机遇，促进了文化旅游业的繁荣与发展。通过数字化平台，广西的非遗文化得以更好地传播、保护和传承，吸引了更多的游客参与到非遗文化的保护与传承中来，推动了广西文化旅游业的持续发展。

4.2.2　广西非遗数字化存在的问题

1. 难以满足受众多元化需求

广西非遗文化受众主要包括学术研究者、文化爱好者、旅游者、教育工作者和学生、传承人及从业者、普通公众。在广西非遗数字化的过程中，学术研究者虽然是重要的受众群体，但他们也面临着一些问题和挑战。这些问题主要集中在信息的深度和广度、数据的标准化和整合以及技术应用的局限性等方面。学术研究者需要深入的历史背景、文化内涵和技艺传承等信息。然而，现有的数字化内容往往在深度和广度上存在不足：

（1）许多数字化资源仅提供了表面的介绍，缺乏对非遗项目的深入分析和详细记录。例如，一些传统技艺的制作流程和技艺传承链条未能完整展示，无法满足学术研究者对细节的需求。某些非遗项目的数字化覆盖面有限，许多地方性和小众的非遗项目未被全面记录，导致学术研究者在资料搜集时面临困难。

（2）非遗数字化过程中，各类数据的记录标准不统一，导致数据之间的兼容性和可比性差。例如，不同机构记录的同一非遗项目可能使用了不同的分类和描述方法，影响了学术研究者的使用和分析。由于非遗项目的数据来源分散，整合这些数据以形成一个全面、系统的数据库具有较大难度。数据的分散性和不一致性增加了研究者获取和整理资料的时间和成本。

（3）数字化技术发展迅速，而部分非遗数字化项目未能及时应用最新技术，导致展示效果和互动性不足。例如，虚拟现实和增强现实技术在非遗数字化中的应用仍在初步探索阶段，未能广泛普及和深入应用。

受众希望通过丰富的多媒体形式深入体验非遗文化。然而，现有的数字化内容在多媒体应用上仍有不足：

（1）许多非遗数字化项目仍以文字和图片形式为主，缺乏丰富的音频、视频和其他多媒体内容。例如，壮族的传统歌舞、手工艺等在数字化展示中缺少全面的视频记录和现场表演的动态展示。一些非遗项目的数字化素材较少，如广西崇左花山岩画和铜鼓，未能全面展示非遗的各个方面，如制作过程、文化背景和传承故事等，这使得受众难以获得完整的体验。

（2）互动性和体验感不强。许多数字化项目仅提供静态的展示，缺少互动元素。例如，壮族的传统工艺展示中，用户无法通过数字平台进行互动体验，如虚拟参与制作过程或与传承人在线交流。尽管有些项目尝试了虚拟现实和增强现实技术，但整体上应用还不够广泛和深入，体验效果也不够逼真和沉浸。例如，刘三姐山歌的VR体验未能充分模拟现场表演的氛围和互动，难以满足受众的需求。

（3）虽然数字化技术发展迅速，但部分非遗数字化项目未能及时采用最新技术，导致展示效果和互动性不足。例如，许多项目仍停留在传统的2D展示阶段，缺少3D建模和虚拟现实的应用。比如，壮锦是壮族传统的手工艺品，其复杂的织造技艺和精美的图案需要通过详细的展示来传达。然而，目前的数字化展示大多以静态图片和文字为主，缺乏动态展示和互动体验，无法充分展示壮锦制作过程的精妙和工艺的精细。这些项目在数字化过程中，因未能采用3D建模和VR技术，导致展示效果单一，缺乏深度和互动性，无法全面展示非遗的文化价值和技艺魅力。

2. 非遗数字化扶持力度不足

非遗保护是全社会共同推动的一项重要文化实践，旨在保护和传承优秀的文化传统。非遗数字化转化是实现非遗文化广泛传播和长久保护的重要手段。广西在这方面的扶持力度不足，主要体现在以下几个方面：

（1）政策扶持力度不足

尽管政府在非遗保护方面做出了许多努力，但由于资金和政策支持不足，许多非遗项目无法得到有效保护和传承。尤其是在应对非遗保护中的具体难题时，政府常常面临资源不足和缺乏长远规划的挑战。政府在非遗保护方面的努力主要体现在政策出台和项目支持上。近年来，政府出台了一系列相关政策，支持非遗数字化发展。例如，2022年，广西壮族自治区党委办公厅、自治区人民政府办公厅印发了《关于进一步加强广西非物质文化遗产保护工作的实施意见》。该意见明确提出，到2025年，非遗代表性项目要得到有效保护，工作制度科学规范、运行有效，各族群众对非遗的参与感、获得感、认同感显著增强。此外，广西壮族自治区人民政府门户网站长期开设了对非物质文化遗产代表性项目的传承人、保护单位、组织推荐评审认定窗口，以最大限度吸纳广西当地非物质文化遗产。这些举措旨在通过政策引导和资源分配，促进非遗项目的保护和传承。2023年10月，广西壮族自治区人民政府门户网站发布了《广西壮族自治区人民政府关于公布第九批自治区级非物质文化遗产代表性项目名录的通知》。该通知以贯彻"保护为主、抢救第一、合理利用、传承发展"工作方针为核心，旨在做好自治区非物质文化遗产代表性项目的保护传承和合理利用工作，切实提升非物质文化遗产系统性保护水平。

尽管当前广西政府对非物质文化遗产的保护和传承给予了一定的政策支持，但这些支持仍不够深入与广泛。浏览广西壮族自治区人民政府门户网站，发现与非遗相关的政策文件和常见问题的解答相对较少，未能形成系统的政策体系和详细的实施方案。这表明在非遗保护和传承方面，仍然存在政策覆盖面不足、精细化程度不高的问题。当前政府在非遗保护和传承方面的工作主要依赖于传承人主动申报，而缺乏主动探索和深入挖掘。这种被动接收的方式导致许多潜在的非遗项目未能被及时发现和保护。政府缺乏主动探索和挖掘非遗文化的机制，导致非遗保护工作的广度和深度都受到限制。近年来，广西政府出台了一些支持非遗保护和传承的政策文件，旨在通过政策引导和资源分配，促进非遗项目的保护和传承。然而，这些政策文件的数量有限，且内容较为概括，缺乏具体的实施细则和操作指南。在非遗数字化传承方面，广西壮族自治区政府也进行了初步探索。例如，2023年8月，广西壮族自治区人民政府门户网站发布了《一图读懂：文化行业标准〈非物质文化遗产数字化保护数字资源采集和著录〉》。该文件提到的《非物质文化遗产数字化保护数字资源采集和著录》（以下简称《著录》）于2023年6月发布，并在9月开始实施。这表明广西政府在非遗数字化保护方面有一定的前瞻性，关注前沿动态。然而，由于《著录》刚刚发布不久，广西在非物质文化遗产数字化保护和数字资源采集方面的基础仍然较为薄弱，投入也相对有限，缺乏成熟的经验和系统的支持。虽然政策的出台显示出政府对非遗数字化保护的重视，但具体的执行和实施仍需时间和资源的进一步投入和积累。

（2）资金扶持力度不足

尽管政府在保护非物质文化遗产方面做出了许多努力，但由于资金支持不足，许多非遗项目无法得到有效保护和传承。尽管政府出台了一系列政策文件并进行了资金投入，但这些措施主要集中在将非遗资源与文化旅游产业结合，旨在通过文旅IP的打造实现经济效益。例如，2023年11月，广西壮族自治区人民政府办公厅印发了《关于推进文化旅游业高质量发展的若干措施》的通知。该文件提出了强化统筹布局、优化区域联动发展的措施，支持桂林和柳州、贺州、来宾等市旅游市场的共建共享，打造"大桂林旅游圈"。同时，支持南宁建设区域性国际旅游中心城市，并通过文旅融合，开展"文化活化故事化"行动，深度挖掘桂林甑皮岩、左江花山岩画、合浦汉墓群等历史文化遗产的内涵和价值，塑造广西文化和旅游故事知识产权。此外，2024年1月，广西壮族自治区人民政府办公厅发布了《关于支持高质量建设广西东融先行示范区（贺州）的指导意见》。该意见提出要增强民族精神文化传承，支持贺州市发挥壮瑶文化、岭南文化、客家文化等汇聚交融的优势和地方特点，讲好民族团结故事，铸牢中华民族共同体意识。在具体的资金投入方面，以钦州市为例，2023年10月，钦州市财政局发布政务动态，提到近3年来，钦州市累计统筹财政资金0.12亿元，用于支持钦州市"非遗＋旅游"融合发展，支持开展有特色的民族文化文艺演出活动和非物质文化遗产挖掘保护等工作。2023年11月，河池召开新闻发布会，河池市委书记提到将广西特有的丝绸文化、铜鼓文化打造成为旅游IP。这些做法虽然在短期内能够促进地方经济的发展，但在长期的非遗保护与传承方面却显得不够深入和系统。当前政府在非遗数字化方面的挖掘还停留在相对基本的数据库建设层面，而非对非遗数字化进行主动探索以及深入挖掘。

此外，广西壮族自治区大数据发展局发布了《2024年度广西数字技术创新应用场景建设补助资金申报指南》。该指南旨在鼓励和支持包括非遗数字化在内的数字技术创新应用场景项目的申报。尽管这一举措看似涵盖了非遗数字化，但它实际上并非专门针对非遗数字化所发布的资金申报指南。其申报内容广泛，包括数字政府、数字社会、数字经济、数字合作、数字基建等领域的落地场景应用，这导致了对非遗数字化的支持相对边缘化。非遗数字化项目的实施和落地需要一定的资金来购买设备、进行技术研发以及开展培训活动。资金不足将直接影响非遗数字化的进程和效果。非遗数字化是一个长期且需要持续投入的过程，过程中会面临以下挑战：① 非遗数字化项目需要购买专业设备、开发相关技术以及组织培训活动，这些都需要大量的资金投入。如果资金支持不足，将直接影响项目的实施和效果。② 非遗数字化需要长期的、持续的投入才能见到成效。然而，短期内可能无法显现明显的效果，这导致政府和相关机构在资金投入上可能更倾向于那些能够迅速见效的项目，从而削弱了对非遗数字化的长期支持。③ 由于资金不足，传承人的工作难以持续开展。非遗项目的传承人需要稳定的经济支持来进行传承活动，但现有的资金支持往往难以满足长期稳定的需求，导致传承工作无法持续进行。

（3）教育扶持力度不足

当前，广西对非遗数字化传承人的政策扶持尚存短板。激励机制、权益保障和传承环境等方面的政策可能尚需优化，这导致传承人在遭遇挑战时缺乏必要的支持与保障。不完善的政策扶持体系可能削弱传承人的社会地位和认可度，进一步影响其参与非遗数字化的积极性和动力。

靖西市政协三届三次会议中，黄海珍委员曾提出《关于把"非遗"课程融入学校课后服务的建议》，2023年10月25日，靖西市教育局对此做出回复，表示非遗进校园具有意义和价值，但存在着教师资源配置不足，学生对部分非遗项目兴趣不足，"非遗"课程专项经费保障缺乏、难以支撑相关活动的开展，社会的关注度不高，家长的认可度不清晰等问题。对此提出"指定具体政策和指导意见""组织课程教师参加培训活动""搭建学习合作交流平台""建立'非遗'课程融入学校课后服务的评估机制"等解决措施。但可以从中看出当前所提出的解决措施相对笼统，从这些措施落实到学生的课堂中还需要经过多重步骤。然而教育局却将此问题的办理结果分类定性为A，即"代表所提问题已经解决或基本解决"。除此之外，岑溪市2023年6月面对全市中小学展开"文化和自然遗产日"非遗宣传暨岑溪市"扫黄打非 护苗2023"预防未成年人违法犯罪普法进校园活动。从活动主题中能够看出，教育活动关注到非遗传承，但相对浅显，为追求"一举多得"，将"非遗宣传"与"扫黄打非"风马牛不相及的两者结合。如此种种，可以看出在当前的教育大环境下，政府部门以及教育部门对非遗传承融入教育的重视程度偏低。

但广西目前的非遗传承也并非全然被忽视。河池市在2023年9月推出的《环江县自然资源局：生态产品价值实现典型案例｜河池市环江毛南族自治县基于特色民族文化发展多元生态产业案例》中提到，强化民族传承，应加强对民间文艺人才的培养工作。因此河池市先后举办了毛南族"傩面具雕刻""花竹帽编织技术""毛南族歌舞"等技艺培训班，同时进入中小学的课堂与当地共建了乡土文化进校园、非遗教育实验基地的传承教育机制，从而让青少年接触到"非遗"文化，让非遗文化扎根于祖国的未来。因此政府应推动市县鼓励非遗文化常态化进入中小学课堂，打造独属于广西的非遗传承教育机制。

3. 非遗数字化人才缺失

"活态传承不是单纯的保存原始特征，而是要保护、培育成长机制，保护文化群体的生命力延续与表达。"（高小康，2019）当前广西非遗数字化传承人才缺失所面临的最大问题，一方面为广西非物质文化遗产继承方面的困难，另一方面为传承人媒介技术不足。

（1）人才断代与应试体系下非遗培养缺位

非遗的传承并非一蹴而就的速成，而是依赖于每一代人的传递，传承至今，呈现在大众面前。相对普遍、大众化的非遗文化如书法、象棋、戏剧等往往更容易获得青年群体的目光，吸引更多青年群体学习，也因此在人才培养过程中较为顺利。然而，由于地理位置以及宣传原因，广西本土非物质文化遗产的受众群体相对局限，相对小众化。这一现象导致了非遗文化传承与人才培养断代严重，即非遗技艺的传承人普遍为年长一代，而年轻一代对非遗制作技艺的学习与传承参与度极低。这种人才断代现象严重阻碍了非遗技艺的延续，是非遗文化传承与发展道路上的绊脚石。

2023—2024年，广西壮族自治区政协会议中提出20余条与非遗培养相关的提案，其中大部分聚焦于非遗文化进入中小学教育的相关内容。如2023年7月梧州市《关于让梧州特色文化进校园，丰富学校文化教育的建议》的提案中，梧州市文化广电体育和旅游局提出当前的特色文化进校园工作面临资金人才队伍等因素的制约，导致规划缺失、师资缺乏。2023年8月贺州市《关于推进地方传统文化进校园的建议》的提案中，贺州市教育局表示当前"贺州市各中小学校目前只使用国家统编教材和自治区地方课程教材，并未开发本土教材"。即当前的教材管理办法相对严格，自治区各市县尚无教材编纂与课程设置权限。但贺州中小学在校园民族艺术、民族体育教育以及民族文化传承方面相对重视，鼓励学生在课余时间进行非遗文化传承。

优秀的师资团队是提升人才培养质量的关键，可以有效地促进非遗文化的不断发展。但查阅当前广西各市县教育部门的文件后发现，当前的师资方面尚处困境，如靖西市教育局提到当前的非遗教育存在着"教师资源配置不足，缺乏非遗专业课程的老师进行指导，组织活动形式较为简单，效果不太明显"等问题。面对广西非遗文化的传承，学校应加强教师培训工作，组织教师参与非遗文化传承相关的论坛与研讨会，从而创建一批具有高素质、高水平的导师团队；同时邀请非遗传承者、非遗文化研究者进入校园，召开讲座或交流活动，为青少年打开非遗相关的发展思路。师资力量的提升对学生的发展有着重要的意义，有效地提升了人才培养质量，促进非遗文化不断发展。

政府也应相应给予支持。如钦州市财政局在其2023年10月的文件中提到："为有力支持壮大非遗人才队伍，培育人才力量，助力非遗保护传承发展，近三年来，共筹措资金0.05亿元，加大非遗人才储备资金保障力度，支持国家级、自治区级及市级非物质文化遗产代表性传承人补助，搭建'老中青'非遗人才梯队，多层次培养后继人才。"钟山县文化广电和旅游局提出推行校政合作培养文艺储备人才，钟山县与广西艺术学校进行资源互补合作共赢，签订《广西艺术学校与钟山县文化广电和旅游局 钟山县教育和科学技术局联合办学协议》，为戏曲表演专业相关非遗学习与传承人提供实习就业机会，同时可进行招生培养，进而推进优秀艺术人才培养与储备。从中可以看出，个别市县在非遗教育方面相对完善且重视，但浏览多篇提案答复内容发现，仅少部分答复给出如钟山县的准确解决措施，大部分回复相对笼统且抽象，落实起来仍需要长期部署与实践。从中看出，一方面，对非遗的师资教育重视不足，未形成人才培养与人才就业的良性循环；另一方面，重视非遗文化师资培养的市县地区较少，辐射面不够广泛，导致仅少部分地区重视，而难以扭转非遗教学师资打造困境以及难以优化忽视非遗教育的大环境。

（2）非遗传承学术型人才缺失

2021年，中共中央办公厅、国务院办公厅印发的《关于进一步加强非物质文化遗产保护工作的意见》，中宣部、文化和旅游部、财政部联合印发的《非物质文化遗产传承发展工程实施方案》，文化和旅游部印发的《"十四五"非物质文化遗产保护规划》，都明确要将非遗传承人才培养摆在国策重要位置。

在广西非遗的深厚土壤中，众多传承人源自当地村落，非遗传承仍以粗放式为主，广西大部分非遗以及非遗技艺以人际传播的口头相传、口传身授而一代一代传下来，也因此导致大部分扎根于广西的非遗传承人并未经历专业的学习，而是将非遗视作一种"手艺"进行学习。广西非遗传承过程中曾经历长达几十年的停滞期，加上传承人员文化水平有限，所以在成为非物质文化遗产之前，广西独特的民族文化并没有形成任何的文献资料。如壮族春牛舞、黄泥鼓舞、盘古兵舞、八仙舞、蝴蝶舞等仪式性活动只能存在于村民的脑海中，广西壁画、铜鼓等非遗也缺乏长期连贯的研究。申请非物质文化遗产后才开始逐渐形成一些相关的文献资料，但对资料的挖掘、收集、归纳并未做出系统整理。这样的传承方式固然确保了技艺的延续，但在理论与体系方面连贯性不足使得历史以及理论原理等内容丢失，导致学术化传承捉襟见肘。

从"中国非物质文化遗产网·中国非物质文化遗产数字博物馆"关于广西非遗的内容分类来看，近10年该网站发布与广西非遗相关的讨论和展示内容显得较为匮乏。具体来看，与政策相关的内容仅有11条，这说明关于非遗保护的政策信息覆盖面较窄，难以提供系统化、全面性的政策支持。资讯类内容虽有442条，但更倾向于信息传播，缺乏对广西非遗项目的深入分析与解读。资源类内容仅有63条，这与广西丰富的非遗资源不相匹配，未能充分展现广西非遗文化的多样性和内涵。清单内容虽达到100条，但更多停留在基础信息层面，尚未深入挖掘具体项目的背景与意义。此外，学术研究相关内容有122条，虽然相较于其他类别稍显丰富，但从广西非遗文化的独特性和重要性来看，这一数量依然不足。其他类别仅有15条，覆盖范围极为有限，显示平台对非遗文化的探索深度不够。同时，关于机构信息和百科知识的内容完全空缺，这在一定程度上限制了公众对广西非遗文化的全面了解和认知。尽管截至2022年4月，广西已经拥有70项国家级非遗代表性项目和914项自治区级非遗代表性项目，但这些丰富的非遗资源并未在该平台中得到充分体现。总体来看，与广西非遗相关的内容在政策支持、资源展示、学术研究以及机构信息等方面仍有较大的提升空间。同时，在中国知网数据库中，设置截止时间为2024年3月，以"非遗"或"非物质文化遗产"为篇名进行检索，共检索到学术论文约3.1万篇，其中有关广西非遗或广西非物质文化遗产的学术论文仅约144篇，占总量比例不足0.5%。这一占比偏低的现象，反映出广西非遗在全国范围内学术研究中的地位相对薄弱。

造成这一现象的原因主要有以下几个方面。首先，广西的非遗资源虽然丰富，但相比于中原、江浙等非遗文化发达地区，其影响力和关注度相对较低，导致学术研究重点更多集中在全国范围内更具代表性或影响力的非遗项目上，而广西非遗所占比例较小。其次，广西在非遗研究领域的科研体系尚不完善，研究起步较晚，相关科研资源和平台相对有限。科研投入不足和研究团队规模较小，进一步限制了广西非遗学术研究的深度与广度。此外，广西的非遗项目传承方式多以口传心授为主，缺乏系统化、规范化的文献记录，这使得研究者在获取资料时面临较大困难，也阻碍了非遗文化的进一步学术挖掘。再次，广西在非遗文化的推广和传播方面力度不够，导致其影响力未能在全国范围内扩散开来，相较于文化传播力度较大的地区，如北京、上海、浙江等，广西的非遗吸引力相对较弱。最后，全国范围内的非遗学术研究往往更倾向于关注具有广泛影响力和典型代表性的非遗项目，而广西的部分非遗项目较为小众，缺乏足够的研究热点。这种学术研究方向的集中性进一步削弱了广西非遗在学术领域的存在感。总体来看，广西非遗学术研究数量少的现象，既是科研资源和体系不足的结果，也是文化影响力和推广力度不足的反映。

因此非遗传承亟需兼具担当与智慧的学者型传承人出现。传承者不仅要有深厚的技艺功底，更要有足够的科研能力，对非遗具有敏锐的洞察和深入的理解。对非遗进行体系化、健全化的挖掘与梳理，从而确保这一宝贵文化遗产的延续与发展。如钟山县提出：推动民族文化技艺传承和职业教育改革发展的有效对接，县文化部门联合钟山县职业技术学校开展非遗课题研究，鼓励该校结合本地非遗项目，开展"茶为媒——歌舞文化传承创新""门嗦歌的传承创新""羊角舞的传承创新"等课题研究，形成本土非遗教学研究的特色品牌。此类举措有助于从自治区出发，培养学术性非遗传承人才，降低因地域、方言差异导致的非遗学习与传播受阻，同时推动高校学子学习广西非遗文化，使学生能够更加深入地了解和接触到当地的非物质文化遗产，认识到文化遗产的价值和重要性并与自身兴趣、专业相融合，推动非遗融入现代社会需要。

（3）非遗传承技术型人才不足

数字化对非遗的长期保存与传播具有至关重要的保障作用。首先，借助数字技术手段能够精确捕捉和存储传统技艺、文化表演、口头传承等非物质文化遗产的丰富内容。这种方法不仅有效地将非遗文化定格在时间长河中，还可以将其作为珍贵数据资源为后续的深入研究和非遗文化溯源工作提供支持。其次，非遗数字化有助于非遗文化进行广泛传播与推广。借助互联网、社交媒体等现代通信工具，数字化的非遗内容能够迅速传播，如非遗舞蹈在网络的传播、南宁市非物质文化遗产展示馆等数字博物馆的打造能够让更多自治区外的受众接触和了解独属于广西的文化遗产。此外，数字化技术还为非遗的展示方式带来了创新。虚拟现实和增强现实等数字技术的使用，能够更加具象化地展现非遗文化的魅力。非遗元素巧妙融入数字游戏，以更加现代、更加吸引人的方式呈现给年轻一代，激发受众对非遗文化的兴趣和热爱。

当前，广西非遗的基层人才数量庞大，但由于缺乏系统的专业培训而导致素质参差不齐，同时许多传统非遗传承人也已步入高龄，他们对现代数字技术的接受能力和掌握能力相对有限。因此难以熟练地进行非遗的记录、展示和传播。这一现状在无形中为非遗数字化传承的推广和普及设置了一定的障碍。而青年群体作为当前数字技术的主要使用者，往往更熟悉平台的使用和网络环境中的传播规律。

青年技术人才作为广西非遗文化的弘扬者，一方面，运用社交媒体、短视频、直播等形式对非遗进行数字化传承。例如，抖音广西本地非遗文化传承网红"小河流""小诗诗"通过更加生动直观且具有互动性的方式，将广西非遗文化呈现给公众，并利用网络的跨年龄、跨地域传播特点，将非遗传播到更广泛的受众中。此外，2023年，南宁市以数字化建设为抓手，推动数字化建设与基础设施建设、电商网络建设、宣传文化建设相结合，助力乡村振兴。为此，举办了多场非遗传承宣传推广活动，力求打破非遗传承的地域限制，进一步扩大其影响力和受众基础。然而，尽管政府重视，大量青年涌入了社交媒体赛道，但近两年来新媒体平台上有关广西非遗文化"出圈"的形象或"爆款"作品几乎为零。这反映出广西非遗文化在互联网运作中缺乏吸引力，同时还存在非遗形象打造不够立体、非遗文化宣传内容不够精致的短板。这种"泛而不精"的传播现状，削弱了广西非遗在新媒体平台上的吸引力和传播力，不利于广西非遗文化的深入推广与传承。

另一方面，青年技术人才作为技术"主力军"加入非遗数字化工作，如运用VR、AR等技术打造非遗数字博物馆，构建非遗元宇宙。运用青年技术人才丰富的创造力和想象力将非遗元素与现代设计、科技和文化相结合，创造出具有独特魅力和时代感的非遗数字产品。这不仅能为非遗注入新的活力，也能够为非遗的传承和发展提供新的思路和方向。然而基于政府网站所发布的非遗数字化相关内容可以看出，当前广西运用新媒体渠道打造南宁市非物质文化遗产展示馆、壮族歌圩文化（南宁）生态保护区等非遗保护平台建设进行的非遗传承，其目的与重点在于乡村振兴以及乡村数字化旅游宣传力，而不是对非遗文化进行数字化转化进而保护传承。政府应当在后续工作中持续推进对非遗数字化的关注度，以及对数字技术人才的引进。

基于以上可以看出，当前广西数字化人才打造过程中，一方面数字化人才有效供给不足。广西数字化人才培育与一线、新一线等对数字发展存在高敏感性的城市相比存在一定的滞后性，缺乏对新技能、新知识的及时更新和反馈，核心数字技术人才短缺；培养模式侧重理论知识学习，缺少数字化操作技能的培养和考核，无法满足垂直行业的人才需求。另一方面，数字化人才分布不均衡。大部分数字化人才为获得更多工作机会涌入一线、新一线城市，导致作为背靠中南西南的广西难以获得人才青睐。

非遗的数字传承不应仅仅停留在对技术的掌握与运用上，更重要的是对非遗锲而不舍地钻研传承与深入浅出的对外弘扬。面对非遗数字转化的这些需求，青年群体存在着多方面的难题：一方面，在快节奏、信息化的环境下接触和学习技术，会导致由于信息过载和碎片化的学习方式，难以沉下心进行深入、系统的学习和研究。另一方面，非遗数字化传承不仅需要技术人才，还需要具备文化、艺术、历史等多学科知识背景的复合型人才，具有此类基础的人才能够深入理解非遗的文化内涵，并将其与现代数字技术相结合，实现非遗的数字化展示和传播。然而，当前广西非遗传承中此类跨学科复合型人才尚处于缺失状态。

冯骥才（2022）强调将非物质文化遗产列入名录并非非遗文化发掘的最终目标，而是作为真正的保护工作的开始，他将此现象称为"非遗后时代"。其中关键在于科学保护、广泛传播、有效利用、弘扬文化和学术理论支撑。当前数字化发展下，非遗的保护工作中也逐渐融入技术；潮流趋势以及受众需求下，非遗数字化传承、打造"非遗元宇宙"刻不容缓。然而非遗的数字化传承任务艰巨而复杂，它承载着传统文化的延续与创新，以及非物质文化遗产未来可持续发展的重任。当前广西在非遗文化数字化传承方面面临着扶持力度不足和人才短缺两大核心问题。

在政府扶持方面，政府对非遗数字化传承存在政策扶持力度不足、资金扶持力度不足、教育扶持力度不足等问题，这些问题的存在对非遗数字化项目的实施和长期发展造成了阻碍。对此政府应加大重视程度与扶持力度，将政策措施具体化，方便落到实处。

在人才缺失方面，非遗数字化传承存在着"非遗传承"与"数字化转换"两方面困境，学术型人才的匮乏使得技艺传承与理论研究之间存在矛盾；技术型人才的不足则影响了非遗技艺与数字化技术的有效结合；应试教育的背景下，非遗培养者的缺失和人才筛选的困难，进一步加剧了人才短缺的困境。因此也应加大力度培育属于广西本土的复合型人才，兼具技术能力与非遗文化素养，从而更好地推动广西非遗文化数字化传承。

4.3 广西非遗文化的传播价值

4.3.1 广西非遗文化传播现状

中国的非遗文化源远流长，其中所蕴含的民风民俗、地方戏曲、民族服饰、传统艺术等都是中华文化生生不息的源泉（丁元竹，2020）。我国始终重视国内文化多样性，强调非遗文化的现实价值，广西壮族自治区作为多民族聚居地区，拥有众多民族非物质文化遗产。在相关政策的帮助下，广西非遗文化的传播虽呈现向好趋势，但仍存在明显不足。广西非遗文化的管理机构和国内大多数地区的非遗保护机构一样，没有独立的事业编制，而是挂靠在当地的文化馆、研究院，专业化、对口性程度较低。在立法方面，广西出台了多条法律条文，充分尊重了当地文化独特性与民族性，其具体化与可行性较高，为广西非遗文化的保护与传播工作提供了长期的理论支持。

1. 传播渠道多元化，娱乐化倾向明显

从传播渠道来看，在过去，广西非遗文化的传播方式以口口相传、家族式的传承为主。传授双方本就同属同一地区、同一民族，自然极易达成共识，这也为文化的顺利传播奠定了基础。但这种人际传播方式，多是口头上的、即时的、面对面的、转瞬即逝的，在空间和时间上受到了较大的限制,因此在社会构建、社会参与中并未发挥太大作用(沈荟和王学成,2015)。随着时代的发展,大众传媒兴起,传统媒体成为传播广西非遗文化的主力军。尤其是广西当地的报刊与电视台,凭借着地域优势,深入非遗文化地区,用图片和视频帮助少数民族文化打破地域、阶层、语言等方面的障碍,得以在更广阔的社会领域中传播。近几年,自媒体平台兴起,传播渠道进一步扩大,人人都有麦克风,人人都是传播者。以抖音、快手为代表的短视频平台更是倍受大众青睐,15秒的视频就有可能获得百万浏览量,还可以借助用户转发、@、评论等功能,实现内容的再次传播。新媒体时代,人际传播突破了亲身交流与传统媒体交流的限制,不再是封闭的,而是在整个社会中进行的(龙剑梅,2017)。

然而,在自媒体成为传播广西非遗文化新兴力量的同时,传播的娱乐化、碎片化也随之呈现。人们习惯了片段式、浅显化、庸俗化的信息,系统化、理论化、严谨化的知识却未受到普通大众喜爱,文化传播的权威性遭到了娱乐和恶搞心态的挑战(王永友和宋斌,2016)。广西非遗文化由于其地域、历史、民族等方面的特殊性,本就不易被一般网民接受。借助自媒体强大的传播力,确实可以扩大传播范围,但若一味地迎合受众需求,过度追求有趣、通俗的表现方式,反而会使非遗文化丧失其所蕴含的民族文化与风俗。同时,在流量时代,点击率意味着商业利益,网络媒体为了吸引眼球,通常只会截取最具有冲击力的部分进行传播,受众只能看到非遗文化的外在表现形式,而不能理解其发展源泉和象征意义。广西地区的非遗文化包含了众多民族文化,这些文化都经受了不同历史的洗礼,拥有厚重的自然与人文底蕴。自媒体时代下碎片化的传播方式对于非遗文化仅是形式上的传播,并不利于整个宏大历史含义的传承与发展。

2. 传播内容时代化,质量良莠不齐

从传播内容来看,国内部分学者认为非遗文化的传播应当是未经改变的、原汁原味的;另一部分则认为不能随着时代变化的文化是僵死的(刘鑫和苏俊杰,2021)。联合国在定义非遗文化时,十分注重文化的独特性、历史性、代表性、传承性以及影响性。在研究非遗文化时,与特定群体有关的人文风俗、历史文化、集体记忆等都有着十分重要的价值(刘宇青,2021)。但这些文化内容却难以在传播中引起大范围的情感共鸣。有研究表明,国内80%以上的年轻人对于传播传统题材的非遗文化内容并不感兴趣，大多数的非遗文化作品难以体现时代变化的新思想、新浪潮（薛可和龙靖宜，2021）。

就传播非遗文化而言，完整准确地概括非遗文化的历史脉络、风俗细节，就是达到了知识传递的目的；但随着经济水平的提高，人们对于精神文化的需求更加多样化，若想要普通大众可以更加轻松地感受到非遗文化的魅力与美好，那一定程度上的筛选、加工、修饰与升华就是必不可少的环节。特别是在现代媒介技术的极大冲击下，展现非遗挖掘、考古、保存等过程的内容已经和人们的观看需求、审美观念脱节，受众需要变得更加个性化、精确化。广西非遗文化整体上借助了新媒体这一传播渠道，但在内容上却没有完全融入互联网思维，在传播文本上的表现仍局限在介绍非遗文化本身，叙事方式也缺少多样性，未能很好地使用技术手段，视觉观赏力不足，导致非遗文化的内容不能满足当代中国受众的需求。

近年来，部分有关广西非遗文化的自媒体账号开始依靠媒介逻辑生产内容，但却出现被其反噬的迹象。法国学者布尔迪厄认为，社会中存在着各种关系组成的场域，每一个场域都有其自身特有的运行逻辑，文化也是一种场域，且众多力量在其内部相互博弈（盛婷，2020）。借助场域理论中的"习性、资本、场域"原则，有学者认为只有当文化传承场域、文化习性、资本协调发展才能起到优秀的传播效果，偏于任何一方都会引起传播的异化（侯志涛 等，2020）。但现代场域中，资本、流量、网民等多方关系相互交织，场域内的主导权力不再是文化，经济权力取代了文化本身，非遗文化场域受到了商业场域的支配，将追逐商业目标作为出发点，传播大量娱乐化、同质化、猎奇化的内容，以满足受众的好奇心。非遗文化借助平台输出内容，看似获得了关注，但残酷的是，非遗文化的场域一直都建构在平台流量为王的"他律"之中，大量的与非遗文化有关的恶搞、模仿、搬运内容被生产，非遗文化本身却在受众心中转瞬即逝，非遗文化的真正价值正在被解构与消费。

3. 传播技术数字化，文化异化出现

互联网技术飞速发展的时代下，非遗文化借助数字科学技术传播也成为一种新方式。目前非遗文化主要保存在地方博物馆、文化馆、旅游景区等场所，但这些实体场所初期建设投入成本大，日常还需要财力、人力进行维护管理。非遗文化传播与经营利益之间存在着矛盾。广西部分地区在非遗中融入商业元素，试图将非遗文化形成产业链，但若平衡不好二者之间的关系，就极易将非遗文化物质化。因此，合理利用数字技术，用元宇宙中的 VR/AR 等虚拟现实技术可以更好地助力非遗文化传播。

非遗文化的数字化传播，总的来说有四大特点：虚实结合、传播主客体拓展、受众共情、消费增值（解梦伟和侯小锋，2021）。非遗文化中的现实元素通过数字技术转变为虚拟化传播，真实的环境、人物、道具等等都可以进行无限复制与重组，现实中的时空得以还原与模拟，受众更能产生情感共鸣。此外，非遗文化的传播者不再只是正统的传承人，非遗爱好者也可以成为传播主题，非遗文化的传播形式也更加多样化。广西壮族自治区博物馆与广西民族博物馆便拥有自己的数字博物馆，并开放馆内藏品供用户参观；广西的特色节日"三月三"受疫情影响，线下活动开展不便，变举办了"云上歌圩"活动（王玥和龚丽娟，2021）。通过现场直播、连麦对唱、弹幕互动等方式在网络上传播壮族"三月三"文化。

数字技术的传播在于对"非遗文化"的再生产，而"非遗"又是必须根植于原生环境的一种文化。从这一角度出发，不合理地利用数字化技术易使非遗文化异化甚至流失（解梦伟和侯小锋，2021）。目前，非遗文化最常见的数字化形式便是数字博物馆、数字展览馆，但当这些数字媒介在传播非遗文化时，或多或少都对"非遗"的意义进行了整理筛选与二次解读。这里便又涉及了非遗文化的"原始性"议题。数字技术对非遗文化的传播是分散的、去中心化的，在通过一整套的重新编码解码之后，非遗文化的本真是否能够被准确地传递给受众、其意义内涵是否会被扭曲误解，是值得讨论的。比如，《舌尖上的中国》在展现广西非遗美食的时候，侧重于展现事物的制作流程与味道，但对其背后的自然环境、人文风俗、地域特色等没有系统完整地叙述，而是碎片化地呈现给观众。非遗文化脱离了原有的历史语境，失去了自我表达的空间环境，那也就丧失了活力。

4. 传播者数量增多，质量难以保证

广西在传承人的保护上，经费与政策支持已陆续到位，非遗传承人开始走出特定的环境，开展培训班、校园展等活动，增强非遗文化的时代活力，扩展非遗受众的年龄阶段。非遗文化的传承人保护工作虽有成效，但是正如上文所提到的那样，大多数广西非遗文化的传承人年龄偏大，互联网知识储备欠缺，自媒体使用能力不足，在传播中处于弱势地位。虽然，自媒体时代下，非遗文化的传播者数量变多了，但这些传播者素质参差不齐，把关不严，传播的内容质量也良莠不齐。在以往，传承人是"非遗"的传播主导；在数字语境下，传承人也应当是数字"非遗"的主要参与者与传播者。但现实却是，非遗传承人的主体地位被让渡，这些老一辈传承者难以通过数字传播构建自身想要表达的非遗内涵。这也就导致了数字化"非遗"缺乏专业性与深入性。虽然目前用于传播广西非遗文化的宣传片很多，其中也多有"非遗"传承人出镜，但拍摄逻辑还是以官方为主，非遗的传播并不是通过传承人实现的。

新媒介为"非遗文化"的传播创造了网络环境，但用户所接受到的多为"非遗"的表征符号。正如宋俊华教授（2015）所说：所谓的非遗网站、数字化博物馆、数字资源等，只有极少数是非遗文化传承人按自己的意愿所建立的，其他的则是学界、官方、企业等外力推动的结果。目的多为学术研究、旅游开发、经济发展等，那么非遗数字化究竟是一种文化传播的自然选择还是文化斗争的结果？在一个万物数字化的时代，非遗文化所依附的生存生活场景都发生了改变，非遗传承人必然无法置身于外力之外，他们要经历对数字化陌生、了解、熟悉、使用的过程，这是时代发展的必然要求，并逐步被行业内部所接受认可。"非遗"数字化是其传播的自觉选择。

5. 传播"数字鸿沟"出现

薛可和龙靖宜（2021）认为非遗文化的传播也存在着"数字鸿沟"的问题，即非遗传播的数字接入鸿沟、数字能力鸿沟与数字产出鸿沟。

（1）数字接入鸿沟。广西的非遗传承人大多年龄较大，对数字互联网技术的了解和应用相对欠缺，缺乏数字化技能和接入数字平台的能力。这使得他们在数字化传播平台上的存在和参与受到了限制，导致了他们与数字化社会的脱节，进而加大了他们与普通网民之间的鸿沟。

（2）数字能力鸿沟。即使是了解数字技术的非遗传承人，也可能缺乏应对数字环境所需的技能和知识，例如在社交媒体上进行自我推广、数字内容制作等方面的能力相对薄弱。这种数字技能和能力的不足，使得他们在数字传播中的竞争力不足，难以融入数字化时代的传播格局。

（3）数字产出鸿沟。广西非遗文化的传统元素可能并不符合当代年轻人的审美和兴趣，导致传统非遗文化在数字传播平台上的内容产出受到限制，难以吸引到更广泛的受众群体。即使是进行了数字化转型，但传统非遗文化在内容和形式上仍然与年轻一代的审美趣味存在一定的距离，缺乏与时代接轨的话语体系和表达方式。

大多数的非遗文化是没有物质实体存在的，因此，在其传播的过程中需要一定个体或者群体作为传播活动的主导者。非遗传承人是非遗文化传播的核心，这些老艺人所掌握的非遗文化需要被完整地记录与保存。非遗传承人的认定是非遗文化保护与传播的起点。目前，学界关于"非遗传承人"并没有一个统一的定义，联合国则将非物质文化的管理人、创作者、实践者都认定为传承人。我国目前的非遗代表性传承人的认定存在官方与民间两套认定体系，但其认定制度存在一些问题。比如，以群体为代表的非遗文化，很难判定究竟谁是最重要的部分（田艳，2013）。非遗更是受到历史条件的影响，在传承人的选择上多依靠家族血缘关系，这种世袭单传、家族继承或者传男不传女的方式使得非遗传承人的可选择性小。倘若家族中的原定继承人选择了不同的职业，非遗传承就会陷入后继无人的险境。

6. 传播的国际化战略

近年来，广西非遗文化的传播不再局限于国内区域，而是把目光逐步投射在跨地区、跨国家的文化传播。广西壮族自治区地处"一带一路"建设的重要位置，与东盟国家经济、政治、文化交流频繁，也是我国对外传播的重要窗口之一。广西的非遗代表了广西当地所特有的文化符号，并逐渐成为广西特有的集民族文化、特色风俗、旅游消费于一体的特色名片（任旭彬，2017）。广西非遗文化在对外传播中拥有独一无二的地域优势、民族亲属、历史共识等。广西在地理上与东南亚等国家相连，与这些地区也早有合作，双方在经济、文化、教育等方面的合作密切。相近的地理环境，使广西部分少数民族与东盟等国家的民族有着血缘亲属关系，双方在文化认同等方面也极易达成共识。随着东盟国家合作的深入，广西非遗文化的对外传播也迎来了前所未有的机遇。

学术教育在广西非遗文化的对外传播上起到了重要作用，国内众多学者专家将研究重点集中在广西当地与东盟各国的民族亲缘、跨国文化互动等方面，为广西非遗文化走出国门提供了理论基础。在中方与东盟共同主办的学术会议上，非遗保护、传播与旅游的讨论度很高，不同国家的学者都支持民族文化平等互动、和谐发展的理念。众多专家学者在学术上的研究推动了非遗文化在高校教育中的普及。不少高校开设了与非遗有关的专业和课程，创新人才培养形式，注重多学科培养，为非遗文化的传播提供多元化人才。同时，邀请当地有名的非遗文化大师，走进校园，一方面，传播非遗文化知识的同时，让年轻受众们感受工匠精神；另一方面，学生在了解非遗文化的时候，又将自己的新思想融入其中。

4.3.2 广西非遗文化传承价值

1. 微观层面

一是传承文化，达成文化共识。从文化传承来看。非遗文化由当地的民众代代相传、汇集而成，其中蕴含着广西人民特有的生存技能、生活智慧和思想道德。这些文化的起源、发展、传承都被刻上了历史的烙印，向世人展现着当地历史与文化的变迁。这种历史的沉淀使其在这个信息横流的时代仍占据优势。可以说，我国的非遗文化中蕴含着广大劳动人民的智慧结晶，是当地群众文化内涵的展现，既是祖辈们留给我们的文化遗产，又是一个地区真实的人文情怀表达。广西非遗文化是具有当地特色的民俗文化产物。一个民族或者一个特定群体在长期的生活生产中会逐步达成一种共同的、稳定的文化共识（马琳，2007）。广西地区有12个世居民族，在悠久的历史长河之中，不同民族文化之间相互交流融合，流传至今，形成了一套多元的民族文化系统。由于我国地理环境多样复杂，经常会出现"百里不同俗"的现象。中国各地的民俗文化衍生于人民群众的劳动生活之中，与民众的生活环境、生活习惯、宗族信仰密切相关，久而久之，这些民俗文化便起到了道德规范、维系族群、团结民族、维持社会稳定的作用。这些民俗文化流传至今，成为非遗文化的重要组成部分，也成为研究当地人民情感表达与思想意识的核心。从中不但可以探究到当地人民的人文风俗，还可以更全面地了解到广西少数民族的情感构成，从而以更加科学、理性的态度促进不同民族文化之间的交流。

二是保存人文情怀，塑造民族性格。广西非遗文化传播的重要意义之一在于它可以保存人文情怀，同时塑造和弘扬民族性格。从社会人文角度来看，非遗文化中蕴含的元素具有深远的影响，不仅能够在现实社会中产生积极的影响，还能够维护民族团结和社会稳定。首先，非遗文化中传承的人文思想是经过多次演示和长期传承的，因此具有一定的规范和引导作用。这些思想和价值观可以统一规范人们的行为准则和道德观念，促进区域内部成员的共识和和谐相处。通过非遗文化的传播，可以弘扬民族团结和文化认同感，促进社会和谐稳定。其次，非遗文化对人的性格和行为也具有深远影响。人的生活态度、基本人格和行为活动都会受到所处文化环境的影响，而非遗文化正是广西地区民族精神的重要载体之一。非遗文化中蕴含的民族特性和典型特点，构成了广西各民族的独特风貌和文化底蕴。通过传播非遗文化，可以加强民族认同感，塑造民族性格，促进民族团结和文化传承。通过加强对非遗文化的传承和宣传，可以进一步提升民族文化的自信心和传承力量，推动广西地区的文化繁荣与发展。

我国的非遗文化是一种具体的社会存在，是中华民族千年流传下来的文化宝藏，它是民族信仰、民族个性的载体，更是展现中华民族深厚底蕴的符号。也就是说，传承非遗文化，保护发展其所内涵的中华精神，可以增强民族自信，维系民族团结繁荣。在这个经济、政治、文化全球化的时代，不同民族的本土文化、本土风俗都不可避免地受到外来文化的冲击，我们的非遗文化是我国优秀传统文化的重要标志之一，是中华民族的文化源泉，是一代又一代人民群众传承的历史证明，它所包含的认同感，大大增强了民族凝聚力与认同感，保证了本民族文化的优势地位，为我国的文化建设与创新奠定了坚实的基础。

2. 宏观层面

一是助力文化强国战略实施。我国已经迈上全面建设社会主义现代化国家新征程，人民的生活水平、生活质量日益提高。人们已经不满足于简单的物质生活，对精神生活也提出了更高的要求。文化建设越来越成为国家建设必不可少的一环，文化实力也在国家整体实力中充当起更加重要的角色。非遗文化作为我国文化的精髓，关系着人民群众是否满意我国文化建设，也关系着中华民族长久文化的历史传承，更涉及文化强国和乡村振兴等重大国家战略的实施。开发、保护、传承与传播好非遗文化是一项意义深远的课题。广西地区作为多民族聚居地区，其文化本就带有与众不同的风格，这些特点体现在文化、经济、社会交往等多个领域。广西的非遗文化是当地民众生活习惯、民族个性的生动体现，即使在社会迅速变化的现在，广西非遗文化依旧值得深入研究与传承。我国要建设社会主义文强国，不断提升国家文化软实力和中华文化影响力，传播好中国声音、讲好中国故事，其关键就是要增强全民族文化创造力，提升文化活力，赋予中华优秀传统文化新的时代内涵。非遗文化是中华优秀传统文化的重要内容，汇集了中国人民的智慧，其中的民族思想与文化基因是其他国家地区文化所不具备的。实现非遗文化的传承与发展，是弘扬中华优秀传统文化、增强全民族文化自信的重要步骤，也是中华文化提升国际影响力、掌握国际舆论话语权的关键举措。广西当地在坚持非遗文化的传承上，重视将非遗融合进民众的日常生活之中，将非遗文化与社会公共设施结合，令非遗文化走入平常生活，让大众成为传承非遗文化的参与者。比如广西当地举办美食节、博览会等等，从多方面扩大非遗产品的产出。类似的，将非遗文化与新媒体传播结合，广泛利用直播、虚拟现实、元宇宙等技术，扩大非遗的曝光度。

二是与乡村振兴战略相互促进。广西是我国多民族聚居地区，许多地方人口少，但占地面积大，再加上历史因素，导致广西大部分地区的经济、政治、文化发展速度较慢。广西壮族自治区内仍保留着许多传统的农村村落，农村建设是广西地区发展的必要环节。广西的农村民俗文化资源丰富，非遗文化众多，可将其作为农村经济建设、文化发展的有效方式。（蔡志荣，2012）

《中华人民共和国国民经济和社会发展第十四个五年规划和2035年远景目标纲要》提出："深入实施中华优秀传统文化传承发展工程，强化重要文化和自然遗产、非物质文化遗产系统性保护，推动中华优秀传统文化创造性转化、创新性发展。"这一论断表明推动中华优秀传统文化的"创造性转化"和"创新性发展"赋予非遗文化在当代语境中的新价值和活力。此外，文化和旅游部印发的《"十四五"非物质文化遗产保护规划》明确指出非遗在实施乡村振兴战略和新型城镇化建设中的重要作用。规划强调，非遗不仅是一种文化资源，更是一种能够助力基层社会治理和经济发展的重要工具。通过推动非遗保护与乡村振兴的深度融合，可以实现文化价值与经济效益的双赢。

乡村振兴是我国实施的一项长期战略，在重视乡村建设的同时，非遗文化的价值被重新讨论与重视。当地政府激发非遗文化活力，有助于丰富村民的文化世界，促进当地区域发展，借助非遗文化为乡村振兴提供强大驱动力。非遗文化大多起源于乡村，以乡土文化作为主要部分，与乡村居民的生产生活劳作密不可分。可以说，非遗文化在文化、政治、经济等方面都有着独特的价值。

首先，非遗文化是民族审美的体现，也是当地群众精神世界的具象化。在乡村建设中，通过非遗文化建构起独具区域特色的地方文明，形成系统的文化形态。通过传播独具一格的乡村文化，可以有效提升当地文化的知名度与影响力，增强当地群众的文化归属感，吸引外地民众的关注，促进非遗文化的创新型传承。塑造当地文化名片，为乡村振兴工作牢固文化基石。非遗文化助力乡村政治经济的发展，乡村的经济建设是乡村振兴的重点，非遗文化作为一种文化资源，被当地旅游业看中并利用。非遗文化与旅游业深度结合，以其鲜明的区域性、民族特色满足游客对新奇事物的好奇心。广西非遗文化借助互联网传播，拥有了可观的粉丝基础，其影响力也扩展至全国甚至全世界。广西官方也将非遗元素融入旅游产业，注重保护非遗文化的原生环境，充分发掘非遗文化底蕴，打造特色乡村，建成兼具非遗文化特色和现代化观光体验的旅游村寨。为了避免乡村建设落入俗套、毫无新意，广西壮族自治区大力扶持特色品牌项目的建立，突出体现非遗文化的特色，通过举办各种各样的活动，让非遗文化始终焕发生命力。旅游业的发展也会带动当地居民就业，促进当地服务业、加工业的发展。值得一提的是，广西乡村借助互联网和电商平台进行直播带货，通过村民、村干部、当地非遗传承人的实时介绍，不仅提升了当地特色食品、工艺品的销量，还让年轻一代的观众更加了解广西非遗文化。

其次，非遗文化还有着塑造文明村风的作用。中国目前乡村群众的教育水平不高，而乡村振兴强调要提升乡村居民素质，培育新时代农民。乡村精神文明建设的关键在于树人，只有当本土农民的道德水平提升了，基本素质提高了，文明乡村建设才有可能完成。文化观念一旦形成，就会直接作用于人们的精神世界，左右人们的思维思想，从而指导人们的实践活动。文化对人的作用通常都是潜移默化的，非遗文化中民俗文化占了很大的比重。它由人民大众所创造，其内容简单通俗，形式也接地气、生活化，是在新形势下用来武装民众思想的好武器。中国的经济迅速发展，但文化准备并不充分，市场经济之下，社会人心受到影响较大，故建立与其相匹配的新乡村发展价值体系就迫在眉睫，而非遗文化中悠久的历史、厚重的底蕴、特有的价值，在长久的社会发展与转型中始终作用于人们的劳动实践、生产活动和价值准则。广西地区长期以来交通不便，对外交流较少，不同区域的村落都自发形成了一套属于当地的文化风俗。他们有着相同的道德理念以及行为规范，这些往往源于对祖先的模仿和对自然的崇拜，带有难以磨灭的个性，形成了别具一格的村风村俗。

时至今日，这些流传下来的风俗寄生于非遗文化之中，传承非遗文化的同时，结合新时代背景下的新文化、新风俗，不断地改变和扩张，价值内涵也不断充实，可以更好地团结当地村民，形成具有时代先进性的村风，构建和谐文明新乡村。

再次，非遗文化能推动城镇化建设进程。中国经济的发展，最突出的表现就是中国的城市化进程，城市的规模逐年扩大，城市人口与日俱增，基础设施建设日渐完备，政治经济建设成效显著。但城市的发展往往忽视了文化这一因素，对城市的文化传承以及精神文明建设并不加以重视。提升城市的文化魅力与历史内涵是新型城市建设的重要环节。非遗文化作为极具地域特点的文化资源，是延续城市历史、保持城市文化活力的重要资源，它在打造城市名片、建设特色城市、推动城市现代化建设上可以发挥重要作用。非遗文化作为一种资源，当被融入城市经济中时，便可以与其他产业链结合，成为可以消费的商品，不仅可以促进当地文旅事业的发展，还可以衍生出文创品牌。非遗同时还是一地民众集体记忆的集合，也是城市中不同种文化身份的表征，传承非遗的同时也有助于维系构建城市文化的多样性（高小康，2011）。有学者指出，城市中非遗文化的传承需要着力于历史文化区域以及城市村落的现状，城市建筑是真正物理意义上的社会存在，是精神文化依靠的根基，但与之相关的社会网络、社会关系才是重点，鼓励居民参与营造传承非遗的社会氛围（谢涤湘和常江，2015）。非遗文化大多产生于乡村，但不可否认它对城市发展的助力作用。传承非遗文化使城市与乡村找到文化上的共通之处，快速打破城乡隔阂，推动城乡发展一元化，实现城乡经济交融与发展，塑造地区文化的多元性。

最后，非遗文化能提升我国地缘政治地位并促进国际传播。作为与东盟各国交流的窗口，广西非遗文化是地缘文化战略实施的关键，对提升我国的地缘政治地位和战略力量有重要价值（韦文英 等，2016）。所谓地缘政治就是地理位置对一个国家或地区产生的影响。在科学技术迅速发展的当下，地缘政治从以往的海陆空变化为经济、文化、信息所构建的虚拟空间（徐建山，2012）。意识形态上的威胁越来越成为国家安全所关注的重点，文化上的冲突在国际冲突中所占比重日渐增强，文化差异成为国际地缘政治变动的新动因。我国在当前国际形势之下，也面临着文化对地缘关系的冲击难题。文化认同作为一个国家用以合作或对抗的主导要素，是国家安全战略的保证。文化因素在解决国际冲突、实施国际战略中的作用大幅上升。非遗文化中包含着强大的民族精神与传统风俗，对于稳定民心、凝聚力量等方面有正面的强化作用。非遗文化是一地民众文化根基的重要来源，传承非遗文化正符合我国维护国家安全的诉求。非遗文化作为国家文化软实力的重要源泉，恰好可以在其中发挥重要作用。近年来，我国与东盟各国的交流更加频繁，合作更加全面，不再拘泥于政治经济领域的合作，更是延伸至精神文化领域。广西非遗文化的发展可以助力中国在东南亚国家的文化实力，加强中国的地缘政治战略实力。随着非遗在传承中创新，在保证其文化内核、精神象征不变的条件下，完成其表现形式的创新，融入现代化文化体系，实现文化功能的提升，让非遗文化在国际上被更多人接纳，通过非遗文化争夺国家话语权与国际政治地位。

非遗文化的传承并不是原封不动地保存。在现代社会，历史化石式的非遗是不存在的，不能只专注于简单的保存，而是要在传承中发展，让非遗文化始终保持源源不断的动力。非遗文化的传承与国家的重大战略是紧密联系的，一直以来，中国的国家战略中就融入了历史文化、地缘亲属、种族群体、文化认同等因素。和平共处五项原则以及"一带一路"倡议的提出，充分展现了中国作为国际大国的担当与责任。特别是，目前我国文化的对外传播能力并不足以支撑起完整国家文化安全体系的建立，因此，利用非遗文化中文化共识作为核心，以提升文化软实力作为目标，对提高我国占领国际舆论制高点、提升在国际地缘政治中的地位具有重要价值。中华民族伟大复兴正是当前中国非遗文化传承的最高实践目标。

第五章 元宇宙赋能广西非遗文化传播的可行性

元宇宙技术作为一种新兴的虚拟现实技术，为广西非遗文化的传承和发展提供了广阔的可能性。元宇宙技术可以通过虚拟现实等手段，生动、立体地呈现广西非遗文化，打破时间和空间的限制，让更多人能够身临其境地感受非遗文化的魅力。元宇宙技术可以实现对广西非遗文化全面、客观地记录和保存，通过数字化技术对非遗文化进行细致入微的刻画和记录，为后续的研究、传承和发展提供了可靠的基础。此外，借助元宇宙技术，可以在虚拟环境中搭建广西非遗文化传承的原生场景，重塑非遗文化传承的自然人文环境，复原非遗文化传承的生态系统。这种虚拟场景可以让用户身临其境地体验非遗文化，促进非遗文化的传承和发展。最后，元宇宙技术还可以提供互动体验和参与的机会，让用户可以与虚拟的非遗文化元素进行互动和体验，激发用户对非遗文化的兴趣和热爱，进而促进非遗文化的传承和发展。因此，可以说元宇宙技术为广西非遗文化的传承与发展提供了多方面的支持和助力，是一种可行的赋能手段。

5.1 深度沉浸式体验为广西非遗社会化传承提供新载体

沉浸式经历性体验结合了高新技术与装备，把原来束之高阁的宝贵资源变成了一种高品质的传统文化经历体验性服务（花建，2020）。近年来，以虚拟现实技术为代表的沉浸式技术投入应用，促进了沉浸传播的发展，"VR＋非遗"便是其中的典型代表。随着 VR 技术的不断成熟，其在非遗传承方面发挥的作用日益重要，如传统医药类非遗教育（王丽，2022）、文学类非遗科普（鲁力立 等，2023）、非遗类纪录片摄制（周感平和罗晓薇，2021）等。沉浸式传播方式的革新带来了新的体验场景，通过 3D 建模和制作，VR 能够设计出逼真的场景，改善了传统呈现方式形式单一、传播范围有限、成本较高、效果不佳等劣势，使非遗文化得以在新技术、新媒介中焕发新生机。

在 VR 技术的热度还未完全消退之际，2021 年元宇宙的"横空出世"又为非遗传承带来了新的机遇。但是，相比于 VR，元宇宙具有技术叠加性特质，是各种技术成熟到一定程度质变的产物，并伴随VR、AR、3D和脑机接口技术的不断进步（喻国明，2021），因此元宇宙所带来的沉浸式体验更加丰富且深层次，具有VR技术难以企及的新特点。

5.1.1 元宇宙带来沉浸式体验的新特点

1. 高度真实的身体"再在场"

就传播交流而论，沉浸感的发生一般是以身体在场为前提，与身临其境相联系，是身临其境中的感官感知及其与环境的相互浸染所激发的一种专注其中的感觉与体验（曾琼，2023）。彼得斯在《对空言说》中亦有提及：对话中身体一定要在场，否则无法确定交流是否有效（Peters，2000）。口语传播时期，面对面的人际交往无疑是一种身体"在场"。而到了文字、电子传播时期，中介化的媒介逐渐开启了人类身体的"离场"，网页、账号等信息化模式成为人们的身体"化身"，沉浸感随之减弱、消退甚至消失。

直至元宇宙揭开Web 3.0时代的序幕，用户凭借虚拟分身又有机会实现身体的"再在场"。元宇宙被视作"具身的互联网"，通过手势识别、语音交互、虚拟现实装备等，现实和虚拟的空间界限被打破，人类进入了三维立体互联网。

此前，VR主要通过设备实现用户与虚拟环境的交互，虽然也能带来沉浸式的体验，但在场感远远不及元宇宙技术。如果说VR带来的沉浸感可以对应英文中的"immersion"一词，那么元宇宙的沉浸感不仅具有"immersion"的意涵，还将会更趋于"flow"一词，即一种心流体验。心流是由心理学家米哈里·契克森米哈赖（Mihaly Csikszentmihalyi）在20世纪90年代所提出的概念，指人们全身心投入做某事时的整体感觉（Csikszentmihalyi，1990）。在元宇宙中，用户通过虚拟形象实现了高度真实的身体"再在场"，他们能够完全被虚拟世界中的场景、人、事物深深吸引，具有积极情绪感知并感觉时间过得很快。例如Fan等人（2022）开发了一种虚实结合的非接触式文化遗产体验系统，以创建朱熹文化遗产的沉浸式体验。在朱熹元宇宙系统中，他们设计了5个关键组件——数字博物馆、文化遗产、奇闻异事、四礼文化旅游以及朱熹的3D化身等，使用户能够更深入地融入虚拟世界，获得更加丰富的感官体验。无论是参观虚拟的博物馆，还是与NPC（Non Player Character，非玩家控制角色）进行面对面的交流和互动，用户都仿佛置身于一个真实的物理空间中，能感受到一种高度的真实感，重新获得身体在场的感觉。

2. 永续的可扩展内容

元宇宙平台所带来的在场感不会由于用户暂时离开元宇宙而终止，其建设和发展不会"暂停"或"结束"，而是以开源开放的方式运行并无限期地持续发展（喻国明，2021）。这种持续性和可扩展性一方面源于用户自身的创造：区块链底层算法的开源性赋予了用户构建和修改虚拟空间的能力，他们能够运用现实社会的经验和虚拟环境中新的认知，通过想象与创作生产新的经验数据，将"意识所想"转化为"感官可达"，创造更多的原创场景与更佳的具身体验（张洪忠 等，2022）。另一方面则得益于元宇宙强大的云储存能力，用户的身体数据能够作为信息资源流动于元宇宙中，并持续性地保留、调动用户的偏好、兴趣、社交痕迹等；当用户重新进入元宇宙时，他们能够无缝地接续之前的体验，仿佛从未离开过一般。

在这个不断发展和完善的虚拟世界，内容和体验可以不断地被更新和扩展。这意味着用户在元宇宙中不仅可以享受更加丰富和多样的体验，并且这些体验可以随着时间的推移而不断升级和优化，得以超出更多物理性、社会性、现实性限制。用户在可无限延伸的场景中沉浸式体验历史、描绘未来、多维度感知生命，获得将意念想象与主观感知兑现和外化的可能（喻国明 等，2022c）。

3. 通感自然的实时交互

在VR应用情境中，交互性是指用户与虚拟环境之间通过特定的输入和输出设备进行的实时、自然的互动，它允许用户沉浸在虚拟世界中，与虚拟物体、场景和其他用户进行直接且自然的交流。这一体验主要借助头戴式显示器、手柄、触控手套等设备，以及通过头部追踪、手势识别等技术来实现。用户能够直接操作虚拟环境中的物体，感受到物体的重量、形状等物理特性，并获得视觉、听觉和触觉上的沉浸式体验。例如，在VR游戏中，用户可以自由地移动，并与虚拟角色互动，感受到真实的打击感和环境音效。

元宇宙技术的交互性则更为复杂和广泛。元宇宙是一个由多个虚拟世界和数字化平台组成的生态系统，这些世界和平台可以互相连接和交互，为用户提供了一个沉浸式的、高度互动的体验空间。如 Oh 等人（2023）所说，强大的交互功能是满足元宇宙环境下人、设备、分身之间互联互通需求的必要条件。

一方面，元宇宙具有高度拟真性、可以忽略不计的延迟性，足以灵活地调动起用户的视觉、听觉、触觉等多维度感官。孙丰蕊（2024）以广西非物质文化遗产"师公戏"为例，指出这种多模态话语的观照使得人们对非遗表达的多媒介性有更全面的认知和把握。元宇宙提供了统一的用户界面和跨平台的互通能力，整合了更多先进技术，如手势识别、语音交互甚至全身动作捕捉等，使用户可能只需要简单地挥动手臂或说出指令，就能实现对虚拟物体的操作或与其他用户的交流。如此一来，用户能够以更加自然的方式与虚拟世界互动，亲身参与非遗技艺的制作过程，观察、学习、体验非遗文化的精髓。

另一方面，元宇宙交互具有强实时性和可定制性。VR 的交互方式往往受限于特定的设备和软件，而元宇宙则通过开放的接口和平台，允许用户根据自己的需求定制和开发各种交互方式。这意味着用户可以根据自己的喜好和习惯，选择最适合自己的交互方式，从而获得更好的体验。它能够及时敏锐地予以感知多变的知觉、兴趣、思维、情感、意志状态（张艳丰和欧志梅，2022），从而为用户提供更加个性化、精准化的体验。在用户使用元宇宙平台体验非遗活动的过程中，可如同现实生活一般，自然、清晰地进行身体表达和情感流露，并通过脑机接口、驱动 NPC 执行指令等随时改变自身行为。随着弱人工智能不断走向强人工智能，在 5G 及以上级别通信技术支撑下，元宇宙将实现更加无障碍的虚实连通，比如模拟和扩展人的听觉、触觉、嗅觉甚至味觉和"第六感"等，人将获得深度沉浸和极致在场的体验，想象世界进而演变为人类的生活世界（肖珺，2022）。

4. 协同式的用户互动

VR 创造了一个封闭、高度逼真的虚拟环境，让用户沉浸其中，这种体验虽然已经很接近真实，但仍然是基于单一用户的。而元宇宙不仅实现了用户与虚拟环境的交融，还能够促进用户与用户之间的社交体验，它追求的是协同体验，多个参与者可以在同一虚拟空间内进行实时交流、合作和竞争，共同创造和分享虚拟世界中的内容。这种多人同时参与的协同互动体验，使得元宇宙的沉浸感更加真实和丰富。例如在开放式游戏《第二人生》中，每时每刻都有成千上万的用户以化身的身份登录进来，自由地参加各类活动，进行社交关系的组建，并搭建起数以万计的以每个化身为中心的社交网络关系（胡泳和刘纯懿，2022a）。

数字身份能够扫清物理距离、社会地位等因素造成的社交障碍，给予用户更强的代入感（吴江 等，2022）。于是，在元宇宙这一相对平等的社交网络空间中，有利于形成一个充满活力的非遗文化社交圈，通过高沉浸度社交体验和多元化社交场景，极大地提高用户对于非遗传承的兴趣和投入度。此外，在元宇宙中还有虚拟角色的引入，徐祥伍和黄晓瑜（2022）曾探讨广西左江花山岩画的数字化开发与传承，指出虚拟形象的诞生可以使花山岩画通过算力技术与显示技术为人们带来真实立体的沉浸式体验感。借助虚拟数字人，打造元宇宙社交，让用户在沉浸式虚拟游玩中体验非遗文化氛围。

5.1.2 深度沉浸式体验的具体表现

前文总括性地论述了元宇宙在沉浸式体验方面带来的显著提升，接下来聚焦到非遗传承的具体过程中。元宇宙带来的深度参与感和体验感首先影响的主体是作为非遗文化传播客体的普通公众，主要包括三方面：对非遗的认知方式、体验渠道和传承契机。

1. 元宇宙创新了公众的认知方式

通过虚拟展示、VR体验和虚拟交互方式，非物质文化遗产及其所处的历史环境和社会背景得以被高精度地还原，这种情境化的展示方式有助于观众更好地理解和感受非遗的价值和意义，提升他们对非遗的认知和兴趣。在更加真实、生动的交互沉浸式体验中，有利于全方位、多角度地展示非遗文化的魅力，加深人们对非遗文化的理解。

2. 元宇宙拓展了公众的体验渠道

在元宇宙时代，用户不仅具有具身体验、社交等需求，各种生活场景的体验也不断被纳入虚拟空间，用户期待更多样、更自主的体验。例如通过元宇宙的数字人来进行商品交易，通过VR沉浸式学习来进行教育培训等（王慧乐 等，2022）。在虚拟旅游方面，借助数字视频、动画、音频等，通过讲故事的方式提升用户对历史、文化、科学等分类的场景和内容的体验和欣赏。在这一过程中，还可以衍生出作为旅游周边的数字藏品，推动沉浸式的数字消费。陈永东（2022）指出了两个实现路径：既可将线下实体藏品通过数字化方式呈现在线上虚拟空间，也可将线上的数字藏品及相关信息通过 AR、MR 或裸眼 3D 等方式叠加到线下的会议或展览场所，提升线下展示的信息丰富度与体验感。

3. 元宇宙赋予了公众参与传承的可能性

社会普通公众除了是非遗传播活动的客体，还能够成为非遗传承与传播的主体。在非遗传承人流失较为严重的背景下，传统非遗技艺面临着失传的风险。若在元宇宙中采取沉浸式的数字化教学，可以让更多的非遗爱好者线上学习和掌握非遗知识和技艺（张永宁和付雁博，2024），他们或将有机会成为新的传承人，扩大非遗文化的传播力、影响力，推动跨时空、跨地域活态传承。

此外，作为非遗文化传播主体的非遗传承人，也受到了"元宇宙+非遗"的深刻影响。非遗传承人是非遗传播活动的根源所在，他们一般是知识、工艺或技术的持有者，代表着相关技艺的最高水平，具有主动传承、传播、开展各项非遗保护工作的义务。在元宇宙的沉浸式场景辅助下，一方面，传承的方式方法得到了革新，例如针对苗银工艺传承中遇到的困难，Wang 和 Lau（2023）创造性地提出了基于 NFT 数字孪生应用的数字策略，在元宇宙时代背景下保护和维护苗银工艺。另一方面，元宇宙的沉浸式体验为非遗文化的商业化和市场化提供了新的可能。传承人可以通过元宇宙平台展示和销售自己的作品（诸如壮族织锦、瑶族服饰等均较为适合推出联名产品），从而实现非遗文化的经济价值和社会价值的双重提升。

总体来说，元宇宙带来的深度沉浸式体验，不仅让非遗传承人能够更生动地展示和传承他们的技艺，也让普通公众能够更直观地感受和理解非遗文化的魅力。这种体验方式打破了传统非遗传承的局限性，让非遗文化在更广泛的范围内得到传播和认知。同时，它也激发了公众对非遗文化的兴趣和热爱，为非遗文化的传承和创新注入了新的活力。元宇宙的深度沉浸式体验真正实现了非遗文化在传承人与公众之间的无缝连接和共享，让非遗文化在当代社会焕发出新的生机。

5.1.3 深度沉浸式体验的技术实现

从技术实现手段来看，元宇宙深度沉浸式体验的营造主要依托三种方式：

（1）虚拟仿真。它是一种多源信息融合、交互式的三维动态视景和实体行为的仿真系统（孙琦，2022），可以模拟传统舞蹈、音乐、戏曲等非遗资源的动态演化过程，引导人们探索非遗文化的历史轨迹和传承脉络。

（2）虚实融合。作为公认的元宇宙方向下的重要技术，AR应用的一个重要目标就是在现实空间与环境中叠加虚拟的信息（苏涛和彭兰，2022）。借助AR技术，可以模糊虚拟沉浸体验和现实场景的界限，并采用卫星定位、数据分析、位置导航等生成三维地图，让人们在场景搭建、民俗活动中形成互动。

（3）虚实联动。在物联网、大数据、区块链等新型数字技术的支持下，用户可将自身思维实体化、可触碰化，并能通过改变自身位置、行为方式、指令输入等，实现虚拟沉浸体验和场景搭建联动（徐祥伍和黄晓瑜，2022）。

然而，对于不同类型的文化遗产资源，上述技术的应用具有一定差异性，即元宇宙空间能够提供多元化的沉浸式呈现方式。按照Zhang等人（2022）的分类，文化遗产元宇宙（Cultural Heritage Metaverse）可分为五个维度：一维是具有线性或顺序特征的音乐音符、歌曲脚本、民间故事等；二维是静止平面形式，如绘画、素描、人物、素描、图片、图案、纹理等；三维是静态的实体形状或环境，如雕塑、建筑物、博物馆、古董、废墟等；四维是时变的实体形状或环境，如戏曲表演、动态装置艺术、活态古城等；五维是应用领域特定的文化遗产，如历史、文化、宗教、哲学、技术等。

二维和三维这两类大多存在有形实体，元宇宙的沉浸式呈现以"重构内容"为主。因为时间推移、人为破坏等原因，物理实体有可能部分或完全损坏，借助元宇宙，可以实现实体的复原与再现。例如Zhang等人（2022）利用激光扫描等技术还原了新加坡的城市地标"鱼尾狮"，它具有交互功能，允许访问者通过手势与之进行交互。研究者进一步指出，鱼尾狮的元宇宙可以以鱼尾狮为角色发展起来。然而，大部分非物质文化遗产属于一维、四维和五维这三类，它们无实体形态，因此元宇宙的沉浸式呈现方式大多是"还原真实场景内容"，即通过物理在场映射到虚拟在场。例如基于该非物质文化遗产的所在地，构建符合当地社会文化、地理面貌、人文景象的"叙事背景"。这个方式适用于当地建筑、人群服饰、植被形态等环境细节突出的非物质文化遗产（王子楷和杨弃，2024）。在广西非遗资源中，侗族木构建筑营造技艺、瑶族服饰等就属于此类。再如借助全景图像/视频、倾斜摄影模型等，这类技术适用于传统舞蹈、音乐、戏曲等表演类非物质文化遗产。在广西非遗资源中，壮族嘹歌、刘三姐歌谣、桂南采茶戏、壮剧等则属于此类。

相比于物质文化遗产，非遗元宇宙空间搭建的灵活度更高。这主要是因为物质文化遗产由于其存在时空受限，其保护和传承方式往往受限于特定的历史和社会条件。而非遗元宇宙打破了地域、形式等的限制，通过强烈的"临场感"实现了非遗的大范围传播。在元宇宙中，传承人可以"分身有术"，同时出现在多个虚拟场景中，与用户进行互动和交流，从而促进非遗文化的广泛传播和深入体验。因此，非遗元宇宙并非简单地还原某一物质性内容，而是更多地依赖于数字技术和创意设计的融合，以更加自由、多样的方式呈现非遗文化，满足用户多样化的需求和期待。

5.1.4　物质、精神与社会：空间三元论视域下的非遗元宇宙

列斐伏尔曾提出过"空间三元论"概念，包括空间实践、空间表征和表征空间三个维度，以此为理论视角框架看待非遗元宇宙。它们可以分别对应物质空间、精神空间和社会空间三层含义，共同搭建起深度沉浸式体验的空间架构。

空间实践维度属于生成前提，强调非遗元宇宙的物质属性，物质空间以数字化的形式得以呈现，无论是非遗技艺的制作流程、传统建筑的风貌，还是历史场景的再现，都通过虚拟技术得到了精准而生动的展现。这种物质空间的虚拟化，不仅保留了非遗文化的物质载体，更赋予其全新的存在形式，让人们在虚拟世界中得以亲历和感受非遗文化的魅力。人们可以直观地观察、感受、操作虚拟环境中的对象，从而更好地理解和掌握相关知识和技能。同时，它打破了地域和时间的限制，让非遗文化得以在全球范围内传播和交流。

空间表征属于抽象范畴，强调非遗文化传播者、非遗传承人等传播主体对于该空间的构想以及希望通过该空间凝聚出的文化意义（薛可和鲁晓天，2024），与空间表征维度中的"被概念化"含义相符合。作为新型的虚实相融的互联网应用和社会形态，非遗元宇宙本质上是对传统非遗文化空间的一种重构与拓展，它突破了物理空间对人、物的"在场"限制，构建了一个不受时空限制的全体人员"共同在场的文化空间"。这种空间是以文化资源为基础、以科学技术为支撑、以文化空间为场域的一种空间表达形态。在非遗元宇宙这个精神空间，汇聚了人们对非遗文化的情感认同、价值追求和审美体验，形成了一个充满文化意蕴的精神世界。

表征空间属于象征体验，是处于社会关系中的人对于空间的现实性与整体性体验（岑朝阳，2022）。由此来看非遗元宇宙，它无疑具备社会空间的特质，即用户间具有交互活动，可开展沟通、合作、竞争等，此时用户不仅是文化的接受者，更是创造的参与者。他们拥有自主书写的权利，通过数字技术和创意想象，将非遗文化的传统元素与现代审美相结合，可以创作出独具特色的数字艺术品、互动体验和文化故事。这些新内容既是对传统非遗技艺的继承与发扬，又融入了现代审美和创意，为非遗文化注入了新的活力。在这个过程中，人们的创新精神和参与热情被不断激发出来，推动了非遗文化的创造性转化和创新性发展，这对应着表征空间维度的感知"支配"和再创造内涵。用户的创造性参与不仅丰富了非遗元宇宙的文化内涵，也推动了非遗文化的传承与创新，让非遗元宇宙成为一个充满创意和活力的社会空间。

薛可和鲁晓天（2024）进一步指出，真实度、文化度、参与度是非遗虚拟空间生产体验的三个重要元素。事实上，这三个元素与物质、精神与社会空间正是一一对应的关系，元宇宙通过提供深度沉浸式体验来实现真实度、文化度、参与度三者的融合。其中，真实度是基础，无论是细致入微的工艺制作流程，还是生动鲜活的表演场景，都能够在数字世界中精准再现。文化度是核心价值，非遗文化作为中华民族传统文化的瑰宝，蕴含着丰富的历史信息和深刻的人文精神，用户在元宇宙中欣赏非遗作品的同时，足以了解到其背后的历史渊源和文化内涵。参与度是关键，通过互动式体验、游戏化设计等方式，激发了公众对非遗文化的热情与创造力，促进其积极参与其中，与非遗文化进行深度互动。三个元素相互融合与交织，并共同作用于非遗的社会化传承，为非遗文化的传承与发展注入了新的活力与可能性。

5.1.5 内容与感受：交互叙事理论视域下的非遗元宇宙

非遗元宇宙不仅是一个充满创意与想象的虚拟的物质、精神与社会空间，从交互式叙事理论视角来看，更是一个能够承载丰富故事与内涵的交互叙事平台，书写着深度沉浸式体验的传承细节。Chris Crawford（2004）曾在其著作 *Chris Crawford on interactive storytelling* 中将交互性定义为"发生在两个或多个活跃主体之间的循环过程，各方在此过程中交替地倾听、思考和发言，形成某种形式的对话"。他提出了一种"自下而上"的参与式叙事，这意味着叙事主体已经从作者转移到了用户端，让用户在"观展"过程中产生愉悦与认同感，沉浸于富有深度的叙事体验之中，从而获得独特的感官享受。

在非遗元宇宙中，这种交互叙事的书写得到了极大的发挥，加深了公众的沉浸体验。

1. 体验内容

结合非遗技艺、历史故事、传统文化等元素，非遗元宇宙构建了一个丰富多彩的故事世界。用户不仅可以观看非遗技艺的展示，还可以参与到技艺的制作过程中，亲身体验其独特魅力。通过交互叙事的方式，用户还可以深入了解非遗技艺背后的历史渊源、文化内涵和社会价值，从而更加全面地了解非遗文化。同时，通过构建多维度的体验架构，加入沉浸体验的交互剧情，有效缓解了传统平面观展可能带来的单调与疲劳，进而增强了用户与非遗之间的情感纽带，推动两者的关系朝着更加紧密且可持续的方向前进。此外，非遗元宇宙还为用户提供了丰富的故事情节和角色设定。用户可以根据自己的兴趣和喜好，选择不同的故事线索和角色进行体验。这些故事情节和角色不仅具有鲜明的个性特征，还融入了非遗文化的精髓，使得用户能够深度沉浸于非遗文化的世界，感受到非遗文化的独特魅力。

2. 体验感受

借助先进的交互技术，非遗元宇宙创造了一个超越传统物质载体的全新展示空间，这些场景画面——甚至都不是现实存在——能给人提供"身临其境"的深度体验（周艳梅，2024）。同时，交互叙事也为用户带来了更加真实的情感体验。通过与虚拟角色的互动和故事情节的发展，用户可以深入了解非遗传承者的心路历程和情感体验。这种情感共鸣使得用户能够更加深入地理解非遗文化的内涵和价值，从而对其产生更加深厚的情感认同和归属感。

综上，从体验内容和体验感受这两个角度来看，非遗元宇宙中的交互叙事为用户提供了多维的故事世界和沉浸真实的情感体验，使得用户能够更加深入地了解、体验和参与非遗文化的传承和发展。

5.2 群体创作为广西非遗供给侧扩容与迭代提供动力

5.2.1 广西非遗文化创作群体

广西作为民族聚集地，以其多元化和丰富的民族文化闻名，孕育了独特且多样的非遗文化。这些文化遗产涵盖了广泛的领域，每一个领域都具有深厚的历史底蕴和独特的艺术价值，反映了不同民族在长期历史发展过程中所积累的智慧与创造力。这些多样化的文化领域，一方面展现了广西丰富的文化遗产，另一方面也反映了其背后创作群体的复杂性和多样性。

为了进一步探讨在元宇宙视域下群体自由创作如何为广西非遗供给侧扩容与迭代提供动力，本节试图对广西非遗创作群体进行分类。根据创作群体在非遗项目中的参与程度，将广西非遗创作群体分为三类：核心创作群体，即主要的技艺传承人和表演者，熟练掌握传统非遗文化内核并尝试创新推广的群体；辅助创作群体，即相关非遗技艺、表演的学习者和辅助者；外围参与群体，即文化活动的观众、社区的普通参与者、非遗文化的业余爱好者和志愿者等。

1. 广西非遗文化核心创作群体

核心创作群体在非遗文化的保护、传承和创新中起着关键作用，包括非遗技艺传承人、非遗文化表演者和非遗文化创新者。非遗技艺传承人通常是某一非遗项目的主要掌握者和传承者，拥有熟练的非遗技艺和深厚的知识。例如，壮族铜鼓制作师掌握着复杂的铜鼓制作技艺，负责传承这一重要的文化遗产。非遗文化的主要表演者是非遗文化表演的核心，展示非遗项目的精髓。例如，瑶族长鼓舞舞者精通传统舞蹈，负责在重要节庆和活动中表演，传承和展示瑶族的舞蹈艺术。此外，部分非遗文化创新者不仅精通传统技艺，还能够结合现代元素进行非遗文化的创新和发展。例如，传统手工艺大师如织锦工艺大师，在继承独特传统工艺的同时，不断将该工艺与现代服饰、家具等结合，为传统文化赋予新生命，并提升其市场价值。

2. 广西非遗文化辅助创作群体

辅助创作群体是核心创作群体的重要助力，一般在核心创作群体的支持和指导下，协助完成非遗项目的传承和展示，包括非遗技艺学习者、表演辅助人员。非遗技艺学习者正处于练习并逐渐掌握非遗技艺的阶段，该类人群中的一部分成员未来可能加入核心创作群体。例如，壮族三月三歌圩的学徒在村落的长辈和歌圩高手的带领下，学习并掌握歌圩的歌词创作和演唱技巧，并多次参与社区的节庆和歌会，实现这一非遗文化的代际传承。

一项非遗文化表演的完成，不仅需要核心创作群体中的主要表演者，还需要表演辅助人员，该类人员在表演和展示中起辅助作用，为主要表演者提供支持。例如，苗族芦笙舞中的芦笙演奏者为舞蹈呈现增添了丰富的音乐层次，此外，苗族芦笙舞的道具和服装设计师负责制作和管理表演中的道具和服装，确保表演的视觉效果和文化准确性。

负责组织和管理非遗项目各类活动和项目的人也是表演辅助人员的一部分。例如，文化活动策划者在广西的瑶族盘王节中负责策划和组织各类相关活动，如传统长鼓舞、祭祀仪式展示和瑶族美食文化展览等。这些活动既展现了瑶族丰富的文化遗产，还吸引了大量游客和当地居民参与，通过广泛的公众参与来推广和保护瑶族的非遗文化。

3. 广西非遗文化外围参与群体

外围参与群体包括那些虽然不直接参与技艺传承和表演但在文化传承的环境和氛围中起到重要作用的人员。广西非遗文化的观众和爱好者通过观看、参与活动甚至集资，支持非遗项目的传承和推广。例如，宾阳炮龙节时，宾阳县城聚集大量的文化活动观众和爱好者参与观看并体验炮龙舞、游彩架等非遗表演，他们的参与为非遗文化提供了持续的关注和支持。

此外，社区成员是非遗项目生态环境的一部分，他们的支持和参与对非遗的传承至关重要。例如，村民在日常生活中参与和支持非遗活动，如传统节庆和习俗，他们是非遗文化的直接传承者和保护者；社区组织如村委会和社区文化组织，推动非遗项目在社区内的传承和发展，为非遗保护提供组织保障。

通过以上梳理，可以更清楚地理解每个参与层级在非遗项目中的角色和贡献。同时，对创作群体的深入研究和分类，将有助于更好地保护和传承广西非遗文化，使其在现代社会中延续"生命"。

5.2.2　群体创作延续广西非遗文化普适价值

群体自由创作主要涉及多个个体或集体，在共有的兴趣、目标或主题的驱动下，进行自由的表达、交流及创作。在此过程中，各参与者可以自由地展现自己的思维、情感与创意，共同促进创作内容的形成与演进。广西作为多民族聚集之地，得天独厚的地理位置和独特的人文社会环境为广西丰富的非遗文化发展奠定了基础。广西非遗在历史浪潮中持续传承并不断充盈，这一历史延续和传承过程并非随意根据个人的想法而推陈出新的，反而是依靠群体的力量，将群体的主观能动性与不断变化的自然环境、生活方式、文化特点等相结合，不断进行非遗文化的再创造，最终实现迭代发展。

这些艺术作品为广西人构建了强烈的文化认同感和历史传承感，同时也在更大的国际范围内增进了人们对于文化多元性的理解和尊重，进一步肯定了广西各个民族的无穷无尽的创造力与创新精神。广西非遗不仅是文化的载体，更是连接不同社群、不同文化的桥梁，促进了文化间的交流与融合，让我们更加珍视文化的多样性和人类的创造力。因此，想要真正意义上地延续广西非遗文化，探寻群体自由创作对于广西非遗文化的影响，发挥其对于人类的"普世价值"，我们首先应该厘清广西非遗传承与创新的主体并非个人，而是群体。

1. 从本质上来看，广西非遗体现的是群体内部的价值选择

与物质文化遗产相似，非遗同样蕴含了人类共享的价值，对于促进全球和平与可持续发展具有积极作用。但是，物质文化遗产的价值往往需要学者根据全人类的实际需要做出判断，而对非遗的价值选择则是由所有人在不侵犯基本人利益的情况下，按照一定价值要求自主决定的。非遗的概念中特别提及的各个社会、集团，但在现实的文化传承中，也有部分传承者将非遗文化视作个人所拥有的独特技艺，并将这一技艺作为个人的独家技术，当作个人谋生的工具。然而，任何一种非遗文化，仅靠个人的价值判断和选择并不能被称为文化，同时，个人的价值观念并不能为非遗文化赋予价值。这种文化之所以被承认往往是因为受到群体观念的认同和群体价值的选择。例如，不管是广西的壮族歌圩，还是侗族大歌，其真正的价值所在并非某一传承人高超的唱歌技巧，而是这种群体演唱形式和节日仪式为这些民族群体所带来的代际相传的自我身份的认同感。广西非遗对于广西各民族而言，不仅是其珍贵的历史遗留物，而且还承载着群体内部成员的情感依赖，使成员对群体有一种归属感，从而加强群体内部的凝聚力。因此，广西非遗在现代的传承与创新，依然需要群体力量生产并赋予其新的价值意义。

2. 从作用上来看，广西非遗形塑了广西各民族的文化记忆

广西非遗是由世代居住于广西的多民族群体共同的智慧凝结和劳动成果创造的，因此为广西人提供联系过去的文化纽带，建立当下的文化归属感和自信感是广西非遗的重要作用之一。群体的文化记忆使得社群通过缅怀过去，加强了其身份的认同感；群体通过回顾自己的历史，通过将过去的重要记忆形象现代化，确认并巩固了自己的身份。例如苗族蜡染技艺以典雅质朴、美丽圣洁为主要风格特点，民族气息浓厚。该技艺在秦汉时期开始便世代相传，然而在传承过程中，苗族蜡染技艺并非一成不变，每一次新的传承都是这一群体基于自身的价值观念和需求，对历史记忆的重新解读和文化的有选择性传承。如今，苗族蜡染技艺被现代手工艺者和设计师重新挖掘，应用于现代服装、家居装饰等领域，形成一种融合时尚和文化的表现形式。这些从古至今流传下来的实践和传统，之所以能够跨越时空，不断传承，其根本原因在于它们与当代社会的需求紧密相连，与我们的现实生活息息相关，因此被视作值得珍视和传承的宝贵遗产。

3. 文化延续来看，广西非遗体现了广西各民族的文化继承

非遗所传达的集体生活哲学和追求代表了一种群体性文化形态。在广西非遗的保护与传承中，虽然非遗传承人扮演关键角色，但鉴于他们并非保护工作的唯一参与者，他们的利益与理念并非独有，应考虑更广泛或其他群体的需求。桂剧国家级非遗传承人张树萍在推进桂剧传承和创新的过程中，正是因为带领传承人打造出了适应当下群体需求的文旅品牌，才最终实现了桂剧创造性转化和创新性发展。因此在处理广西非遗的生态问题时，应认识到广西非遗是一种与各个民族生活紧密相连、具有生态属性的文化。这种文化是这些民族在长期发展中积累的，并由群体继承。虽然因个人兴趣和天赋不同，在传承过程中会出现不同水平的传承者，但这种差异是群体内部自然互动的结果。所有非遗项目都包含了一个技艺链和生活场景的生态系统。从根本上说，遗产是人类世代间传承的财富，只有通过代际传递，各种创造才能成为真正的遗产。所以，只有群体的集体创作和集体消费才能够延续广西非遗文化的内在价值。

5.2.3 元宇宙赋能创作群体，扩展广西非遗供给

文化供给侧通常包含供给主体、技术、产品和方式等要素，而在非遗领域，前文提到的非遗创作群体以及非遗内容和产品、传承和传播方式等都是供给侧的重要组成部分。"扩容供给"指的是通过各种手段和技术，增加产品或服务的供应量，以满足更多消费者的需求。在非遗领域，扩容供给意味着通过创新和技术手段，调整好"需求侧"的非遗文化消费和"供给侧"的非遗文化传承创新的关系，让供给创造需求，需求牵引供给，最终使非遗文化的传播、展示和体验更广泛和便捷（韩美群和周小芹，2022）。

在传统社会，非遗供给主要集中在小传统和民俗文化领域。由于空间限制，非遗文化的传播局限于某一地域之内；通常只有在特定情境下，比如当官方邀请非遗传承人进行展示和演出时，非遗文化才得以在更大范围内传播。在技术、生活方式变革日新月异的现代社会，依然采取传统传承方式的非遗文化遭受冲击。部分非遗文化的独特性反倒成为其局限性，难以适应更大范围的市场需求。一方面，具有深厚艺术价值、较高审美价值的非遗产品无法契合现代潮流，庞大的文化消费市场中缺乏畅销的非遗产

品；另一方面，在现代社会背景下，传统口传心授的传承和传播方式不可避免地遇到难题，该方式与现代社会的数字化、商业化传承和传播之间存在矛盾。

在当前非遗传承和发展面临困境的背景下，元宇宙与文化深度融合的兴起为其提供了一条突破现状的新途径。目前，文化与元宇宙的融合已经进入一个深度交织的阶段。文化的持续传播依赖于元宇宙提供的技术支持，同样，元宇宙也需借助丰富的文化内容来增强其吸引力。非遗文化作为中华优秀传统文化的一部分，其未来创新与发展依然符合文化和元宇宙深度融合的逻辑。元宇宙无疑为非遗供给侧中的技术、产品和方式等要素提供了改革的可能性，非遗创作群体得以利用元宇宙技术扩容非遗供给。（刘中华和焦基鹏，2023）

1. 区块链保障创作知识产权，创新广西非遗商业模式

元宇宙融合了多种数字技术，其中区块链技术不仅可以确保广西非遗供给产品的真实性和唯一性，还能为非遗创作群体创造新的商业模式。通过区块链的去中心化和不可篡改特性，非遗产品的生产过程、所有权和交易记录都能得到完整且可信的记录。例如，壮族织锦和苗族蜡染等手工艺品可以通过区块链技术进行数字标记，从而帮助非遗产品创作者保护个人知识产权，激发群体创作热情，提升广西非遗产品的质量。这种数字认证既可以保护非遗产品的知识产权，也有利于消费者增强对产品的信任。基于区块链技术，非遗创作群体可以发行基于区块链的数字藏品，将手工艺品、音乐、舞蹈等文化元素转化为数字资产进行销售。例如，桂南采茶戏和彩调等广西特色的表演艺术可以录制并制作成数字藏品进行售卖。这些数字藏品不仅具有收藏价值，还可以在二级市场进行交易，为创作群体带来新的收入来源。此外，区块链技术还可以支持非遗项目的众筹平台，吸引更多广西非遗外围参与群体促进非遗文化的开发和推广，进一步拓展非遗产品的市场渠道和影响力。

2. 虚拟现实技术突破时空限制，推动创作群体深度参与

元宇宙塑造了一个虚实相融的数字世界，为非遗创作群体提供了一个全新的展示和互动平台。通过虚拟现实和增强现实技术，元宇宙可以创造沉浸式的文化体验环境和氛围，使用户能够身临其境地感受非遗项目的独特魅力。例如，壮族的铜鼓文化在现实生活中可能因地域限制和资源稀缺

而难以广泛传播,但在元宇宙中,用户可以通过VR头戴设备亲身体验铜鼓的制作过程和演奏场景,让用户在亲历性的体验中加深对这一传统技艺的理解和认同。此外,在元宇宙中,用户能够自主选择互动的对象、沟通的方式,并深入参与非遗设计、制作和传播的各个环节。这极大地改变了非遗原本的生产方式,同时更改了传统观众对非遗的被动接受状态和单一的文化消费模式,构建了一个去中心化、经济体系完善且虚拟与现实结合的新型社会生态。用户在虚拟环境中,可以详细观察铜鼓制作的每一个步骤,从选材、锻造到装饰,无不栩栩如生。同时,虚拟演奏场景不仅再现了铜鼓的独特声音和演奏技法,还让用户在互动过程中切身感受到这种古老文化的魅力和活力。最后,元宇宙技术还可以显著增强非遗文化的社会影响力和公众参与度。通过虚拟社区和社交平台,非遗创作群体可以与全球用户互动,分享文化故事和创作心得,建立广泛的文化交流网络。例如,可以在元宇宙中为宾阳炮龙节创建一个虚拟的节日社区,全世界的用户得以参与虚拟的节庆活动,观看表演,了解节日背后的文化内涵。这种互动性和参与性极强的体验,不仅提高了非遗文化的知名度和影响力,也增强了公众对非遗文化的认同感和保护意识。

3. 虚拟空间提供合作平台,促进广西非遗跨界融合

元宇宙技术提供了一个跨界合作的平台,使非遗核心创作群体能够与其他领域的艺术家和技术专家合作,创造出融合传统和现代元素的新作品。例如,将现代数字艺术与传统广西瑶族服饰设计相结合,可以创作出具有时尚感的服饰系列或数字艺术品。在元宇宙提供的虚拟平台上,瑶族服饰的设计师可以与数字艺术家共同探索传统纹样和现代设计的融合。通过元宇宙中的虚拟工作坊,设计师和艺术家得以实现实时交流和协作,用现代时尚元素重新诠释瑶族的传统服饰。这种跨界合作不仅限于服饰设计,元宇宙技术也为民间音乐艺术作品与现代流行元素的结合提供了更多可能性。如壮族天琴艺术作为广西的重要非遗项目之一,也可以通过元宇宙技术实现跨界合作和创新发展。当前,部分天琴艺人已经在尝试创新该项非遗文化,迎合年轻人音乐审美与需求。比如秦华北把天琴创新为高音天琴、中音天琴、低音天琴与电声天琴四个品种。电声天琴的成功制作,融入摇滚乐队弹唱,顺应当代舞台表演需求,迎合了现代青少年的口味(王继波,2023)。在元宇宙技术的支撑下,天琴艺人可以通过与现代音乐

制作人的进一步合作，利用数字音频技术，创造出融合传统天琴音乐和现代电子音乐的全新作品。在元宇宙的虚拟音乐会中，观众不仅可以聆听到这种独特的融合音乐，还能通过虚拟互动体验天琴的演奏过程，学习其演奏技巧。这种结合传统与现代的音乐形式，不仅保留了天琴艺术的传统魅力，还使其更符合现代听众的审美，吸引了更多年轻人关注和传承天琴艺术。

5.2.4　元宇宙推动广西非遗创作群体供给扩容的动力分析

1. 创新驱动：群体激发创新动力，推动非遗项目多样化

国家文化部门对于中国非物质文化遗产保护提出"在提高中保护""非遗走进现代生活""见人见物见生活"等理念（安学斌，2020）。也就是说，在非遗传承与保护的过程中，我们应着重于适应时代变迁、社会演进及人类成长的需求和特质，在满足现实需求的情况下，不断实现非遗文化的创新与进步。在广西非遗保护与传承的实践中，群体自由创作以其独特的创新机制，推动了非遗项目与人民生活、现实需求相结合，最终推动广西非遗文化在传承与创新中实现了多样化发展。这种创新动力不仅源于个体创作者深厚的文化底蕴与无限的创意灵感，更在群体间的思想交流与智慧碰撞中得以升华，为非遗文化的传承注入了源源不断的新活力。这种群策群力的创作模式，不仅让传统非遗技艺焕发新生，也为非遗文化的保护与传承探索出了更为广阔的路径。例如非遗传承人谭湘光为了传承并创新壮族织锦技艺，开展壮锦生产基地，并培训农民工、残疾人等形成自由创作群体，针对不同人群创新出与当代文化相契合的文创产品（莫岚远等，2021）。

此外，在群体自由创作的推动下，非遗项目得以跨越传统界限，实现了与其他领域的深度合作。这种跨界合作一方面丰富了非遗项目的表现形式，另一方面也为其注入了新的活力和创意。通过与不同领域艺术家的交流与碰撞，传统非遗技艺与现代审美相结合，创造出更多元化、更具时代感、更能满足当代审美需求的作品。例如，秉承"非遗传承人＋设计师＝非遗融合跨界创新模式"这一公式，苗绣技艺传承者杨再美巧妙地将传统元素与现代时装设计相融合，携手中国原创鞋履品牌SHEME以及海派旗袍设计大师苗海燕，共同推动苗绣艺术的跨界革新，成功打造出独具匠心

的时尚新品。跨界合作不仅拓展了非遗项目的应用领域，也为其注入了新的生命与活力。

在元宇宙这一前沿概念的视域下，以扩展现实和数字孪生为核心技术特征的元宇宙技术逐步改变和重塑着我们的文化景观。对于那些热衷于共同兴趣和爱好的趣缘群体而言，元宇宙技术提供了一个全新的平台，使他们能够集结在一起，扩大圈层文化的影响力，并吸引更多的年轻人加入其中。这种集结和扩大不仅增强了社群内部的凝聚力，更为年轻群体提供了自由创作的无限可能。一方面，元宇宙技术中的非遗线上创作模式为文化遗产的传播带来了革命性的变化。传统的非遗传承往往受限于地域、文化和物理空间，而元宇宙的引入则彻底打破了这些壁垒。通过线上平台，非遗作品可以在更短的时间内实现更大范围的传播，让更多人了解和欣赏到这些珍贵的文化遗产。另一方面，元宇宙的互动性也为非遗传承提供了新的形式和渠道，使得年轻人能够更加积极地参与到非遗的传承与保护中来。例如，在2022年广西文化旅游发展大会中，广西推出了与元宇宙花山岩画项目相得益彰的配套活动。特别设立的"元游广西 触见未来"文旅元宇宙体验展区，成为一大亮点。在这一展区中，参观者能够身临其境地感受，通过虚拟现实技术，与花山岩画进行沉浸式的互动体验（吴丽萍 等，2022）。此元宇宙体验展区为年轻群体提供了一个全新的视角，有利于激发他们对非遗文化的浓厚兴趣，为年轻群体在未来参与非遗文化创作提供了可能性，让我们得以窥见未来非遗项目在元宇宙中得到丰富和发展的潜力。

2. 市场驱动：增强非遗认知度，扩大市场需求量

群体自由创作不仅指群体参与非遗文化的生产和创作过程，同时也强调消费者的参与和互动环节。元宇宙通过高效地连接、集聚、恢复和展示各类非遗资源，大幅缩短了非遗生产、传播和应用的时间和空间距离。用户在这一平台上可以全方位体验各种数字化非遗文化形态，促进了数字非遗的体验式消费。这不仅为非遗文化的现代传承开辟了新路径，也为消费者参与非遗产品的设计、制作和定制过程提供了创新的表达和体验方式，极大地提高了消费者的参与感和归属感。例如传统工艺品苏州漆扇，通过让消费者参与漆扇的颜色选择、设计、制作过程，从而建立起消费者与非遗产品之间深厚的情感联系，自己亲手制作的"独一无二"的苏州漆扇为

非遗产品赋予了新的生命力，增强了消费者购买和推荐苏州漆扇的意愿。

同样的，广西非遗在未来发展过程中，也可以寻找更多非遗文化和消费者之间的独特连接方式，借助元宇宙平台将创新性非遗文化和世界各地的消费者相连接，以情感和体验为驱动力唤起群体消费欲望，从而提升大众对于非遗文化的内涵认知，扩大其非遗文化知名度。在元宇宙技术的推动下，广西非遗产品不再局限于传统的、单一的样式，而是可以根据消费者的个性化需求进行定制。这种个性化服务满足了消费者对于独特、专属产品的追求，提升了他们的消费体验。同时，定制化产品还具有更高的附加值和市场竞争力，能够为非遗产品带来更高的利润和市场份额。

5.3 全景式互动场域为非遗永续传承提供全面支持

场域理论最早起源于物理学领域对于力学的研究，库尔特·勒温将其进一步引入社会科学领域进行更加深入的研究。法国社会学家布尔迪厄在其著作《关于电视》中提出媒介场域的理论。通过考察"新闻场"与其他"场"之间的种种复杂的关系，布尔迪厄认为，一个场就是一个具有一定社会结构的独特空间（布尔迪厄，2020）。现实世界可以被视为由一个个独立场域构成的社会空间，每个场域都有其独特的构成部分，彼此独立的同时又与其他场之间形成错综复杂的关系网络。因此，非物质文化遗产也可以被我们视作一个独特的文化圈层，它由种种不同的传统文化组成，具有差异性的同时，又作为中华传统文化彼此之间紧密相连。而以往对于非物质文化遗产的传承发扬比较注重传统的宏观视角，多从宏观政策出发，聚焦于对传统技艺的继承与保护，较少对其传播互动和商业价值进行创新性发展。也正因如此，元宇宙的引入，通过先进智能技术下提供的全景式互动场域，与传统的非遗场域相互区别，在重构非遗文化的传承场域的基础上，从沉浸体验、交流互动、跨越时空、教育培训、文化互通、创新形式、经济效益等多个视角和多个维度，为非遗文化的永续传承提供全面支持。

5.3.1 虚拟技术赋能下的沉浸式体验

"沉浸"原本是指泡在水中的状态,后来逐渐被引申为一种比喻,表示一个人完全处于某种境界或思想活动中的状态。这个词常用来形容一个人全神贯注于某种事物,心无旁骛,仿佛与外界隔绝,完全投入当前的体验或思考中。芝加哥大学教授米哈里·契克森米哈赖提出沉浸理论,将沉浸定义为"人们在所在情境中,对某件事情感兴趣时,全身心地投入而忘却周围环境,继而忘记时间存在的一种心理状态",并进而将"沉浸式"解释为"心流"(flow)(Csikszentmihalyi,1990)。在沉浸式体验相关理论的研究方面,心流理论曾是国内外许多研究的理论支撑,被作为评估沉浸式体验的主要依据和标准。同时,沉浸式体验也与元宇宙密不可分:元宇宙中的个体通过身体的交互从而更好地融入环境,而沉浸式体验理论同样认为参与者通过调动身体投入环境而获得认知与经验。因此在全景式互动场域中,虚拟技术通过营造沉浸式体验,为非遗文化的传承提供助力。作为智能传播时代的一种新型的文化传播媒介,全景式互动场域正在通过技术支持的手段,赋能并且重塑非遗文化的传承与展示方式。通过融合虚拟现实、增强现实、混合现实等前沿虚拟技术,该媒介为用户提供了一种交互式、沉浸式的体验环境,使得非遗文化得以在元宇宙中以一种全新的面貌呈现在公众面前。

在技术赋能下的智能传播时代,更加多维的互动式、沉浸式、体验式场景正在成为受众对于内容生产的一大关键需求。技术支持下的沉浸体验模式通过有机融合虚拟与现实环境,使得参与者能够在个体的亲身实践中产生相应的经历和感受。立足于大数据的基础上,人工智能技术凭借预先建立的模板进行数据分析、自动识别场景,进一步生产更加个性化、私人化的内容以满足不同用户需求,然后借助互联网平台实现对生产内容更加高速、及时、广泛的分发,提高了传播的可见性与可及性。在此过程中,通过多模态的场景转换,以及 AR、VR 等全息技术的加持,元宇宙能够实现从 2D 平面化的高清图文视频到 3D 的立体化场景的转变,一系列虚拟人、虚拟物不断构建起交互场景,从而提高受众的体验感与参与感。

虚拟现实技术的核心优势在于其高度的沉浸感和互动性。用户能够通过穿戴 VR 设备,在在场中实现身体的临场与回归,从而能够更加身临其境地参与传承弘扬非遗文化的各个方面。例如广西旅游发展集团打造出广西文旅元宇宙数字体验馆"元境空间",将中华优秀传统文化与元宇宙虚拟现实相结合,不仅能够在虚拟场景中还原非遗文化的产生缘由与具体的创作过程,更能提高用户的沉浸感与代入感,从而增强非遗文化传承过程的活态化,其更加深入式、沉浸式的体验也不断弥补了用户不能时刻在场的遗憾。从传统工艺的制作,到民族音乐的演奏,再到民俗活动的体验,每一个细节都在技术赋能下变得栩栩如生,使得用户仿佛置身于真实、立体的文化场景之中。这种沉浸式的体验极大地提升了用户对非遗文化的感知深度和兴趣度。在元宇宙中,虚拟现实技术搭建的3D模拟空间为用户提供了一种跨越时空的三维化、多感官化、高沉浸化的场景体验。通过这些先进的技术手段,用户能够在一个高度自由、灵活且沉浸的环境中进行探索和互动。这种虚拟空间不仅仅是视觉上的再现,还融合了听觉、触觉甚至嗅觉和味觉等多种感官体验,使得用户仿佛置身于一个超现实的世界。这种沉浸式体验不仅增强了用户的参与感和真实感,还能够激发用户的情感共鸣。

5.3.2 强交互下更深层次的文化传播

随着媒介融合进程的进一步加深,新兴技术的进步使得非遗文化的传播从传统的传者本位,向如今的"以受众为中心""以内容为重点"的方向转变(张福银 等,2021)。更强的互动性是元宇宙的一大特点。在元宇宙中,用户之间的互动不再局限于平面的文字或图片,而是可以通过语音、动作甚至视觉、听觉的反馈进行沟通与协作。因此,在元宇宙提供的全景式互动场域中,用户不再是被动的接受者,而是可以通过手势、语音等交互方式,主动参与非遗文化的传承和学习。在元宇宙的"强交互"模式下,通过高度的互动性和沉浸感,用户能够更加深入地理解和体验非遗文化的内涵和价值,从而使得非遗文化的传承发展进一步实现质的飞跃,而其深度与广度也能进一步得到更加显著的拓展与提高。强交互模式下的非遗文化传播,一方面体现在元宇宙中用户群体更强的参与感、代入感和体验感。在虚拟技术的加持下,用户可以身临其境地参与非遗文化的各个方面,进而获得更加真实、直观、沉浸和深刻的体验。这种更深层的代入感不仅增强了公众对非遗文化的感知深度,也激发了他们对传统文化的兴趣和热爱。例如，在 VR 创造的虚拟空间环境中，用户可以参观虚拟的非遗博物馆，近距离观察非遗物品的制作过程，甚至亲手尝试制作传统工艺品。这种亲身体验使得非遗文化从单一、静态的存在逐渐转向多样化、活态化，并在与用户的交互中变得更加生动和有趣。

另一方面，强交互模式下非遗文化具有高度的互动性。在这种模式下，用户不再是非遗文化被动的接受者，而是可以通过各种交互方式积极参与非遗文化的传承和学习。例如，广西文旅根据壮族独特的非遗文化特点，推出一系列数字展览活动，用户可以通过触摸屏或移动设备与展品进行互动，了解不同展品制作的过程与其背后的故事。此外，社交媒体平台的运用也增加了非遗文化传播的便捷度和广泛度。用户可以更加轻松地分享自己的体验和感受，在共建、共创与共享中形成良好的文化传播氛围。

强交互模式下的非遗文化传播，不仅进一步提高了公众对非遗文化的认知水平，还为非遗文化的创新发展提供了新的动力。而随着元宇宙版图的扩大，在技术不断进步和应用进一步深化的今天，我们有理由相信，强交互模式将在非遗文化的保护和传承中发挥越来越重要的作用。未来，随着技术的不断进步和创新，强交互模式将继续深化其在非遗文化传播中的应用，为非遗文化的保护和传承注入更多的活力。同时，我们也应意识到，在追求技术创新的同时，应保持对非遗文化本质的尊重和保护，确保其在传播过程中不失其原有的文化价值和特色。

5.3.3 跨越时空下区隔与壁垒的打破

"在网络社会中，传统的分散、线性的碎片化时间被打破，人类正在进入'无时间的时间'。"（卡斯特，2003）新媒体的应用缩短了时间，削减了空间。这种"时空压缩"模糊了传统维度上的时间与空间，带来后互联网时代碎片化和场景化的时空体验，容易造成文化传播中关键信息的缺失，影响传播效果。而元宇宙则打破了时空的区隔，通过用户在虚拟场景中与历史对话模式的实现，为其带来新的时空交互感，进而对用户行为乃至现实世界造成影响。

全景式互动场域的传播范围不受限于传统的物理空间。元宇宙技术作为一种前沿的数字技术，为非物质文化遗产的保护与传承提供了全新的视角和方法。通过构建高度仿真的虚拟环境，非遗文化得以在全球范围内实现互动体验与教育普及，同时借助先进的沉浸式技术如 VR、AR 等，公众可以直观地了解非遗文化的历史渊源、技艺细节及其在现代社会中的价值体现。通过互联网平台，非遗文化可以在元宇宙中摆脱时空的限制，跨越时间的区隔和地域的界限，在全世界范围内实现全时、全区的共享和传播。这种无边界的传播方式为非遗文化的保护和传承提供了新的机遇。

一方面，在元宇宙空间中，非遗文化能够以更加立体、动态的形式展现，用户可通过先进的沉浸式技术，深入了解非遗文化的历史背景、技艺流程及其在当代社会的价值。同时，元宇宙的社交特性也促进了全球用户间的实时交流与合作，为非遗文化的传承与创新提供了跨文化的互动环境。在元宇宙中，来自世界各地的用户可以聚集在一起，共同探讨非遗文化的传承与创新。他们可以分享各自的文化背景和经验，提出新的创意和想法，共同推动非遗文化的发展。这种跨文化的交流有助于打破传播中的障碍与隔阂，构建起共通、共融的意义空间，增进不同民族和地区之间的理解和尊重，促进文化的多样性和包容性，为跨文化传播提供进一步的技术支持。

另一方面，在传播时间上，元宇宙还为非遗文化的保护提供了新的借鉴与思路。通过数字技术将非遗文化资料不断数字化、数据化，并结合区块链技术确保数据的安全与不可篡改，为非遗文化的长期保存与传承奠定了坚实基础。在元宇宙中，与非遗文化相关的所有资料，包括文字、图片、音频、视频等，都可以被数字化存储，形成一个完整的数据库。利用区块链技术的去中心化和不可轻易篡改的特点，这些数据可以得到安全的保护，防止未经授权的访问和篡改。这样，即使非遗文化在现实的物理世界中受到破坏或消失，我们仍然可以在元宇宙这一虚拟空间中找到它们的痕迹，确保其传承的可持续性。

5.3.4　学习环境模拟下非遗技能的掌握

除了提供高强度互动和打破时空区隔与壁垒之外，元宇宙中的全景式互动场域还为非遗文化的教育和传承开辟了新的途径。通过在元宇宙中在线临场模拟学习环境和互动教学，年轻一代可以在轻松愉快的氛围中学习和掌握非遗技艺。这种寓教于乐的方式有助于激发年轻人对非遗文化的兴趣，培养他们更好成为非遗文化的热爱者与传承者。

首先，元宇宙中人工智能和虚拟现实技术对于学习环境的模拟与建构，对于用户更好地掌握非物质文化遗产技能有显著帮助。一方面，这种沉浸式的在线学习平台通过高度仿真的虚拟环境，使得学习者能够在无限接近实际操作的条件下学习和练习非遗技能，从而在不断地模拟与锻炼中逐渐提高自身对于非遗文化的学习效果和对于非遗技能的掌握水平；另一方面，元宇宙对于在线学习环境的模拟也能够降低用户接入与使用的门槛，为用户提供一个更加低风险的学习空间。非遗技能的学习往往需要一定的实践操作，而在实际操作中参与者往往不可避免地会遇到风险，抑或是损坏物品。元宇宙中的模拟环境可以完美规避这些风险，学习者可以在虚拟空间中自由尝试和练习，而无需担心对真实物品造成损害，从而提高学习与掌握非遗文化的参与度和自由度。

其次，元宇宙在模拟学习环境的同时，大数据与智能算法更进一步为个性化的学习路径提供支持。由于个体的独立性与差异性，每个学习者学习非遗技能的节奏和研究非遗文化的兴趣点与关注点都不尽相同，传统的线下教学模式很难满足用户个性化的学习需求。而在元宇宙中，学习者可以在全景式互动场域中根据自己的兴趣和能力选择更加适合自己的学习内容和学习进度，从而实现个性化的学习体验。此外，元宇宙还可以通过智能算法构建非遗文化的数据库，并根据不同用户的画像推荐适合学习者的学习资源和路径，进一步优化用户的学习效果。同时，因为元宇宙中高强度的交互性和沉浸感，学习者可以在虚拟空间中与非遗技艺的传承人进行实时互动，获得更加即时的反馈和针对性的指导。这种互动不仅增强了学习的趣味性，还有助于加深对非遗文化的理解和感悟。同时，元宇宙中的沉浸式体验使得学习者仿佛置身于真实的非遗文化环境中，增强了学习的沉浸感和体验感。

最后，元宇宙还可以为非遗文化的保护和研究提供有力支持。通过数字化保存非遗文化资料，结合区块链技术确保数据的安全与不可篡改，为非遗文化的长期保存与传承奠定了坚实基础。同时，元宇宙中的数据分析工具可以帮助研究者更好地理解非遗文化的传播模式和影响因素，为非遗文化的保护和研究提供新的视角和方法。

5.3.5 展示形式创新下活力的再焕发

在元宇宙的全景式互动场域之中，非遗文化的展示方式正在不断发生变化，其中最为显著的是虚拟数字人的引入。作为人类智能与人工智能交互的产物，虚拟主播是基于计算机技术对人脸和声音数据进行的分析，并通过三维建模合成的趋近人类形象的人工智能的分身模型（常宏，2024）。元宇宙中的虚拟数字人在非物质文化遗产传承方面扮演着越来越重要的角色，它们通过高度仿真的虚拟形象和交互能力，为非遗文化的传承和普及开辟了新的道路。

首先，数字人在元宇宙中可以成为非遗文化的传播者和指导者。一方面，通过与用户的实时互动，数字人可以提供个性化的学习体验，解答用户的疑问，并提供即时的反馈和指导。这种互动式的学习方式不仅能够吸引年轻一代的兴趣，还能够提高他们对非遗文化的理解和兴趣。另一方面，数字人可以在线模拟非遗技艺的传承过程，让用户在虚拟环境中亲身体验非遗文化的魅力。例如，在模拟的传统手工艺制作场景中，用户可以跟随数字人的引导，逐步学习并掌握制作技艺。这种沉浸式的学习体验有助于用户更好地理解非遗文化的精髓，并激发他们对传统文化的热爱和尊重。

其次，数字人还可以作为非遗文化的虚拟导游，带领用户参观虚拟的非遗文化展览。例如，在 AR 花山体验馆内，游客戴上 AR 眼镜，便可以在数字人木棉花仙子的带领下，亲身体验崇左的花山文化。通过数字人的实时讲解和仿真、灵活的互动展示，用户可以更加深入地了解非遗文化的历史背景、文化内涵和艺术价值。这种跨时空的展览方式有助于非遗文化的广泛传播和教育普及。

再次，数字人在元宇宙中的应用还可以促进非遗文化的创新发展。通过与现代科技相结合，数字人可以不断探索融合传统非遗文化与现代元素的新路径，创造出更具时代特色、民族情感的优秀作品。这种创新不仅有助于非遗文化的传承，还能激发更多人对非遗文化的兴趣和关注。

最后，数字人的应用为非遗文化的保护和研究提供了新的思路和方法。通过数字化保存非遗文化资料，结合人工智能等技术手段，可以对非遗文化进行更深入的分析和研究，挖掘其内在的价值和意义。同时，数字人可以作为研究工具，帮助研究者更好地了解非遗文化的传播模式和影响因素，从而在平衡理性与情感的过程中，为非遗文化的保护和研究提供更加智能的视角和方法。

总之，数字人在元宇宙中的应用为非物质文化遗产的传承和发展提供了新的机遇和可能性。随着技术的不断进步和创新，数字人将在非遗文化的传承、创新、教育普及、保护研究等方面发挥越来越重要的作用，为非物质文化遗产的繁荣发展注入新的活力。

5.3.6　跨文化交流中包容与理解的增加

元宇宙为不同文化背景的人们提供了一个共同、共通的平台，他们可以在这里展示自己的文化，分享故事，学习新的语言和文化习俗。这种跨文化的互动有助于减少传播中的障碍与隔阂，增进理解和尊重，促进全世界范围内文化多样性的发展。在元宇宙中，用户可以在虚拟环境中参观世界各地的博物馆、文化遗址，甚至体验更加远程的文化活动。这种体验超越了地理限制，使得不同文化的交流变得更加便捷和直接。

首先，元宇宙通过不同民族用户的跨文化交流，正在不断提高非遗文化的传播范围与传播的广度。由于元宇宙的开放性和全球性，非遗文化可以迅速传播到世界各地，让更多的人了解和认识这些宝贵的文化遗产。无论是东方的传统手工技艺，抑或是西方的民间音乐和舞蹈，都可以在元宇宙中找到它们的舞台，让不同文化的人们能够共同欣赏和相互学习。

其次，元宇宙中的跨文化交流有助于非遗文化的相互借鉴和融合。在元宇宙中，不同文化背景的用户群体在打破圈层壁垒的过程中，可以在算法推荐下形成具有共同兴趣的小组，共同探讨非遗文化的特点和价值，分享各自的传承经验和创新思路。这种文化上的交流与碰撞有助于促进非遗文化的相互借鉴和融合，在激发新的创意和灵感的同时，推动非遗文化的不断创新发展。

再次，元宇宙中的跨文化交流还有助于增强用户对非遗文化的尊重和保护意识。通过与不同文化背景的用户群体交流，大众可以更加深入地了解非遗文化的历史背景、文化内涵和社会价值，从而增强对非遗文化的尊重、保护与热爱。这种保护意识的提升将为非遗文化的传承和发展提供更加坚实的社会基础和思想动力。

然而，在促进非遗文化传播的同时，跨文化交流中也需要注意保持非遗文化的真实性和完整性。在元宇宙中，非遗文化可能会被过度商业化，从而失去其本真魅力与价值，因此需要我们采取有效的措施来保护和传承非遗文化的原始形态和内涵。

总之，作为一个开放、包容的虚拟空间，元宇宙中的全景互动场域为不同身份文化、不同社会背景的人们提供了一个可以在线平等交流的平台。在这个平台上，非遗文化可以不断跨越地域的阻隔，以及民族和语言的界限与隔阂，在实现跨文化的传播和交流的过程中，增进不同用户对于非遗文化的认知、理解和包容，从而促进非遗文化的大规模传播。元宇宙中的跨文化交流为非遗文化的传播提供了新的机遇和可能性。我们应该积极利用这一互动平台，促进不同文化背景的人们之间的交流和合作，推动非遗文化的广泛传播和创新发展。

5.3.7 元宇宙版图中商业价值的扩展

全景式互动场域中的商业潜力也不容忽视。在科技浪潮的推动下，元宇宙这个由虚拟现实、增强现实和区块链等技术构建的世界，不仅为人们提供了前所未有的沉浸式体验，更展现出其独特的商业价值与发展潜力。元宇宙作为一种新兴的虚拟现实技术，其商业价值主要体现在以下方面：

（1）虚拟商品交易。在元宇宙中，用户可以购买、销售虚拟商品，如虚拟土地、服装、艺术品等。这些商品的价值基于区块链技术，确保了其独一无二性和可追溯性。

（2）广告和品牌营销。企业可以在元宇宙中创建虚拟广告牌、举办虚拟发布会等，以新颖的方式吸引消费者。这种沉浸式的营销策略有助于提高品牌认知度和用户参与度。

（3）游戏和娱乐。元宇宙为游戏开发者提供了一个广阔的平台，他们可以创造更加沉浸式的游戏体验，吸引玩家投入更多时间和金钱。游戏内的虚拟货币和道具也成了盈利的重要来源。

（4）社交和网络效应。元宇宙提供了一个新的社交平台，用户可以在虚拟空间中与他人互动，形成新的社交网络。这种网络效应有助于增加用户黏性，为平台创造持续的流量和收入。

（5）数字身份和认证。区块链技术在元宇宙中的应用还包括数字身份的创建和验证。这为金融服务、版权保护等领域提供了新的解决方案。

此外，元宇宙的商业价值还表现在跨行业合作、数据分析和个性化体验、创新业务模式、长期价值投资等，而这些也是非遗文化永续发展的动力之源，更为非遗文化的保护与传承开辟了新的道路。

元宇宙中的商业价值正在成为非遗文化传播的新引擎，让这一宝贵的人类遗产在数字时代焕发新的生机。通过开发与非遗文化相关的虚拟商品、线上体验项目等，可以为非遗传承人创造新的收入来源，为非遗文化的保护和传承提供经济支持。同时，元宇宙中的商业模式为非遗文化的保护提供了经济支持。例如，非遗产品可以通过 NFT 的形式在元宇宙中进行交易，确保了创作者的知识产权得到保护，同时也为非遗文化的传承提供了可持续的经济动力。此外，元宇宙中的虚拟旅游、在线教育等服务，也为非遗文化的传播开辟了新的商业空间。

元宇宙为非遗文化的创新发展提供了无限可能。在虚拟世界中，非遗文化可以与现代元素相结合，创造出新的艺术形式和文化产品。这种创新不仅能够吸引年轻一代的兴趣，也有助于非遗文化的持续发展。例如，广西文旅打造了"元境空间"这一元宇宙互动平台，未来还将与艺术教育活动和研学活动结合，不断创新文旅方式，推动广西旅游业的进一步发展。在未来，随着元宇宙技术的不断成熟和应用场景的拓展，非遗文化将在数字世界中找到更多的表达形式和传播途径。通过虚拟展览、互动体验、线上工坊等方式，非遗文化将得以更广泛地传播，让更多的人接触到并了解这一独特的文化遗产。同时，非遗文化也将在元宇宙中与现代科技相融合，产生新的文化现象和商业模式，为文化产业的发展注入新的活力。总之，元宇宙中的商业价值为非遗文化的传播提供了新的机遇和挑战。我们应该积极拥抱这一变革，充分利用元宇宙的优势，推动非遗文化在数字时代的繁荣发展，让这一宝贵的人类遗产在新的时代背景下焕发出更加璀璨的光芒。

综上所述，元宇宙中的全景式互动场域通过提供沉浸式体验、强化互动性、跨越时空限制、支持教育与培训、创新展示形式、促进文化交流以及创造经济效益等多种方式，为非遗文化的传播提供了强有力的全面支持。这一系列要素有助于非遗文化在全球化背景下得到更广泛的认可和保护，从而获得更加具有可持续性的发展。

第六章 元宇宙背景下广西非遗文化的叙事与共情研究

6.1 元宇宙和广西非遗空间场景叙事

6.1.1 场景叙事的内涵与逻辑

"场景叙事"通常是指在文学、电影、戏剧、游戏或其他形式的叙述性艺术中,创作者通过对特定场景的描绘来表达故事,传达情感,展现人物性格,或推动情节进展。这种方法通过精心设计的场景和细节,将观众或读者引入一个特定的时间和地点,使他们能够更深入地理解故事情节和人物的内心世界。随着时间的推移,场景叙事的概念不断延伸到社会的各个领域。在20世纪80年代,学者约书亚·梅罗维茨(Joshua Meyrowitz)借鉴欧文·戈夫曼(Erving Goffman)的"拟剧理论",结合麦克卢汉的媒介理论,提出了"媒介情境论"。这种理论强调了媒介在不断变化中对人们社会行为和认知方式的深远影响。梅罗维茨的研究指出,媒介不仅是信息的传递工具,它们还塑造和改变了人们所处的社会情境。例如,电视的普及改变了公众的社交行为和家庭生活方式,而互联网和社交媒体的兴起进一步加剧了这种变化。通过"媒介情境论",我们可以更好地理解媒介在社会中的角色,以及它们如何影响人们的互动方式和世界观。随后,罗伯特·斯考伯(Robert Scoble)结合互联网时代背景重新定义了"场景"这一概念。他认为场景同时涵盖了基于空间的"硬要素"(指的是场景的物理和空间属性,如地理位置、建筑环境等)和基于心理的"软要素"(涉及场景所传递的情感、心理和文化氛围),这些要素共同构成了一个完整的场景体验。这种具体的、可体验的复合场景,与移动时代媒体的传播特质相契合(蔡斐,2017)。新芝加哥学派的特里·克拉克(Terry Clark)教授将"场景"这一概念引入城市研究,并将"场景叙事"进一步发展,提出了具有深远影响的"场景理论"。这一理论认为,在物理空间的基础上,加入文化和美学要素,可以使场景成为一个能够承载文化价值和内涵的社会空间(严飞,2022)。克拉克教授的场景理论不仅关注空间的物理特征,还强调空间所传递的文化意义和美学体验。在数字化时代,场景理论的应用范围进一步扩大。虚拟现实技术使得数字空间也能承载丰富的文化和美学内容，虚拟博物馆、在线文化节等形式让用户能够在数字空间中体验到与现实世界类似的文化氛围和情感共鸣。

"叙事"这一概念，简而言之就是"讲故事"。在人类社会中，叙事是一种基本的信息传递、话语表达与交流方式。通过叙事，人们能够分享经验、传递知识、表达情感，并构建共同的文化和社会认同。在20世纪七八十年代，叙事理论被引入城市研究领域，开启了一个新的研究方向。作为一种灵活的理论框架，叙事理论迅速被广泛应用于建筑、景观和室内设计等领域。通过叙事理论，研究者和设计师能够更好地塑造、诠释和展示城市空间的文化内涵和意义。随着时间的推移，叙事与"场景"的结合变得越来越紧密，这种"场景叠加叙事"的方法被广泛应用于各种生产、传播与消费领域。在戏剧创作中，编剧和导演通过精心设计的场景和故事情节，使观众沉浸在戏剧情境中，产生共鸣和思考。在移动媒体传播中，叙事与场景的结合帮助内容创作者通过短视频、直播等形式，将信息以生动、有趣的方式传递给观众，增强了内容的吸引力和传播效果。在城市空间营造中，场景叠加叙事的方法尤为重要。城市规划和设计者通过设计具有叙事性的城市空间，如历史街区、文化公园、主题广场等，使城市空间不仅仅是物理存在，更是文化记忆和社会互动的载体。这些空间通过叙事手法，将城市的历史、文化和价值观传递给市民和游客，增强了城市的吸引力和文化底蕴。在这些不同的领域中，"场景叙事"的核心理念始终没有改变，即物质载体与文化内涵的结合是场景叙事的基石。注重空间与人的互动体验是场景叙事的另一个核心理念。引发人与场景的共情与认同是场景叙事的最终目标。"场景叙事"的核心理念在于通过物质载体和文化内涵的结合，创造出一个个能够与人互动、引发情感共鸣的空间。这种设计方法不仅提升了空间的功能和美学价值，还赋了其更深层次的义化和情感意义，使受众在体验中获得丰富的感官和心灵享受。无论是在博物馆、商业空间、城市规划中，还是在数字化媒体中，场景叙事都展现出了其独特的魅力和强大生命力。

虽然场景叙事也需要依赖于受众的生活经验、知识储备和接受能力，但它通过直接将场景和情景展现在受众面前，强调受众的身体感知和具身体验，这使得它在某种程度上具有独特的优势。语言叙事很大程度上依赖于受众通过自身的经验、理解能力和想象力来构建故事情节和情感共鸣。

语言叙事需要受众在脑海中进行高度抽象和复杂的处理,才能将文字转换为具体的画面和情感。相比之下,场景叙事通过视觉、听觉、触觉等多重感官的直接刺激,使受众能够即时地、直观地体验到叙事内容。这种直接的感官体验使得场景叙事能够在一定程度上避免因受众自身经验的差异而影响叙事效果。虽然场景叙事对受众的自身要求较低,但对于"讲故事"的人——即空间设计师和场景构建者——却有着极高的要求。成功的场景叙事需要对空间设计和场景还原有深入的理解和细致的执行。粗制滥造的场景制作不仅会破坏场景的时空概念,还会影响受众的视角置换和认知体验,导致叙事效果的失败。因此,精心的设计和细致的制作是实现成功的场景叙事的关键。

在当今社会,随着新媒体技术的不断发展和创新,人们对于信息传播方式的需求也在不断变化。在这种背景下,"场景叙事"这一概念得到了进一步的拓展和发展。在新媒体传播领域,学者彭兰对"场景"一词进行了深入的研究和探讨。她认为,"场景"是指那些能够同时涵盖空间和人的心理与行为的环境氛围。为了更具体地描述场景的内涵,彭兰提出了构成场景的四个基本要素:空间与环境、用户实时状态、用户生活惯性、社交氛围(彭兰,2015)。通过对场景内涵的深入挖掘,我们可以更好地理解用户在不同场景中的需求和行为,从而优化新媒体传播策略,提高传播效果。

非遗文化的传承不仅仅是对技艺和传统的保存,更是对其背后文化价值和精神内涵的保护与传承。通过场景叙事,可以将非遗文化更加生动、具体地呈现出来。场景叙事在非遗文化中的应用可以通过以下几种方式实现:一是对具体场景还原。通过复原非遗文化的真实场景,如传统手工艺的工作坊、民俗活动的现场等,让观众身临其境地感受非遗文化的氛围。例如,在一个陶艺展览中,可以设置一个模拟的陶艺工作室,展示制陶过程中的各个环节,让观众不仅能看到成品,还能了解制作过程。二是多媒体互动。利用多媒体技术,如虚拟现实、增强现实等,增强观众的参与感和互动体验。观众可以通过佩戴 VR 设备,体验古代织布、雕刻等技艺的全过程,甚至可以通过 AR 技术看到非遗传承人在虚拟空间中的实时演示。三是传承人故事。通过传承人的口述、视频记录等方式,将非遗文化背后的故事和传承人的生活、经历呈现出来。这不仅能增加展示的真实性和亲近感，还能增强观众对非遗文化的理解和认同。场景叙事作为一种创新的展示和传播方式，能够在非遗文化的保护和传承中发挥重要作用。通过精心设计和多样化的展示手段，场景叙事可以使非遗文化更加生动、具体、易于理解，从而吸引更多的人关注和参与到非遗文化的保护和传承中来。

杨红和张烈（2021）表明非遗文化场景叙事的作用在于通过精心设计的场景和细节还原强化情景体验，通过展示和互动唤醒个体或集体记忆，通过多感官的刺激和互动激发场景共情，从而实现文化认同。非遗文化场景叙事逻辑内蕴着文化共情、共情传播与共情体验三重维度。文化共情是通过情景再现和细节还原，让观众在体验过程中产生情感共鸣。共情传播是通过多媒体和互动手段，将非遗文化的信息和情感传递给更广泛的受众。共情体验是通过观众的参与和互动，使他们在亲身体验中感受到非遗文化的魅力和价值。每一个精心设计的场景都如同一个故事的章节，通过视觉、听觉、触觉等多感官的体验，将非遗文化的精髓传递给观众。尽管如此，要做到真正让观众感到是在"讲故事"，并促使他们与非遗文化产生共情并不容易。许多非遗文化传承与发展看似运用了故事讲述、场景描述、情感抒发等方式，但参观者对其并不"买账"，经常表现为不感兴趣或者无法做到感同身受。这种现象的背后，往往是因为场景设计不够真实、互动体验不足、叙事手法单一等。因此，提升非遗文化场景叙事的质量、增强观众的沉浸感和参与感，是实现非遗文化传承与发展的关键。

6.1.2 非遗文化的场景叙事

非物质文化遗产是指"被各社区、群体，有时是个人，视为其文化遗产组成部分的各种社会实践、观念表述、表现形式、知识、技能以及相关的工具、实物、手工艺品和文化场所"（中华人民共和国文化和旅游部国际交流与合作局，2019）。在漫长的历史长河中，非物质文化遗产的传承和展示主要依赖于传承人以及传承组织传统的表演、工艺制作和口头叙述等传统方式，以往的对于非遗文化的保护和传播，重点主要集中在其技艺和表现形式的保存上。然而，这种以技艺为中心的定位逐渐受到挑战。近年来，有学者提出，非遗文化不仅仅是技艺的体现，更是人与其社会、历史背景紧密结合的产物。因此，在重视技艺的同时，还应深入探索其背后的人的情感、思维方式和社会价值。

与此同时，科技的飞速发展，尤其是元宇宙数字技术的崛起，为非遗文化的场景叙事提供了前所未有的机会。早在几年前，一些前沿的文化机构就已经开始尝试将元宇宙技术与非遗文化相结合，打造全新的文化体验空间。虚拟现实技术、增强现实技术和数字游戏技术等在非遗文化传承中已经得到实际的运用。如故宫博物院的"数字故宫"、敦煌研究院的"云游敦煌"等线上体验空间场景渐趋成熟，敦煌研究院根据敦煌壁画"伽陵频加"创造了虚拟人"伽瑶"。游客在参观敦煌莫高窟时可以看到一个身穿古装的卡通少女，用"娃娃音"讲解着动画版的莫高窟，千年历史仿佛出现眼前，壁画文化浓重且色彩鲜明。又如杭州超清智能利用元宇宙技术，创建了一个元宇宙艺术馆，与教学相结合，将博物馆"搬进"校园，"传送"至课堂上，通过生动而丰富的展现形式，进行沉浸式互动教学，为学生群体了解非遗文化、体验非遗文化提供了便利。通过 VR 技术，人们可以跨越时空的限制，亲身体验到古代的手工艺制作过程，或是参与到传统的节日庆典中。

在非遗文化的传承发展中，使用场景叙事也不仅仅在线上。非遗文化的线下活动和展览也越来越注重场景设计和观众的感官体验，利用灯光、音效和影像等数字技术手段，打造沉浸式的文化场景，使观众能够在其中深度互动，从而更加深入地理解和感受非遗文化。在三星堆博物馆，观众带上 AR 眼镜便可"穿越"到古蜀文明，亲身感受黄金面具、青铜神树等文物背后的精彩故事，了解 3000 多年前古蜀人的生活和图腾信仰。又如 2023 年广西文化旅游发展大会上，广西首个文旅元宇宙数字体验馆"元境空间"开放试运营，巨型裸眼 3D 艺术视觉展区、依托增强现实技术重现千年花山文化的 AR 体验馆，以及水光交融的数字瀑布虚实融合体验区等融合了元宇宙技术的展区向观众开放，把文化与旅游相结合，为游客带来一场沉浸式艺术之旅。

虽然目前元宇宙数字技术在非遗文化中的应用还处于探索阶段，尚未形成完整的数字生态系统，但其在推动非遗文化创新和传播方面的潜力已经初现端倪。越来越多的文化机构和创作者意识到数字技术的重要性，开始积极探索如何将元宇宙技术与非遗文化更加紧密地结合，打造真正意义上的"元宇宙非遗文化"。在元宇宙中，非遗文化可以通过数字化的形式得到更好的保护和传承，其互动性与交互性也可以为非遗文化的传播提供新的途径。观众不仅可以通过观看视频或图片来了解非遗文化，还可以通过虚拟现实技术进入一个虚拟的文化场景中，与非遗传承人进行互动交流，甚至可以亲自参与非遗技艺的制作过程。这种沉浸式的体验可以让观众更加深入地理解和感受非遗文化的内涵和价值。

党的二十大报告深入探讨了文化建设的核心价值，明确指出文化自信、传承优秀文化的重要性，并强调这些因素是满足人民群众对美好生活追求的重要基石。从宏观角度看，我国非遗文化产业正在积极探索并应用元宇宙数字技术。元宇宙的愿景和构想为非遗文化的数字化转型提供了明确的方向，这种转型不仅仅是对传统非遗文化的简单数字化处理，更是一种创新的发展模式。

当前，元宇宙仍处于概念发展阶段，完整的元宇宙数字生态尚未形成。然而，这并不妨碍我们利用元宇宙技术对非遗文化进行数字化保存和传承。例如，利用虚拟现实技术可以模拟非遗技艺的制作过程，使用增强现实技术可以让观众亲身体验非遗文化产品的制作和展示，而利用3D打印技术则可以精确复制一些传统工艺品。这些技术的应用不仅可以打破时间和空间的限制，让非遗文化得到更广泛的传播和传承，同时也可以抢救那些即将失传的非遗技艺。

然而，我们也必须认识到，元宇宙等数字技术的应用并不能完全替代传统的非遗文化传承方式。尽管数字技术可以为非遗文化的保存和传承提供更多的可能性，但这些技术并不能完全取代真实的、面对面的传承方式。未来技术的发展，都需要依托于场景叙事下的共情传播，这对于引导非遗文化的场景叙事形态和方向至关重要。因此，我们应该在积极探索并应用数字技术的基础上充分运用场景叙事，让两者相辅相成，使目标受众共情，更好地推动非遗文化的传承发展。

总的来说，元宇宙等数字技术的应用确实推动了非遗文化场景叙事的数字化转型升级。这些技术的应用不仅可以让非遗文化得到更广泛的传播和传承，同时也为非遗文化的创新发展提供了新的可能性和机遇。然而，我们也需要认识到数字技术应用的局限性和挑战，并在这个过程中充分发挥我国丰富的文化底蕴和创新能力，结合现代科技手段，推动非遗文化的繁荣发展。

6.2 场景叙事与共情传播的一体化呈现

　　场景叙事是一种结合具体场景和情境来传递信息和讲述故事的传播方式，旨在通过情境感知和适配服务增强传播效果。在移动媒体时代，彭兰（2015）提出"移动传播的本质是基于场景的服务"，即通过感知用户所在的情境，为其提供适配的信息和服务，从而提升用户体验和信息传播的有效性。喻国明（2016）进一步指出，在场景时代，技术范式的变革重新定义了社会场景，影响了人的社会角色与行为，使场景叙事成为动态的个体与社会关系互动的表达方式。近年来，场景叙事逐渐应用到直播、短视频、网络节目等领域，成为传播领域的重要策略。杨保军（2020）提出，场景新闻应作为新闻报道的一种新样态，通过将新闻与具体场景结合，增强新闻的真实性与感染力。同时，陈吉（2022）将场景叙事运用于女性短视频的研究中，提出"基于身体、关系和场景的叙事方法，已经成为短视频女性赋能的基本策略"。这种基于场景的叙事方式随着互联网内容生产的不断演变，逐步发展为一种更具互动性和情感触达力的传播模式。

　　共情（empathy）一词源于国外，最初该词主要应用于心理学领域。我国关于"共情"的研究最早出现于1977年，运用于医学领域。2013年，新闻与传播领域出现"共情"的相关研究，并在2019年新冠疫情暴发后，出现大量研究"共情传播"的论文。学界关于"共情传播"的研究主要集中在三个领域：一是对于共情传播的认识研究，例如赵建国（2021）指出共情传播就是共同或相似情绪、情感的形成过程和传递、扩散过程。二是共情传播与新闻媒体相结合的研究，学者集中对微博、抖音、微信等平台进行关注，例如张红光和杨雯雯（2021）将央视新闻抖音号作为研究对象，从共情传播的视角出发，从视角、表达和价值层面提出短视频内容生产与传播的优化建议。三是共情传播与国际传播相结合，在跨文化传播中被较多运用。例如胡园园（2021）通过研究中国脱贫故事，对共情传播中的"决定性符号"进行了探讨。国内共情传播的研究中，对于新媒体的内容传播关注较多，而关于新兴技术下所兴起的VR、AR以及元宇宙等虚拟内容的相关研究较少。

6.2.1 场景叙事和共情传播的逻辑关联

斯图亚特·霍尔在《电视话语中的编码与解码》提出编码与解码理论。他指出传播者将传播内容发出前,都需要通过对象征事物的选择和加工,从而将信息内容符号化并赋予社会意义。而接收者在解读信息时,则根据自己的文化背景、生活体验、立场观点等,以三种模式对编码内容进行理解。场景叙事是通过空间设计,让空间和空间中的物质载体形成叙事结构,具有叙述事件或情景的能力。场景是服务于叙事的,内容传播者一般根据叙事的需要来构建场景,从而增强受众的沉浸感和代入感。场景叙事将预先选定的优势意义通过场景构建、新型叙事嵌入传播内容当中,成为新兴技术下信息生产的一种新的"编码"模式。

人类是典型的社会动物,因此具有情绪感知和情感共鸣的能力。在视觉传播时代,图像、视频的快速传播让受众将情感置于理性之前,"共情"成为受众"解码"的模式。共情传播以人类在社会化过程中所产生的情绪和情感为突破口,成为个体在面对群体的情绪情境时,参与信息接收、感染、表达以及传递分享的行为过程。共情传播的核心在于利用情感和情绪来增强信息传播的效果。场景叙事则通过构建具体的场景和情境,增强信息的传递效果和受众的情感体验。共情传播与场景叙事之间具有天然的内在逻辑关联,两者在"编码—解码"过程中实现了一体化呈现。编码是指信息的发出者在信息传递前,将信息内容转化为适合传播的形式;解码则是信息的接收者在接收到信息后,对信息内容进行理解和解释。通过场景叙事,共情传播的情感和情绪能够更加直观和生动地呈现出来,使得受众在解码过程中能够更容易地理解和体验信息所传递的情感。例如,在一场展览中,通过真实再现历史场景和人物,观众不仅能够看到历史文物,还能通过场景叙事感受到当时的社会氛围和人们的情感生活,从而在解码过程中产生共情。著名语言学家罗曼·雅各布森(Roman Jakobson)提出了"传播情景"的概念,即对特定传播行为直接或间接产生影响的外部事物、条件或因素的总称。他强调了语境在传播活动中的关键作用,即语言符号必须结合具体的传播情境才能充分发挥其意义。"传播情境"可以从微观和宏观两个层面来看。从微观层面上看,传播情境指的是传播活动中的具体场景,如对话的地点、参与者的关系和互动方式等。这些因素都会直接影响信息的传递和接收。例如，在一个文化展览中，展品的摆放位置、展览环境的布置、参观者的互动方式等，都构成了具体的传播情境，影响观众对展览内容的理解和体验。从宏观层面上看，传播情境则指传播行为的参与者所具有的组织、文化、生活体验等背景。这些背景因素包括社会制度、文化传统、教育程度和生活经历等，它们不仅影响个体的认知和情感反应，还决定了信息传播的方式和效果。场景叙事和共情传播通过对情绪和情感的关注，结合具体的传播情境，能够更好地实现信息的传递和情感的交流。

"传播情境"作为纽带将场景叙事和共情传播勾连起来。"情境"包括"情"和"境"两个方面："情"是从唤起人们的情感记忆，触及受众内心去思考传播；而"境"是通过场景形象地描绘受众处理事件时的基本情况。场景叙事的关键点就是通过各种新兴技术和受众视角的叙事方式为内容接收者建构更具沉浸感和代入感的传播情境，而更为具体化、生活化的传播情境则容易唤起受众的情感记忆和情感体验，实现突破时间和空间维度的共情。壮族三月三歌圩节是广西壮族自治区的传统节日，以歌唱和舞蹈庆祝春天的到来。通过现场复原壮族传统服饰、乐器和歌舞场景，观众可以身临其境地感受到节日的热闹氛围。利用虚拟现实技术，观众可以在虚拟环境中体验壮族三月三歌圩节的盛况，感受壮族人民的热情和文化底蕴。这种沉浸式体验不仅能引发观众的情感共鸣，还能增强他们对壮族文化的认同和兴趣。瑶族盘王节是瑶族最重要的传统节日之一，通过搭建盘王庙、祭祀仪式和瑶族舞蹈等场景，全面展示瑶族独特的宗教信仰和文化习俗。通过增强现实技术，观众可以在手机或平板电脑上看到盘王节的详细介绍和互动内容，甚至可以在虚拟场景中参与瑶族的祭祀仪式和舞蹈。这种互动性强的传播方式，使观众能够深刻理解和体验瑶族文化，激发他们的兴趣和共鸣。桂林木刻版画是广西的一项传统手工艺，通过展示版画的制作过程、工具和成品，场景叙事能够详细呈现这一艺术形式的独特魅力。在非遗文化展览中，通过设置木刻版画的互动体验区，观众可以亲自尝试使用刻刀和印刷工具，制作属于自己的木刻版画作品。这种亲身体验不仅让观众对桂林木刻版画有更深刻的理解和认同，还能激发他们的创作热情。作为数字时代"编码—解码"的两端，场景叙事和共情传播具有共同的驱动点，即传播视角的转换。就场景叙事而言，传播内容的编码不再只着眼于传播者的角度,而是更多地从受传者的角度出发,通过叙事人称、视角的转化,将传播与空间、环境、社交等结合,建构更加贴近受传者的空间场景、行为场景和心理场景等。就共情传播而言,要想以情动人,达到共情效果,也要从受传者的视角进行切入,即深入了解受众的认知取向和情感取向,扩大共通的意义空间,建立一种与他者共在的理念,并努力发展共情的关爱,最终唤醒受众的身份认同,减少对抗式解码的发生。

场景叙事和共情传播之间是相辅相成的。场景叙事为共情传播提供了具体的实现路径,共情传播则赋予场景叙事以情感和意义,使两者在信息传播过程中相互促进,达到更好的传播效果和情感共鸣。要实现共情传播有多种方式,比如游戏范式下的交流互动、内容生产上的新颖别致。在数字时代,场景成为吸引受众注意力的关键因素,基于不同场景的独特叙事,甚至运用 VR、AR 技术建构虚拟场景进行叙事,可以让受众以"缺席的在场"获得共同记忆,有效实现共情传播。同时我们也应注意到,并非所有的场景叙事都可以实现共情传播,因此在各种眼花缭乱的新兴技术被运用到传播活动中时,传播者依然要坚持以人为本,让技术为人的情感服务,善用场景创造故事,善用特定场景讲故事,打造真正能够实现共情传播的"编码"内容。

6.2.2 元宇宙场景共情传播的内在逻辑

元宇宙是一个综合虚拟共享空间,由虚拟增强的物理现实与持久存在的虚拟空间相结合而成,涵盖所有虚拟世界、增强现实和互联网,形成一个整体。元宇宙作为人体器官的延伸,通过虚拟技术建构场景空间、场景体验等帮助人们突破了社会实践现实空间的限制,具有拟真性、交互性、去中心性、开放性的特点。元宇宙场景建构中以人为本的内核与共情传播中以受众为中心的着力点有着天然的契合性,因此元宇宙场景和共情传播存在着内在逻辑。

一方面,元宇宙依托虚拟现实技术,实现了社会成员情感交往空间的重塑。传统媒体曾经用文字描述生动画面或场景以引起受众的情感认同,新媒体时代,传播者在技术赋权下得以通过图像、视频甚至游戏互动等方式建构场景,以达到通感体验。而元宇宙的出现则进一步调动了受众的感官，以真实与虚拟的深度融合实现了真正的"缺席的在场"。元宇宙在VR、AR技术的支撑下，营造出一种虚实融生的互动环境，让处于不同国家、不同文化背景、拥有不同生活体验的人能够聚集在一个空间或场景当中，使这些社会成员可以在此互动场景中找到同一圈层、高度同频的他者，双方在持续的信息交换和社会互动的基础上形成具备"感情基础"的网络社区。例如微博超话、豆瓣小组为不同的趣缘群体提供了互动交往、持续对话的虚拟网络空间，这一虚拟场景中的社交活动催生出传统时代少见的准社会关系交往，同一趣缘群体中的成员会将同一场景中的他者称为"家人""姐妹"等。因此我们可以相信，元宇宙具有重塑社会成员情感交往空间的巨大力量。

另一方面，元宇宙促进传播方式革新，利用数字化身推动深度沉浸的情感传播。场景传播通过突破时空的限制，以"真实再现"的手法，不仅能够引发受众的情感共鸣，还能通过深度参与和多感官体验，提升传播效果，使信息传递更加生动和有感染力。元宇宙通过数字孪生技术，为用户提供一个虚拟世界中的"化身"，创造出基于现实实体的"数字"生命，用户利用这一数字化身在元宇宙场景中进行政治、经济和社会交往活动。受众因此携带现实世界中的感知，在元宇宙场景中主动"弥合"或"搁置"现实和虚幻之间的距离，自主地"沉浸"于元宇宙空间，这时，场景不再只是"真实再现"，甚至成为部分用户心中"真正的真实"，例如，新媒体时代之前，面对面的情感交往更能唤起人们内心的情感共鸣，而在微信、微博等社交媒体成为人与人之间交往更频繁的场景后，脱离物理空间的共同在场有时依然能实现用户间的情感传播，甚至对于害怕面对人群的用户，虚拟身份更易带给他们在人际交往中的情感体验。情感是心理力量和社会力量共同作用的结果，情感的产生和传播可以脱离物理环境，更多地依赖于社会互动和心理感知。在元宇宙中，用户的数字化身可以在虚拟场景中获得这种持续性的社会能量。当用户通过虚拟场景体验某一瞬间被唤起情感能量时，这种情感能量能够深刻地影响用户的心理状态，从而实现深度的情感传播。例如，在一个虚拟现实环境中，用户可能会因为逼真的视觉、听觉和互动体验，而感受到强烈的情感冲击。这种情感冲击不仅源于虚拟场景的设计，还来自用户与其他虚拟角色的互动以及由此产生的社会能量。当用户在虚拟场景中体验到深刻的情感共鸣时，这种情感能量可以通过用户的数字化身在元宇宙中传播开来，影响更多的用户。情感传播在元宇宙中通过虚拟场景和社会互动的结合，不仅能够突破物理空间的限制，还能够通过持续性的社会能量，实现深度的情感交流和传播。

此外，元宇宙去中心化的特点为用户创造出一个更加安全放心、值得信赖的交往场景，微粒个体间的情感共同体建设得以加强。在 web 2.0 时代，资本操纵平台、技术等，导致大量的用户数据被聚集在几个垄断的互联网巨头手中，用户的隐私泄露和网络安全问题凸显，部分用户出于自我保护难以融入一些互联网创造的场景，对于算法黑箱的恐惧和对数字技术的隐忧始终成为悬在这些用户头上的利剑。元宇宙依托区块链技术，利用区块链技术的共享性和不可篡改性，实现了元宇宙场景中的去中心化，元宇宙当中每位用户的个人隐私都可以得到充分的尊重。例如 Meta 旗下产品 Instagram 使用中存在一个去中心化存储协议 Arweave，该协议规定个人上传的信息数据将得到永久保存，个人能够行使数据处理的权利。元宇宙所提供的去中心化、安全可靠的空间社交帮助传播活动中的个体消除心理屏障，更加大胆地拥抱元宇宙技术所创建的场景，从而在这一场景中建立信任协同关系，开展团结协作的社会活动，在调动现实生活经验的基础上达成共情传播，建设元宇宙场景中的情感共同体。

因此，利用元宇宙技术创设新的场景叙事，营造更加贴近人类现实生活、集体记忆的具体化新型场景，不仅可以实现用户身体层面的深度沉浸，更能实现用户情感层面的强烈共鸣。

6.2.3　场景叙事与共情传播的一体化呈现

斯图亚特·霍尔的"编码与解码理论"详细阐述了信息传播过程中两个关键环节的复杂性和相互作用。编码是信息生产者将其希望传递的信息、意图或观点转化为语言、声音、文字或其他符号的活动。这个过程不仅仅是简单的信息转换，它深受信息生产者的世界观、价值观、知识水平和经验等个人因素的制约。此外，编码也受到信息生产者所处的社会文化环境的影响。具体来说，编码者的文化背景、社会地位、历史经验和当前的社会状况都会影响他们如何构建和传递信息。解码是信息接收者在接触文本的过程中，将信息按照既定规则进行解读，从而领会传播者的意图。解码不仅仅是被动地接收信息，它也是一个积极的、创造性的过程。信息接受者会根据自己的知识背景、文化经验和社会身份来理解和解释信息。解码分为译码和释码，前者是将符号转化为意义的过程，后者是对符号意义的进一步解释和理解。霍尔的理论强调，编码和解码过程都受到多重因素的制约。编码者的世界观、价值观、知识水平和经验等个人因素，以及社会文化环境，都会影响信息的构建方式。同样，信息接受者在解码过程中，也会受到个人背景、文化经验和社会身份的影响。因此，信息传播并不是一个简单的过程，而是一个充满互动和解释的复杂过程。传受双方的共通意义空间是实现有效传播的关键。这意味着，信息生产者和接受者需要共享一定的文化背景和符号体系，以便信息能够被正确解读。在数字信息时代，用户每天都沉浸在海量的内容接收和符号传播当中，"编码—解码"行为渗透在用户日常生活场景中的方方面面。如何通过传播方式的改变减少对抗式解读，增加霸权式解读，并且在协商式解读当中进一步传递传播者的符号意义与个人思想，从而达到更好的传播效果，成为数字时代迫切需要突破的难题。想要解决这个难题，仅靠传播者的精心编码是行不通的，而应该抓住后真相时代"以情动人"的捷径，关注受众视角，并借助新兴技术实现场景叙事与共情传播的一体化呈现。

人类产生共情有两个必备条件：第一，能够激起共情的情境；第二，大规模的身体共在。在线下交往当中，身体共在会使情感、情绪急速互相传染，因为在线下的活动场景中，人们的各个感官都被调动起来，情绪感染下很容易产生一呼百应的共情效果，例如在大型游行、集会场景当中，人们往往容易被情绪支配从而模仿他人的行为。而在线上交往中，新媒体时代的传播者已经通过评论、弹幕、直播等方式建立一种身体共在的氛围，例如疫情防控期间刘畊宏的健身直播，就通过观看者多处感官的调动，营造一种集体共在的情境。当前，元宇宙技术的发展，使虚拟场景中的"身体共在"成为可能，场景叙事建构激发用户情感行为的情境，最终实现共情传播，提升传播效果。

在当下的"编码—解码"中，场景叙事与共情传播是相辅相成、互惠共生的关系，是传播者利用新兴技术"编码"与用户"解码"过程的一体化呈现。技术的发展，正在由技术远离身体以征服世界，转变为嵌入身体，制造感官，重塑自我，不管传播技术如何发展，我们都应该保持技术理性和工具理性，坚持人或者人的情感的主体性。

6.3 元宇宙场景的编码与解码

6.3.1 广西非遗：以受众为中心的数字技术编码

我国拥有几千年历史文化，非物质文化遗产项目繁多，也高度重视非遗文化的保护。广西位于中国西南方，复杂的地理位置孕育着独特的人文风情，多民族文化交织汇聚形成了一批独具地方少数民族风格的广西特色非遗文化，自2006年起，广西开始实施《广西壮族自治区民族民间传统文化保护条例》，对少数民族文化进行有效保护。

近年来，随着新媒体技术发展，数字技术也为广西的非遗文化注入了新动能。新媒体技术一个最大的特点就是为受众赋能，受众拥有话语权，不再是被动的接收者，而是主动的、有选择性的用户，他们可以是信息的接收者，也可以是信息的发布者、传播者，抑或是他们对于接收到的信息的反馈也会影响着信息生产的全过程。斯图亚特·霍尔的编码理论中提到，信息采集者会按照自身的知识体系、意识倾向对获取的信息进行编码，在编码过程中也隐藏着编码者的倾向性。因此，随着数字技术发展，数字技术与传统非遗文化碰撞形成了以受众为中心的技术编码新模式，本文接下来将从空间设计与展品陈列、交互体验、受众的身心状态以及文化知识背景素养方面来探究广西非遗的数字技术编码模式。

1. 空间设计与展品陈列

在非遗传承中，一个具象的空间诸如博物馆、纪念馆是对于非遗的专业化呈现以及保护性标志物，博物馆中的空间设计、展品陈列作为沟通博物馆和大众之间的重要桥梁与纽带，已然达成博物馆弘扬与传播服务社会、教导大众这一最高目标的重要捷径。展品陈列的展示价值是博物馆向世界展示自己意义与价值的重要途径，它比较直观明了地表现了博物馆这一重要文化场所在现今社会活动中的重要作用，同时，它又是博物馆赖以传递自身信息与文化价值的主要渠道。

近年来，数字技术的发展也为这些非遗保护在展品陈列乃至空间设计创意转变上都提供了不小的支撑，逐渐形成以满足观众需求为核心的数字新文化产业模式。展品陈列和空间设计不再只存在于博物馆、纪念馆中，还存在于更大的虚拟空间中，在这个网络虚拟空间中，虚拟的空间设计、展品陈列创新了原有的广西非遗文化的形态、形式，用声光电夹杂着虚拟现实、增强现实等新的媒介技术，大大丰富了展品的陈列形式。

在空间上，数字技术拓展了原有的现实空间，打造了一个与现实相对应虚拟的元宇宙空间，还原了非遗的真实制造场景，给非遗展示提供了更多的平台。现今的短视频平台正是给广西的非遗技艺以展示的平台，让更多受众能够随时随地看到非遗文化，传播非遗文化知识。广西籍短视频博主@阿靖zi，她通过拍摄广西的非遗技艺视频，让短视频平台的受众能够跨越空间限制，在网络虚拟空间中看到广西非遗文化。

展品陈列方面，传统的展示陈列的构成方式包括直线陈列、曲线陈列、圆形陈列、三角形陈列、方形陈列、有机形陈列等，这些利用线下空间对于参观的观众所能看到的展品顺序位置进行一个有序列式的排列，让受众能够更好地感受到展品以及其背后的文化价值、历史意义等。数字技术创新了原有的展品展现形式，让非遗不再只存在于博物馆中、展览中、记忆中，打破了时间限制，非遗展品也不简简单单是一件物品，它可以通过技术复原、技术修复等还原非遗的原有面貌，保护了原有的非遗文化的传承。如广西的一些民族音乐因其老艺人已不在，其演奏技法与古曲无人传承，导致民族音乐无法继续传承。现存在广西民族博物馆的七弦琴就因缺少记录，已无人知道它究竟如何弹拉，更没有人知道它曾经演奏过的曲子。因此广西民族博物馆利用数字技术开展典藏展呈与数字化工作，将这些非遗音乐通过数字化的形式进行复原记录下来，让民族音乐得以留存。

2. 交互体验的叙事手段

交互式叙事是随着数字化媒体技术发展衍生出来的以受众体验为核心的一种叙事手段。与传统单线叙事不同，它在叙事过程中，故事线的展开并不是固定的，而会根据观众对叙事系统的输入而发生变化。真实时空中的用户行为与虚拟时空中的作品相互影响，在虚实相生的叙事空间中构建艺术新形式（张蓝姗和史玮珂，2022b）。非遗文化传统的表现就是博物馆或者非遗产品展现，然后受众通过参观、观看这些非遗表演非遗作品来感受非遗文化，增加对非遗文化的认知。而现代的虚拟技术更多的是给受众以体验空间、体验渠道，让受众与非遗展品进行互动，融入非遗文化的叙事当中。

在这个方面虚拟人物很好地发挥了其独特的功能。虚拟人物，又叫虚拟数字人，是存在于数字空间中元宇宙的原住民，随着元宇宙概念的爆火，虚拟人也逐渐走进大众视野中，如一夜爆红的虚拟美妆达人柳夜熙，在科幻电影《流浪地球2》中无所不在的Moss都是虚拟人物在影视文艺作品中的展示与应用。在"人工智能"高端对话上，《连线》创始杂志主编凯文·凯利认为，人机交互是一种趋势，我们可以用身体的部位去交互和互动，电子设备可以检测到微小的表情、动作、手势等，甚至是情感。

广西非遗传承中，广西一些非遗典型人物也被做成了虚拟人物主动进行文化传播，如在2023年广西文化旅游发展大会上，广西首个文旅元宇宙数字体验馆"元境空间"开放试运营，以"广西文化旅游数字推广大使"——刘三姐数字人作为游客探索"元境空间"的智能虚拟导游，游客不但可以跟"刘三姐"实时交流，还能合影留念。这种互动形式让受众获得超越原文本的形式，开启全新的交互式叙事新语境。叙事模式从封闭走向开放，由传播者的单一编码到多主体的多重编码，是广西非遗文化的一种全新探索，在未来的元宇宙发展中，还将要更多地探寻封闭与开放之间的平衡，探索出一条"半开放式"交互式叙事新方式。

3. 受众的身体与心理状态

正如麦克卢汉所说，"媒介即人的延伸"。文字和图像是最先打破时空限制从而开启了受众在场感的媒介。印刷术加持下的报纸拓展了人的视觉，无线电技术催生出的广播延伸了人们的听觉，集多媒体技术大成的电视延伸了人们视听感官。而现代数字技术的发展不仅仅局限于对受众某一感官的延伸，计算机、虚拟现实、人工智能等技术更多的是给人带来了全方位的沉浸，受众的身体虽远在他方但是通过虚拟技术进入虚拟空间之后，受众能够通过多种感官综合体验，全身心接收到传播信息，仿若置身传播现场。新的数字编码技术模糊了现实与虚拟之间的时空界限，打破了原有的地理限制，将现实中存在的场景甚至是虚构的场景平移到虚拟空间当中，让远在万里之外的人也能感受到几千年前中国非遗文化的厚重韵味，这突破了受众现实身体的限制，让他们的思想突破肉体限制，心理上不受时空拘束，更好地感悟文化内涵。

非遗短视频、直播等形式的兴起正是基于这一原理，非遗传承者不再将传统的非遗仅通过口口相传、工艺展示的传统方式，而是打破前后台限制，让平台上的虚拟受众从观看匠人制作开始，满足受众深度体验需求的同时，也在改变着网络文化形态。广西一年一度的"三月三"民俗活动中，广西云数字媒体集团推出了"壮族三月三"官方新媒体矩阵，通过B站、抖音、微博微信等平台全媒体宣传矩阵对广西三月三的各种民俗民景进行宣传，受众可以随时随地进行浏览活动介绍活动内容，同时南宁广播电视台推出"好日子歌里过"大型融媒体直播，连续72小时不间断，带观众云游广西三月三，体验少数民族风情。

4. 受众的文化知识背景与素养

中国互联网络信息中心（CNNIC）发布的第52次《中国互联网络发展状况统计报告》显示，截至2023年6月，我国网民规模达10.79亿人，互联网普及率达76.4%。我国网民数量庞大，网络受众的文化知识背景与素养也大不相同，有数据显示，我国的本科率只有4.43%，这也带来了数字时代文化传播的数字鸿沟。数字鸿沟概念是在20世纪70年代由知识沟、信息沟理论演化而来的，不同人由于年龄、知识背景、使用动机、个人接受度等差异对于数字技术的接受程度不同，有学者将数字鸿沟分为三道沟：使用沟、接入沟和知识沟（韦路和张明新，2006）。之后又演变为数字接入、数字能力和数字产出三道鸿沟。这三道鸿沟也是衡量数字技术传播者和使用者的重要维度，受众的文化知识背景与素养都是其中主要影响因素。

在非遗文化传播中，由于非遗文化性质的限制，它是对于传统文化的传承，是时代遗留下来的文化遗产，因而相对于现今飞速发展的数字科技来说，已经落后于时代的步伐，属于"数字弱势群体"。此外，非遗在传承过程中也具有代代相传、口口相传、收徒制的私密性、神秘性、地域性等特性，注定了它无法在现实中大规模传播，这也导致新一代年轻人网络原住民对于非遗文化知之甚少，部分非遗文化甚至面临着非遗传承人断档的危机。而已有的非遗传承人年纪相对较大，根据研究表明，现有的非遗传承人平均年龄超过60岁（薛可和龙靖宜，2021），网络媒介素养相对薄弱，无法抓住数字时代传播文化的红利利用新媒体平台进行非遗文化宣传。

近年来随着国家对非遗文化传承的重视，一批诞生于数字时代受过高素质教育的受众利用新媒体赋能的"麦克风"推动了非遗文化传播。他们作为非遗文化的受众也利用媒体平台为非遗文化传播助力。广西非遗文化的传播中就有着一些知名广西当地自媒体博主的身影，@氧化菊、@阿靖zi、@酱妹踏山河、@瑶家小小姐等这些网络博主通过为广西传统文化如侗族的刺绣、毛南族的傩面花竹帽等拍摄视频，让这些非遗在新媒体平台上被更多受众看见，更多年轻人能够在网络虚拟空间中看到广西的非物质文化遗产。尤其是 2022 年抖音平台大热的民族换装系列视频中，@瑶家小小姐的瑶族换装视频一下子将瑶族的特色服饰展现在大众视野中，全网多次冲上热搜榜，单视频抖音平台点赞 100 万＋，大大助力了瑶族服饰文化的传播。

6.3.2 以体验为主的共情式"解码"

1. 沉浸式"心流"体验

"心流"这一概念最早出现于心理学研究，由美国心理学家契克森米哈赖在 1990 年提出。早期"心流"理论多应用于积极心理学的研究范畴，后来核心概念被吸纳入其他学科。本书中，"心流"指人们高度沉浸于活动的心理体验，对于个体而言，"心流"是自己完全投入活动带来的感觉，因此该概念常与"沉浸式体验"等概念组合使用。

随着 5G、人工智能等技术的快速迭代，人机交互的过程中，用户与计算机互动、感知也能够体验"心流"状态，尤其是当个人技能与模板相匹配时，用户更容易进入"心流"状态。契克森米哈赖认为，产生"心流"体验有三个前提条件：设置清晰的目标、个人能够及时得到反馈、个人拥有完成挑战的能力。以通信技术和智能设备为支撑的元宇宙世界中，多重技术与软件设备把虚拟世界与现实世界链接为一个整体，赋予用户沉浸式体验虚实融通的现实镜像世界，感知"心流"状态的可能性：虚拟现实、增强现实、混合现实、扩展现实提供虚拟现实场景再造，人工智能、数字孪生保障用户虚拟身份建构和沉浸式生活，可穿戴智能设备提供多维信息。在某种程度上，元宇宙的技术条件恰好满足激发"心流"状态的要求：第一，元宇宙是对现实世界的镜像与提升，贮藏着丰富的用于开展活动的场景、影像与工具等资源，人们可以设定与达成娱乐、学习与社交等目标。第二，元宇宙在高算力计算机和硬件软件技术的支持下，能够实现接近现实生活的、低延迟信息反馈，有利于个人进一步进行反应和行动。用户实现身体、视觉、听觉、触觉、动觉综合一体的全面深度介入，产生强烈的临场感和真实性，以多觉联动的沉浸方式观察场景与参与活动。第三，麦克卢汉曾言"媒介即人的延伸"，元宇宙所代表的一系列技术塑造了"网络化身体"，将人类与技术的双重逻辑、现实世界与虚拟空间的双重行动连接、交织和互嵌。现实生活中，个人完成任务和挑战的能力受限于个人身体结构、肌肉力量等阻碍，而在元宇宙场景中，多重传感器等终端设施嵌入身体，脑机接口成为认知神经系统和心智与元宇宙的连接点，人的身体不再只是简单的生物实体，而是技术嵌入的数字人，人的能力被技术大大提升。

目前"心流"理论在诸多研究和行业中得到应用，包括教育、线上游戏、数字办公等。部分学者提出，非物质文化遗产也可以在数字技术赋能下实现数字化转型，完成文化传承。元宇宙加上非遗文化会带来全新的文化体验，再现文化产生和发展的历史过程，譬如元宇宙搭建的数字场景，将受众带回到某件藏品或故事存在和发生的年代，让受众与历史人物实现隔空对话，受众"真实地"体验与文化的交互，感受和了解非遗文化的精神内涵，培养文化认同感。这种方式能够减少传统文化体验给受众带来的疲劳感，培养了受众的文化认同与情感共鸣，从而促进非物质文化遗产的传播。2021年就有历史文化街区探索"虚拟旅游"，利用新技术进行文化宣传。陕西西安大唐不夜城推出了元宇宙项目"大唐·开元"，基于唐朝真实的历史背景，将现实场景仿真映射成线上虚拟场景，在线上打造出一个拥有百万居民的虚拟长安城，创造新的文化旅游和消费场景，满足观众参观、互动和购物等需求，带动线下的实体经济与文化遗产的价值变现，深度促进了文化遗产活化利用和景区数字化升级。

在促进用户沉浸体验的同时，许多研究者表达了对"过度沉浸"的担忧：一方面，元宇宙带来的沉浸式体验以及"心流"状态带来的愉悦体验，可能导致受众难以掌控时间，从而产生成瘾问题；另一方面，元宇宙所代表的镜像世界不是对现实世界的完全复制，而是带有人工修饰色彩的产品，不免会更加"理想化"、贴近人们心中的"乌托邦"。长期浸润在虚拟世界，容易以其臆想的成功替代现实生活的努力，消解人的意志，这样可能加剧虚拟世界与现实世界之间的裂痕，进而导致受众逃避现实生活、陷入"厌恶现实生活—沉浸元宇宙—加剧逃避心理"的负面循环。

2. 身体感官的具身参与

具身认知理论是基于马丁·海德格尔（Martin Heidegger）的身体"在世性"（Being-in-the-world）和莫里斯·梅洛-庞蒂的"知觉现象学"为基础逐渐形成的。海德格尔认为，人类的存在是"在世"的，这意味着我们的存在和认知是与世界密不可分的。梅洛-庞蒂提出，知觉是身体与世界之间的互动，是通过身体的感官与环境进行交流的过程。具身认知理论是当代认知科学中的一个重要框架，强调身体在认知过程中所起的关键作用。该理论探讨了身体、思维和环境共在的情况下认知是如何生成的。这一理论与非遗的展览、体验与教育通过空间场景设置来激发受众多元感知、促成受众生成认知与认同的传播目标不谋而合。具身认知理论指出，认知过程不仅限于大脑，而是通过身体与环境的互动实现。非遗展览通过视觉、听觉、嗅觉、触觉和味觉等多感官的参与，增强观众的在场感和沉浸感。例如，在广西传统手工艺展览中，观众可以通过触摸材料、观看制作过程、聆听工具声音，甚至品尝相关食物，全面体验非遗的文化内涵。通过精心设计的空间场景，非遗展览能够再现文化背景，激发观众的情感共鸣和文化认同。例如，复原传统节庆场景如广西壮族三月三歌圩节，使观众仿佛置身于节日庆典中，感受到当地的风土人情和文化氛围。这种真实再现不仅有助于观众理解非遗文化，还能增强其情感参与度和认同感。具身认知理论强调身体行动在认知中的作用。非遗传播中，通过互动体验让观众积极参与到文化实践中，可以有效促进认知生成和文化传承。例如，举办桂林木刻版画手工艺工作坊，观众亲自动手制作传统工艺品，不仅学习技艺，还在实践中感受文化的魅力和价值。具身认知理论认为，认知和情感是通过身体与环境的互动逐步构建的。非遗展览通过多感官的互动体验和情景再现，帮助观众在感知和体验中构建对文化的认同感。例如，通过参与广西传统民族音乐和舞蹈表演，观众不仅欣赏艺术，还在身体的律动和音乐的感染中感受到文化的生命力和传承的重要性。非遗展览不仅传递了文化知识，还通过具身认知理论的应用，使观众在多感官互动中生成深刻的认知与情感认同，有效促进非遗文化的保护与传承。此外，早在 2021 年，广西自治区文化和旅游厅、广西旅游发展集团开始积极探索研究元宇宙在文化旅游产业的创新应用。推动构建"一键游广西"元宇宙生态体系，牵头成立"广西文旅元宇宙研究中心"，研究文化旅游与元宇宙的融合发展；随后挂牌成立国内首个元宇宙院士工作站广旅集团元宇宙广西院士工作站。广西贺州紫云仙境溶洞的元宇宙演艺，重温神话和传说，让心灵在这段奇幻旅程中得到宽慰和净化。在这里，受众可以通过先进的互动技术，如裸眼观影和 MR 眼镜体验，感受到前所未有的震撼！利用 MR 虚拟现实技术、声光电雾等互动科技手段，在溶洞中与亿万年的洞穴和当地民间传说完美结合，为观众带来一场以"光""美""感""探"和"幻"为核心的精彩演出。在这里，受众不仅可以欣赏大自然打造的绝妙景观，还能全身心地融入溶洞中的奇幻冒险故事中，探索仙侠世界的神奇，与凶猛的龙和野兽搏斗，亲眼见证神话般的爱情故事，仿佛置身于一个独特的仙境之中。广西文化遗产的元宇宙场景不能刻意制造共情，但它为受众的多感官身体沉浸体验创造了条件，通过所创造的种种条件调动受众的感官体验，以激发受众的情感共鸣与共情能力。

3. 被赋予文化内涵的共情传播

尽管虚拟仿真技术能够模拟和再现真实场景，营造出身临其境的感受，但真正能够激发受众共情的关键在于高度感性化的场景叙事内容。高度感性化的场景叙事内容可以通过挖掘文化内涵、营造情感共鸣、多感官互动来实现。这就要求广西非遗机构在展示传统手工艺品时，不仅要介绍其制作工艺，还要讲述背后的传承故事和文化习俗。同时，通过记录和展示非遗传承人的生活和工作，展示他们对文化传承的热情和坚持，能够让观众感受到其中的情感力量。此外，利用虚拟现实技术，观众可以"走进"历史场景，与虚拟的历史人物互动，亲身体验非遗文化的魅力。非遗文物展品不仅仅是物质实体，它们承载的是深厚的文化内涵，包括文化场景空间、文化物质载体、文化符号、文化记忆和文化情感等。这些文化元素是激发群体身份认同、民族国家认同或地方认同的核心，也是展现文物价值和生命力的关键所在。

通过元宇宙技术，广西可以更加生动地展示本地区的独特文化，增强观众的文化自豪感和认同感。以广西世界级非遗左江花山岩画文化景观为例，这些岩画主要分布在左江和明江两岸的陡峭岩壁上，内容包括人物、动物、工具等，表现了壮族祖先的祭祀活动和日常生活。岩画不仅是壮族文化的象征，也是古代南方少数民族文化的重要见证，展示了古壮族社会的宗教、经济和文化生活。借助元宇宙技术，可以将这些文化符号及其历史背景生动地再现，为受众带来沉浸式的文化体验。

首先，通过元宇宙技术，可以创建虚拟的古代壮族村落，让观众亲身体验壮族的生活场景、祭祀活动和岩画创作过程。例如，观众可以通过虚拟现实（VR）设备进入虚拟场景，在虚拟导览员的带领下"参观"岩画，并聆听关于每幅岩画的背景故事及其文化意义的讲解。同时，高精度的3D建模技术可以再现岩画的细节及其周边的自然环境，结合壮族传统音乐和环境音效，进一步增强观众的沉浸感。

其次，元宇宙提供了多感官互动体验。利用触觉反馈设备，观众不仅可以"触摸"岩画表面，感受其纹理和凹凸不平的质感，还可以通过虚拟课堂或讲座学习左江花山岩画的文化背景和历史意义。这种互动方式不仅让观众能够深入理解壮族文化，还能通过传递壮族人民保护遗产的感人故事，激发情感共鸣和文化认同。此外，元宇宙的全球化特点使左江花山岩画的传播范围大大扩大。创建一个全球用户都能访问的虚拟左江花山岩画景区，让无法亲临现场的观众也能通过网络体验岩画的文化魅力。通过社交媒体和虚拟现实平台分享虚拟体验，可以吸引更多的国际关注，促进文化交流与传播。

最后，左江花山岩画元宇宙项目利用混合现实、智能交互技术和虚实共生技术，将虚拟场景与现实动画场景高度融合，为观众提供穿越时空的沉浸式体验。这一项目再现了古骆越时代的壮丽美景、岩画奇迹和祭祀场景，展现了崇左花山深厚的文化积淀，是当前虚拟现实技术应用的成功案例之一。通过元宇宙技术的应用，左江花山岩画文化景观实现了生动、逼真的场景再现，不仅提升了文化传播效果，还增强了观众的情感共鸣和文化认同。这一技术手段为非遗保护与传承注入了新的活力，也推动了壮族文化在更广范围内的传播和交流。

6.4 元宇宙广西非遗场景叙事与共情传播未来走向

6.4.1 元宇宙场景拉近广西非遗藏品与受众的距离

媒介被视为连接人与社会关系的纽带，而元宇宙场景的出现标志着人类社会的深度媒介化。媒介的不断迭代不仅带来了新的连接方式，还提供了新的尺度、新的内容和新的范式。正如麦克卢汉所言，"媒介即人的延伸"，元宇宙场景最大限度地调动和扩展了人的感官与体验，变革了场景叙事的工具和手段，从而激发了受众的文化共情。在广西非遗空间中搭建元宇宙场景，可以有效拉近藏品与受众之间的物理空间（可以将分散的非遗文化元素集中展示）、心理距离和文化距离（可以增强观众的情感共鸣和文化认同）。例如，通过元宇宙技术可以将壮族三月三歌圩节、瑶族盘王节、桂林木刻版画等在一个虚拟空间中同时呈现，观众可以在虚拟世界中自由游览，不再受地理位置的限制。通过虚拟现实技术再现壮族人的生活场景和祭祀仪式，观众可以深入了解壮族文化的内涵，增强对其的认同感和共情。因此，元宇宙场景在文化传播中扮演着桥梁和纽带的角色，将观众与非遗文化紧密联系在一起。通过深入挖掘文化内涵和特色，并结合元宇宙技术的应用，广西非遗文化可以在虚拟世界中焕发出新的生机。

一方面，广西非遗借助元宇宙场景"编码"带来场景叙事工具和方式的变革，丰富了场景故事呈现的样态和方式，升级了场景叙事的力度和效度；在2023年广西文化旅游发展大会期间，由广西旅游发展集团倾力打造的广西首个文旅元宇宙数字体验馆"元境空间"开放试运营，文旅大会期间游客可进行部分试体验。体验馆坐落在"南宁之夜"景区，运用了多种元宇宙沉浸式交互技术，将文化与旅游相结合、现实与虚拟相碰撞，以山水为情、以数字为媒，为游客带来一场前所未有的沉浸式艺术之旅。"元境空间"布展面积超过800平方米，分为四大体验区：以漓江画派领军人物黄格胜老师的《漓江百里图》活化为主题的全沉浸式数字艺术体验馆、以广西文旅地标和非遗文化代表为展示主题的巨型裸眼 3D 艺术视觉展区、依托增强现实技术重现千年花山文化的 AR 体验馆，以及水光交融的数字瀑布虚实融合体验区。此外，"广西文化旅游数字推广大使"——刘三姐数字人也将作为游客探索"元境空间"的智能虚拟导游，游客不但可以跟她实时交流，还能合影留念。"元境空间"运用了视觉、听觉、触觉等多种交互技术，创新内容表达方式，跨界融合"科技""文化""艺术""景观"，为游客营造极致的多维沉浸式艺术体验，打造文旅消费新场景、新产品、新业态。当千年壮乡遇见新时代数字文明，当元宇宙遇见广西，文化与旅游融合、现实与虚拟碰撞，一场广西文旅元宇宙的壮美之旅将在"元境空间"开启。广西积极聚焦元宇宙新热点，深化"文旅＋元宇宙"，组建专业元宇宙研发团队及产品运营团队，打造文旅元宇宙试点项目，通过元宇宙技术拉近非遗与受众之间的距离，助力广西文旅产业转型升级和高质量快速发展。

另一方面，从受众"解码"的层面来看，元宇宙场景具有更强的沉浸感，可以全面刺激受众的多种感官，进一步优化其对场景、文化和情感的体验。这种沉浸式的体验成为激发文化共情的"引擎"，帮助受众实现"情感共振"，从而强化他们的"解码"能力。这种沉浸式体验不仅优化了受众对场景、文化和情感的体验，还成为激发文化共情的强大引擎，帮助受众实现情感共振，显著强化他们的解码能力。

（1）元宇宙能够打破时空，原真再现非遗场景。元宇宙通过原貌展现非遗技艺及相关的历史信息，实现一秒时空流转，挖掘非遗旅游元素，非遗文化魅力瞬时复刻呈现。

（2）元宇宙能够分身有术，实现非遗具身在场。元宇宙可突破地域、形式、血缘等的限制，改变口传身授的传习方式，通过强烈的"临场感"实现非遗的大范围传播，促进非遗供给侧的扩容、迭代和提升。

（3）元宇宙能够扩展现实，沉浸体验非遗风采。元宇宙通过 VR、AR 等技术呈现非遗产生、形成的历史语境，人与空间交互相容，沉浸式的空间体验可以有效延长游客游览时间，打破对非遗的"刻板"印象。

（4）元宇宙能够冲破桎梏，提升非遗经济价值。元宇宙技术能够冲破地缘的桎梏，对非遗文化符号再阐释以"精准"吸引并聚集趣缘群体，有效拓展了非遗文化资本转化的边界，达成更多的符号消费。

6.4.2　元宇宙场景可能消解藏品的灵韵与共情力

非遗场所通过真实的文化遗产和现场体验，为人们提供了深刻的文化教育和精神慰藉。这些场所展示的文物和文化活动，蕴含着丰富的历史背景和文化内涵，能够唤起人们对传统文化的尊重和认同。例如，壮族的三月三歌圩节不仅是一场音乐和舞蹈的盛宴，更是壮族人民庆祝春天、表达对自然和生活热爱的文化活动。观众在这样的场所中，能够通过亲身体验，感受到文化的温度和厚重的历史积淀。元宇宙场景依托数字技术，通过虚拟仿真手段，为用户提供身临其境的虚拟体验。这种技术能够在视觉、听觉、触觉等多个感官层面上，模拟出逼真的场景和互动效果。例如，利用VR技术，用户可以"参观"虚拟博物馆，观看虚拟的文物展品。然而，元宇宙技术的核心驱动力在于不断创新和商业化，通过提供新奇的体验来吸引用户和资本。在这种背景下，元宇宙场景往往更加注重技术的炫耀和商业利益的最大化，而忽视了对文化内涵和精神价值的深度挖掘和传递。

非遗场所的文化和精神属性与元宇宙场景的技术和商业属性这两者之间存在难以调和的矛盾。一是文化本真性与虚拟仿真性之间的矛盾。沃尔特·本雅明认为，艺术作品本身蕴含一种"灵韵"（aura），它是作品所具有的本真原创、距离美感、仪式根基和崇拜价值等独特品质。这种灵韵在机械复制时代的仿真作品中已不复存在。非遗场所强调文化的本真性和历史感，而元宇宙场景则侧重于虚拟仿真和技术效果。这种虚拟仿真虽然能提供视觉上的逼真效果，但难以传递文物的灵韵和历史厚重感。例如，一件古老的陶器不仅仅是其形态和颜色，更重要的是其制作工艺、历史背景和文化故事，这些内涵在虚拟仿真中难以完全再现。二是精神连接与技术炫技之间的矛盾。非遗场所通过真实的文化体验，与观众建立深层次的情感和精神连接。而元宇宙场景更多地依赖技术的炫耀，容易忽视对文化内涵的展示和叙事。例如，一场依赖AR技术的虚拟展览，可能会因过于追求视觉效果而忽略了对展品背后故事的讲述，导致观众虽然体验了技术的奇观，却未能深入了解文化的真谛。三是商业驱动与文化传承之间的矛盾。元宇宙作为资本追逐的热点，其发展路径和商业模式往往受到市场需求和利润最大化的驱动。在这种情况下，元宇宙场景可能会偏向于短期的流行和热点，而非长期的文化传承和教育。非遗场所的主要使命是保护和传承文化遗产，通过展示文物藏品的历史背景、文化内涵和情感价值，增强观众对文化的理解和认同。博物馆作为非遗文化的重要展示平台，强调教育功能和情感共鸣。例如，一个设计精美的虚拟现实展览，可能在短时间内吸引大量观众，但如果缺乏对文化内涵的深入挖掘和持续展示，最终难以实现对非遗文化的有效传承和保护。

非遗场所与元宇宙场景之间的矛盾，反映了数字技术与文化传承在现代社会中的深层次冲突。如何在利用元宇宙技术带来新奇体验的同时，保持对文化本真性和精神价值的尊重，是当前非遗文化展示和传播需要解决的重要课题。通过合理平衡技术应用和文化内涵展示，可以在一定程度上化解两者之间的矛盾，实现非遗文化的创新传承和保护。

此外，文旅数字藏品是文旅元宇宙的重要板块，依托区块链联盟链技术，以数字藏品的方式通过线上交易场景，形成的一种全新文旅文博数字消费业态。数字藏品通过区块链技术上链确权，生成唯一数字凭证，保障用户在购买、收藏等环节的真实性、独特性，有效保护文物文创数字版权的同时，让更多传统文化爱好者能拥有不可复制、永久保存、随时鉴赏分享的数字藏品。非物质文化遗产是中华优秀传统文化的重要组成部分，是中华文明绵延传承的生动见证，是连结民族情感、维系国家统一的重要基础。保护好、传承好、利用好非物质文化遗产，对于延续历史文脉、坚定文化自信、推动文明交流互鉴、建设社会主义文化强国具有重要意义。作为广西日报社旗下新媒体建设发展"主力军"、战略转型的"排头兵"，广西云数字媒体集团积极探索在媒体融合重点领域和关键环节实现率先突破。2021年6月，正式组建广西云非遗传播团队，启动"广西非遗传承计划"，率先在国内主流媒体中开展常态化非遗保护与传承全案传播。2022年广西首款"世遗花山"限量版3D动效数字藏品上线，整体依托左江壮丽山水，展现花山岩画印记，兼具艺术欣赏价值和收藏价值。2022年在广西文化旅游发展大会上，元宇宙花山岩画项目成为此次大会的亮点之一。该项目通过运用先进的MR技术、智能交互技术和虚实共生技术，成功实现了虚拟场景与真实动画的高度融合。

数字化技术可以为非遗融入现代设计提供便利。比如，为推进苗绣的数字化保护、开发、应用，贵州统筹搭建"全球设计师开放平台、苗绣素材库、苗绣绣娘数据库",收集整理了各地苗绣绣片6 000幅,利用技术手段提取矢量化纹样近2 000个,并对矢量化纹样进行分类、编号、版权登记及区块链存证。有了这个数据库,全球的设计师在设计作品时可以便捷地提取使用苗绣元素,在激发创作灵感的同时,也将苗绣与现代时装成功"嫁接",为苗绣技艺找到新的生存土壤。

非遗不是文物,从本质上讲是一种生活方式。现代社会,数字化生活已经成为一种常态。融入现代人的数字化生活,对非遗传承意义重大,这意味着将为非遗打开一个全新空间。从2021年开始,数字藏品开发成为非遗数字化领域的热点。相关报告显示,2021年中国数字藏品发行平台多达38家,非遗数字产品发售数量约456万份,总发行价值超过1.5亿元。很多数字藏品一经发布,几乎都是"秒光",受到年轻人的喜爱。除了数字藏品外,广西的非物质文化遗产在与游戏、动漫和网络文学领域的联系和互动也越来越密切。这种跨界融合不仅提升了非遗的传播力和影响力,还为现代文化产业注入了新的活力。广西的非遗文化与游戏产业的结合,使得传统文化以新的形式呈现在年轻人面前。比如,壮族的三月三歌圩节通过游戏的方式再现了壮族人民的歌舞表演、祭祀活动和传统竞技,让玩家在虚拟世界中体验壮族文化的魅力。通过游戏中的任务和活动,玩家可以了解节日的历史和习俗,增强对壮族文化的认同感。广西的非遗文化也被越来越多地引入动漫创作中,通过动画、漫画等形式展示传统文化的独特魅力。一些动画作品以桂林山水和壮族传说为背景,讲述壮族神话故事和英雄传说。这些作品不仅通过视觉效果展示了壮族的文化景观,还通过剧情展现了壮族的历史和文化内涵。网络文学中的广西非遗元素,一些网络小说以广西的民俗故事和传说为题材,创作出具有地方特色的故事。例如,以壮族和瑶族的神话传说为背景,构建奇幻世界和冒险故事,使读者在阅读过程中感受到广西非遗的文化魅力。

6.4.3 元宇宙场景成为广西非遗共情传播的新引擎

元宇宙场景的营造和利用,正在成为当前非物质文化遗产空间叙事和共情传播的新引擎。通过沉浸式场景的营造和参观受众感官系统的延伸,元宇宙技术有效地弥合了场景与受众之间的物理空间、心理和文化距离。这种技术不仅改变了传统的非遗展示方式,还为观众提供了前所未有的文化体验。元宇宙通过虚拟现实和增强现实技术，创建高度逼真的沉浸式场景，使观众能够身临其境地体验非遗文化。例如，在广西的左江花山岩画虚拟展览中，观众可以通过 VR 设备进入一个虚拟的古代壮族村落，体验当时的生活场景和文化活动。元宇宙技术通过延伸观众的感官系统，使文化体验更加丰富和深入。通过智能设备和交互技术，观众不仅可以看到虚拟的非遗展示，还可以通过手势、语音等方式与虚拟环境互动。例如，在体验壮族的三月三歌圩节时，观众可以通过 AR 技术看到虚拟的歌舞表演，并通过手势与虚拟演员互动。元宇宙技术通过其沉浸式场景和感官延伸功能，有效弥合了非遗展示与受众之间的物理空间、心理和文化距离。传统的非遗展示受限于地理位置和展示空间，难以全面展示其文化价值。而通过元宇宙技术，观众可以随时随地进入虚拟非遗场景，感受其文化魅力。这种方式不仅降低了参观门槛，还扩大了文化传播的受众范围，使更多人能够接触和了解广西丰富的非遗文化。

共情传播是一种以情感为纽带通过感情共鸣来传递信息的方式。数字藏品是用区块链技术进行唯一标识的数字化商品，具有社交价值、科普价值、商业价值、艺术价值等广泛价值。数字藏品在共情传播中发挥重要作用，通过以下方式促进广西非遗技艺的传播和认同：

（1）情感故事的数字化呈现。利用数字藏品讲述广西非遗技艺背后的故事，赋予其情感价值。每一个数字藏品不仅展示技艺成果，还可以通过附带的视频、音频、文字等多媒体内容，讲述广西非遗传承人的故事、技艺的历史背景以及制作过程中的感人细节，增强观众的情感共鸣。

（2）互动与参与。通过数字藏品，观众可以参与到技艺的传承过程中。例如，购买特定的数字藏品可以解锁虚拟工作坊的参与资格，让观众在线上亲身体验制作过程，增加对技艺的理解和情感投入。

场景叙事是一种通过特定场景的描绘来讲述故事、传达情感和展现文化的方式。数字藏品与场景叙事结合，可以通过以下途径实现非遗技艺的生动展示：

（1）虚拟现实场景再现。通过数字藏品构建虚拟现实场景，将非遗技艺的制作过程、使用场景和文化背景呈现在虚拟空间中。例如，通过 VR 技术，观众可以"走进"一个传统工坊，观看并参与技艺的制作过程，体验文化的独特魅力。

(2) 沉浸式体验。利用数字藏品和元宇宙技术，打造沉浸式的文化体验场景。观众可以在虚拟展览中，通过数字藏品了解每一个步骤的细节，感受技艺的复杂性和艺术性。这种沉浸式体验能够有效拉近观众与非遗技艺之间的心理和文化距离。

(3) 数字藏品不仅仅是视觉的展示，还可以结合声音、触觉等多感官体验。例如，通过音频讲述技艺的历史，通过触觉设备模拟制作过程中的手感，增强观众的感官体验和记忆深度。数字藏品的应用不仅为技艺类非遗的保护和传承提供了新的路径，还通过共情传播和场景叙事的结合，增强了观众的情感投入和文化认同。

推进供给侧结构性改革，展示技艺过程，赋能藏品线下权益，形成特色化优势。

(1) 聚焦技艺类非遗的过程性展示，打破3D成品模型的固有套路，引导技艺类非遗数字藏品创作从以产品展示为中心转向以消费者体验为中心、以传统手艺/现代科技和传统文化/现代时尚为两翼的新格局。采用系列制作的形式，深度挖掘非遗手艺流程，将阶段性成果分步骤制作成单个数字藏品，形成一套完整的技艺类非遗系列数字藏品；在推广层面，对同系列数字藏品采取定制、绑定、整体销售等营销模式；同时，开发技艺类非遗过程性视频数字藏品，通过过程性展示来凸显技艺类非遗的技艺特色、文化传统和精神内涵，在数字藏品市场中形成特色化经济效应。

(2) 赋能技艺类非遗数字藏品的线下权益，形成"线上＋线下"的营销模式。组织专业人才通过重构再造、周边产品开发等形式发掘经济价值，推进供给侧结构性改革，开拓技艺类非遗盲盒等数字藏品新形式；聚焦技艺类非遗手艺的展示，推出技艺大师表演门票、线下课程、实体产品折扣券等数字藏品周边产品，将数字藏品与实体市场销售相结合。探索更多解锁模式，在非物质文化遗产馆、民俗村等文博旅游场所构建技艺类非遗元宇宙，增强买家的沉浸式体验感，激发其消费和收藏动力。

无论元宇宙技术发展到何种程度，非遗在场景叙事和共情传播过程中都应分清主次，以线下真实的场景空间为主，辅以元宇宙虚拟场景氛围，同时将线上空间作为线下空间的补充，提供全方位的场景体验服务。这种虚实结合的方式不仅能保持非遗文化的真实性和情感共鸣，还能利用现代技术的优势，扩大文化传播的范围和影响力。完全虚拟化的"超现实"或

"超级真实"虽然具有吸引力，但未必是博物馆和非遗展示的最佳选择。通过合理利用虚实结合的方式，可以更好地实现非遗文化的保护、传承和传播。

在实践中，2022年由文化和旅游部产业发展司指导的"文旅中国元宇宙首届生态大会"在福州举办，全国文旅元宇宙建设如火如荼。早在2021年底，广西自治区文化和旅游厅、广西旅游发展集团就开始探索元宇宙在文化旅游产业的创新应用。他们牵头成立了"广西文旅元宇宙研究中心"，专注于研究文化旅游与元宇宙的融合发展，该中心的目的是推动构建"一键游广西"元宇宙生态体系。首先，通过先进的虚拟现实、增强现实、混合现实等技术，开发出具有沉浸感的文旅元宇宙应用。"一键游广西"元宇宙生态体系不仅包括虚拟景区和博物馆，还涵盖了数字藏品、虚拟导览和在线互动等多种功能。比如，游客可以在虚拟平台上参观广西的主要旅游景点，如桂林山水、北海银滩和左江花山岩画等，获取详尽的文化背景信息和历史故事。广西文旅元宇宙的发展，既是技术创新的体现，也是文化传承与传播的新途径。通过"一键游广西"元宇宙生态体系、元宇宙花山岩画项目和岩洞元宇宙项目等一系列创新举措，广西正在构建一个虚实结合、全方位展示和传播文化旅游资源的新格局。这不仅为广西文化旅游产业带来了新的活力和机遇，也为全国乃至全球的文化旅游发展提供了新的思路和借鉴。

随着数字技术的飞速发展，文化空间经历了翻天覆地的变革，不仅改变了空间叙事的方式，也深刻影响了人们的理性与情感体验。"元宇宙"作为当前最前沿技术的集合体，在文化领域的应用引发了广泛争议。一方面，元宇宙依靠虚拟现实、增强现实和人工智能等新兴技术，打造沉浸式场景，打破时空界限。通过这些技术，观众可以身临其境地进入特定的时间、空间和情感体验中，从而激活他们的体验感。然而，元宇宙技术在塑造场景的同时，也可能消解场景的本真性。虚拟空间的营造，尽管可以创造出引人入胜的视觉和感官效果，但本质上是一种对现实和本真的破坏。如果过分沉迷于这种数字技术的沉浸幻觉，忽视了对文化内涵和特色的深入挖掘，最终可能导致文化展示的空洞化。正如德波在《景观社会》中所指出的，景观成为一种被物化了的、缺乏精神文化内核的世界观，异化为一种以影像为中介的人们之间的社会关系。在广西非遗的传播过程中，如果仅仅追求技术上的炫耀，而忽视文化的深度传递和精神内涵，将难以实现真正的文化共情传播。因此，无论元宇宙技术发展到何种程度，在文化传播中都应明确主次，以线下真实场景为主，辅以元宇宙虚拟场景氛围，同时将线上空间作为线下空间的补充。

6.4.4　文化内涵是场景叙事与共情传播的内核

广西非遗不仅是地域文化的宝贵财富，也是中华文化的重要组成部分。文化内涵在广西非遗场景叙事与共情传播中，起到了核心作用。它不仅赋予非遗生命力和意义，还在文化传播过程中，激发观众的情感共鸣和认同。文化内涵指的是文化所承载的思想、价值观、历史背景、社会习俗和精神内核。它是文化的核心和灵魂，在非遗的传承和传播过程中起着决定性的作用。例如，广西的壮族三月三歌圩节不仅是一个节庆活动，更是壮族人民庆祝春天、表达对自然和生活热爱的体现，其背后蕴含着深厚的文化内涵和历史积淀。场景叙事是一种通过特定场景来讲述故事、传递情感和展示文化的方式。在广西非遗的展示中，场景叙事不仅仅是对物理场景的再现，更是对文化内涵的深入挖掘和展示。通过真实的场景再现和文化故事的讲述，可以让观众更全面地了解和体验非遗的文化价值和精神内核。共情传播是一种以情感为纽带，通过情感共鸣来传递信息的方式。在非遗传播中，共情传播的有效性依赖于文化内涵的深度挖掘和展示。只有通过对文化内涵的生动呈现，才能激发观众的情感共鸣，形成深刻的文化认同。

1. 共情议题：优秀传统文化与主流价值观的文化认同

文化认同分为自我认同和社会认同。自我认同是个体对自身在社会结构中地位和角色的认知与呈现；社会认同则是群体在社会化和文化涵化过程中形成的一致性认同，反映了一种社会和文化的过程。广西非遗的展示与传播，在自我认同和社会认同两个层面上，都具有重要的意义。广西非遗文化作为中华优秀传统文化的重要组成部分，承载了丰富的历史和文化内涵。对于个体而言，通过参与和体验非遗文化活动，可以增强对自身文化背景和历史的理解与认同。例如，参与壮族三月三歌圩节活动，不仅是对节庆活动的参与，更是对壮族文化自我认同的加强。通过这种参与，个体在文化活动中找到自己的角色和位置，强化了对自身文化身份的认知。

广西非遗文化展示以中华优秀传统文化为基底，选择了中华文化中最精华的部分呈现给观众，这与当代推崇中华优秀传统文化的主流价值观高度契合。在情感层面上，这种展示和传播形成了一种社会认同。例如，花山岩画的展示不仅展示了古代壮族的艺术成就，也反映了中华文化的包容性和多样性，这种价值观的传递促进了观众对中华文化的认同和共鸣。高度感性化的叙事内容是激发受众文化共情的内核。非遗文化展出不仅仅是物理对象的展示，更是文化内涵和情感故事的传递。通过感性化的叙事方式，将文化故事、生动的历史情节和丰富的情感体验传递给观众，可以激发观众的情感共鸣，形成深层次的文化共情。

2. 共情空间：视听氛围带入情感渲染

元宇宙架构下的文化展示和传播，特别是非遗领域，带来了全新的空间叙事体系和共情传播模式。元宇宙技术通过调动多种感官参与，创造出高度沉浸和具身性的体验，使观众不仅仅是被动的接收者，更是积极的参与者。在广西非遗的传播中，这种视听氛围的营造和情感渲染尤为重要。尽管技术本身是冰冷的，但通过文化的注入和灵动的叙事，元宇宙场景可以变得有温度、有情感。非遗文化藏品和文化体验服务不仅是物理对象，更是承载着丰富历史和情感的文化符号。通过视听氛围的营造，观众可以在不自觉中与文化场景中的人物和情节产生情感共鸣。比如，利用AR技术，观众可以参与虚拟的三月三歌圩节，听到壮族人民的歌声和舞蹈音乐，感受到节日的热闹氛围和文化背景。观众通过画面和对话声了解文物背后的故事，并伴随着乐声和音乐画面，体会到主人公的感受和情绪。这种情感渲染可以将观众的情绪带入视听氛围中，从而在情感层面与文化场景中的人物和情节形成共鸣。再现的场景通过整体风格的营造、文化内涵和叙事氛围的注入，可以直击观众的心灵。活灵活现的场景不仅可听、可见，还可感知，使观众沉浸于场景空间中时，体验和想象场景中的动态故事。观众可以从他者视角感知场景人物的所作所为、所思所想，产生文化共情；或通过回忆自身经历，与眼前的场景达成契合，获得情感共鸣。例如，通过讲述花山岩画的创作背景和文化意义，使观众理解其象征和精神价值。通过视听氛围的渲染，将观众带入特定的情境中，使其感受到场景的情感和文化氛围，从而产生共情和情感共鸣。

元宇宙架构的共情空间，通过调动多种感官的具身参与和沉浸式体验，促进了非遗文化空间叙事体系和共情传播的升级。广西非遗文化展出需要突破单纯视听化的倾向，寻求更深层次的文化价值和意义，以文化藏品的本真和内涵作为场景叙事的内核，将元宇宙场景作为讲故事的表达工具和方式，实现两者的有机融合。只有这样，才能有效促进广西非遗场景叙事与文化共情的一体化呈现，实现共情传播的最佳效果。

3. 共情符号：地域特色文化元素构建内容

广西非遗丰富多彩，充满了浓郁的地域特色。这些地域特色文化元素是在人们长期的生产生活过程中形成的独具特色的文化传统，具有鲜明的地方色彩。在传统博物馆中，依托故事来打动受众是常用的方法，而元宇宙场景则可以让这些故事更加生动、逼真，具有更强的感染力和共情力。然而，无论采用何种手段，内容始终是核心竞争力。明确了以地域特色的传统文化作为节目内容的"原材料"后，需要在内容创作上精心雕琢。在选择地域文化元素时，要优先考虑那些具有代表性的、能广泛被人们接受和理解的文化符号。例如，广西壮族三月三歌圩节、瑶族的盘王节、花山岩画、壮锦等，这些都是极具代表性的文化元素，能够充分展示广西的文化特色。这些文化元素的表达方式要面向大众，不能太小众化或深奥难懂。通过生动的叙事和通俗易懂的语言，将复杂的文化内涵转化为易于接受的故事。例如，在展示壮锦的制作技艺时，不仅要讲述其历史和文化背景，还要通过具体的案例和人物故事，使观众能够感同身受，理解其文化价值和美学意义。

元宇宙技术可以通过沉浸式的场景、逼真的画面和互动的对话，将文化内容进行包装和呈现。然而，技术只是手段，文化内容才是核心。在内容创作上，要优先考虑表达的文化点和故事，然后再用技术进行包装，使文化展示形式得到升华。例如，通过元宇宙技术，再现壮族三月三歌圩节的盛况，让观众仿佛置身其中，感受到节日的热闹和欢乐。在内容叙事风格上，可以运用"二次元"表达形式，贴合年轻人的喜好，打破传统的展示方式。加上元宇宙赋能的"画面、剧情、对话"等多种表现形式，可以在受众群体中引起广泛的情感共鸣，产生更好的共情传播效果。例如，利用动漫形式再现花山岩画的故事，让年轻观众通过熟悉的二次元风格，更容易接受和喜爱这种传统文化。

在非遗文化场景空间中，真正打动受众的文化场景、内涵和特色是主角，而元宇宙场景和技术呈现只是配角。通过对文化内涵的深度挖掘和生动展示，才能真正实现文化的传递和情感的共鸣。技术虽然可以增强展示效果，但绝不能喧宾夺主。例如，通过元宇宙技术展示壮锦时，技术应当服务于文化内容，展现壮锦的精美工艺和深厚文化，而不是单纯展示技术的炫酷效果。

6.4.5 元宇宙场景的未来：以人为本，辩证对待

在元宇宙场景的广西非遗文化，代表了文化传播与数字技术融合的前沿探索。技术本身是中性的，技术之恶并不是因为技术本身，而是因为人们对技术工具的操纵或不正当使用。元宇宙在博物馆应用的过程中，必须辩证地看到技术的使用，重视技术伦理问题。在引入元宇宙技术时，博物馆应当优先考虑其技术伦理问题，确保技术的使用不会侵犯用户的隐私和数据安全。例如，虚拟现实技术可能导致观众对现实与虚拟的界限模糊，甚至形成技术依赖症状。此外，隐私保护和数据安全问题也是重要的技术伦理挑战。元宇宙技术应当服务于文化内容的展示，而不是喧宾夺主。在设计元宇宙场景时，应当注重文化内容的深度和广度，确保文化的内涵和特色能够充分展示出来。博物馆在应用元宇宙技术时，应当考虑其长期的可持续性。整体来说，辩证地看到元宇宙在非遗文化空间的使用要从以下几个方面考量：

1. 以人为本：提供更好的参观体验服务

广西的非物质文化遗产文化展出需要以受众为中心，致力于为参观者提供更好的参观体验。在元宇宙技术的赋权下，非物质文化遗产陈列建设可以通过现代技术手段，全面提升展示内容的丰富性和互动性。利用新型多媒体技术，不仅可以增强参观者的视觉体验，还能够通过触觉、嗅觉和听觉等多感官刺激，提供立体、多样化的展示形式。这使得展览不再是单向的传播，而是互动和沉浸式的体验，进一步提升了参观者的参与感和认同感。与传统的参观模式相比，互动模式能够为参观者提供身临其境的体验，让他们更加深入地了解展品的特征。例如，大型特展"一统天下：秦始皇帝的永恒国度"通过互动体验区，极大地增强了展览的趣味性和参与度。在入口拍照区，观众可以拍下自己的秦俑造型照，然后通过"拍照→取票→到达兵俑工坊→输入票号→投影照片到兵俑模型上"的一系列互动环节，获得"千人千面"的独特体验。观众还可以通过触摸屏为秦俑模型重新上色，从而进一步增强互动性和参与感。元宇宙技术的应用不仅限于

互动环节，还可以在展览空间中创造多样的体验空间和项目，使展览内容更加丰富和生动。

此外，元宇宙技术能够将展览内容适当拓展，增加互动空间、体验项目和游戏项目等的创设。例如，通过虚拟现实技术，观众可以"走进"历史场景，与历史人物进行"对话"，深入了解历史文化的背景和细节。这样的展示方式不仅丰富了展览的内容，也增强了参观者的参与感和互动性。总的来说，元宇宙技术赋能非遗陈列建设，通过多媒体信息技术和互动设备，将传统展览模式转变为多感官、多层次、互动式的体验，不仅提升了观众的视觉、触觉和听觉体验，还使展览内容更加丰富和生动，极大地增强了观众的参与感和认同感。这种技术的应用，不仅有助于非遗文化的保护和传承，还能够让更多人感受到非遗文化的魅力，激发他们对文化遗产的兴趣和热爱。

设置读书、游戏和拓片体验区，让孩子们通过互动游戏了解广西非遗文化，增强他们的兴趣和参与度。元宇宙技术为广西非遗提供了更好的参观体验服务，使展览不仅具有视觉冲击力，还能通过多感官互动增强参与感和沉浸感。通过以人为本的设计理念，结合现代科技手段，广西非遗文化展出可以更好地实现文化传播和传承的目标。观众不仅能够欣赏到精美的展品，还能通过互动体验深入了解文化背景和内涵，从而提升文化认同感和共情传播效果。

2. 辩证对待：正确掌控技术为场景叙事服务

广西非遗作为中华文化的瑰宝，蕴含着丰富的历史和文化内涵。元宇宙技术的应用为非遗文化的展示和传播带来了新的机遇，但同时也伴随着风险和挑战。正确掌控元宇宙技术，为场景叙事服务，而不是被新兴数字技术所控制。特别是要防止资本主导、利益驱使和技术泛滥造成的文化内涵缺失和泛娱乐化倾向。在非遗文化展示中，技术应作为服务于文化内容的工具，而非主导者。技术的使用必须以文化内涵和价值的传递为核心，而不是单纯追求技术的炫目效果。例如，广西的非遗展览应利用元宇宙技术增强文化的表现力和互动性，但必须保持对文化内容的尊重和深入挖掘。在展示花山岩画时，AR技术可以提供虚拟导览，但应重点讲述岩画的历史和文化内涵，使观众不仅看到岩画的外观，更理解其文化价值。在应用元宇宙技术时，应避免过度依赖技术导致的文化内涵缺失和泛娱乐化倾向。展示应注重文化价值的传递，而不仅是视觉和感官的刺激。技术应服务于文化，帮助观众更好地理解和体验文化，而不是喧宾夺主。元宇宙技术可以大幅提高观众的互动体验频率，使参观者获得即时且持久的愉快体验。通过互动和参与，观众能够更深入地了解展品的特征和文化背景，增强对非遗文化的兴趣和认同。元宇宙技术应在非遗展示中发挥文化储存、记忆、传播与教育的职能。通过技术手段，可以更好地保存和传递非遗文化，让更多人了解和认同广西的文化遗产。通过数字技术，非遗文化可以得到更好地保存和传承，确保文化内涵不因时间流逝而消失。利用元宇宙技术，非遗文化的展示可以覆盖更广的受众群体，增强文化教育的效果。例如，在线教育平台和虚拟导览可以帮助学生了解广西的非遗文化，增强文化认同。

正确掌控元宇宙技术，为广西非遗场景叙事服务，是非遗文化展示和传播的关键。技术应作为文化内容的辅助工具，帮助传递文化内涵和价值，避免泛娱乐化和文化内涵缺失。通过增强互动性体验和多感官的沉浸式体验，可以提升观众的参与感和文化认同，实现非遗文化的保护、传承和传播。

3. 共创空间：提升交流沟通的情感服务

元宇宙技术为广西非遗的展示和传播提供了全新的平台。利用元宇宙场景的技术优势，能够充分调动受众的参与度、体验感和共情能力，营造"共创空间"，助推优秀传统文化的创造性转化与创新性发展。这不仅能够提高观众对文化的理解和认同，还能增强文化的互动性和传播力。元宇宙技术不仅能够提升观众的参观体验，还能够创造一个"共创空间"，让观众参与到文化的创造和传播中来。这种参与不仅增强了文化的互动性和传播力，还能够促进文化的创新发展。例如，观众可以在虚拟环境中参与广西非遗的创作和展示，提出自己的意见和建议，推动文化的创新发展。通过观众的参与和互动，推动非遗文化的创新发展。例如，通过虚拟平台，观众可以参与广西非遗的展示和传播，提出自己的建议和意见，推动文化的创新和发展。元宇宙技术为广西非遗文化的展示和传播提供了全新的平台，通过多感官互动、情景叙事和观众参与，能够提升观众的参观体验和文化认同。通过营造"共创空间"，元宇宙技术不仅能够增强文化的互动性和传播力，还能够促进文化的创新发展，实现非遗文化的创造性转化与创新性发展。

第七章 元宇宙赋能广西非遗文化传播的路径探索

非物质文化遗产作为人类伟大文明的结晶和全人类的共同财富，是文化多样性的生动展示，是人类文化整体内涵与意义的重要组成部分。在广西壮族自治区作为多民族聚居的自治区，有汉、壮、瑶、苗、侗、仫佬、毛南、回、京、彝、水、仡佬等12个世居民族，还有满、蒙古、白、藏、黎等其他民族，孕育、流传着较多拥有历史价值、文化底蕴的民族文化。在广西壮族自治区，记录在册的非物质文化遗产已有70项，涉及戏剧、民俗、传统音乐、传统舞蹈、传统医药等多个领域。但是其中有很多由于历史悠久，缺乏传承人；抑或是内容老旧，失去活力。因此，作为后人的我们，应在自己擅长的领域建言献策，使其恢复曾经的高光时刻。

从媒介进化的角度来看，"一切媒介的进化趋势都是复制真实世界的程度越来越高，其中一些媒介和真实的传播环境达到了某种程度的和谐一致"（莱文森，2007），这一点在元宇宙环境下体现得淋漓尽致。2021年被称为"元宇宙元年"，元宇宙一词在学界和业界掀起了一股讨论热潮。不少学者对其加以定义，其中清华大学新闻与传播学院沈阳教授团队有关元宇宙的定义被广泛接受。该团队认为元宇宙是整合多种新技术而产生的新型虚实相融的互联网应用和社会形态。它基于扩展现实技术提供沉浸式体验，基于数字孪生技术生成现实世界的镜像，基于区块链技术搭建经济体系，将虚拟世界与现实世界在经济系统、社交系统、身份系统上密切融合，并且允许每个用户进行内容生产和世界编辑（清华大学新媒体研究中心，2021）。整体来看，元宇宙不仅是一个技术平台，更是一个融合虚拟与现实、经济与社交、创造与体验的全新生态系统。它通过各种先进技术的协同作用，提供了前所未有的沉浸式体验和无限的创作可能。其中，身临其境是元宇宙最显著的特征之一。在元宇宙中，所有用户都能拥有临场感，在虚实相融的数字世界中进行协作，同时扩展沉浸式体验。元宇宙的形成与不断发展，将会给我们一直依赖的现实世界和即将到来的虚拟世界带来较多且较为深刻的变化，甚至在一定程度上影响我们所熟悉的生产、生活方式，从而对人类社会政治、经济、文化等方面带来较大的变动和影响。

7.1 空间再造：重构广西非遗文化原生场景

"原真性"是非遗传承的重中之重，各种形式的非遗文化都是在一定的社会环境、文化背景下产生的，广西非遗文化也不例外，需要在特定社会环境下展示、表演才能获得最佳的传播效果。而由于现代社会城镇化进程不断加快，较多能够展示城市韵味的建筑、风景由于不符合城市建设需求而被拆除、破坏，广西非遗文化中如刘三姐歌谣、壮族歌圩等依托山水来渲染气氛的项目失去了一定的传播语境，现代人很难真正体会其中滋味。即便可以通过做旧街区、身着特色服饰等行为营造复古氛围，但是原有的古色古韵是难以复原的。而有技术加持的"元宇宙"被当作一个无限接近于梦想世界的现实版本，许多抽象想法和创新理念可以借助元宇宙数字场景的应用得以实现，通过将现实融于虚拟、把虚拟写进现实，造就一个现实世界与虚拟世界交相辉映的数字空间，借助美丽的图像、动人的音乐、动感的光效，多维度地调动参观者的各个感官，营造出身临其境之感，从而为广西非遗文化打造一个高度还原、沉浸式体验的文化景观。

7.1.1 虚拟仿真广西非遗原生环境

互联网技术高速发展的今天，已经能够通过视听技术、信息技术等高新技术的融合，将在现实世界中的各种物体以不同的形式展现在虚拟空间之中，2020年4月24日，美国说唱歌手Travis Scott在在线游戏《堡垒之夜》举办了一场虚拟沉浸式演唱会，吸引了2 700多万人观看（Dazed China，2020）。因此将现实生活中的各种信息通过数据采集、数据加工分析、算法模型构建等前沿信息技术的应用，以计算机程序可以识别的形式展现出来，实现数字信息从无形到有形的转变，在元宇宙环境下给用户提供一个虚实交融的数字空间，可有效推动广西非遗文化的发展。

在人工智能技术的加持下，AI主播、AI主持人已经不再是"新"闻，而在拥有众多技术加持的元宇宙环境下打造一个与现实世界相似的网络空间也将成为可能。由于"元宇宙的基础设施核心是虚拟技术，是利用电脑模拟出的三维虚拟空间，具有三'I'特征：交互（interaction）、想象（imagination）和沉浸（immersion）"（中国信息通信研究院和京东探索研究院，2022），所以在这样的网络空间中用户将会产生与在现实世界同样的观赏感，且能够选择一人独处或是结伴而行，满足不同用户的不同需求。

同时，继 Web 2.0 时代出现了 UGC（User Generated Content，用户生成内容）、PGC（Professionally Generated Content，专业生产内容）等用户类型，Web 3.0 时代迎来了 AIGC（Artificial Intelligence Generated Content，人工智能生成内容）。AIGC 能够满足元宇宙环境中的信息生成、加工、传播与转化的要求。AIGC 通过三个层面实现自身的价值：基础层、核心层与应用层（王诺 等，2023）。基础层技术是 AIGC 的基础设施，包括通信技术如 5G、物联网等，算力如云计算、芯片、数据中心等，以及能源，基础层的能力水平是决定 AIGC 发展的关键因素；核心层技术是作用于 AIGC 生产内容的模型与算法，如多模态大模型，除此之外，区块链技术、三维仿真等技术逐渐被引入其中，推动 AIGC 快速发展成长；应用层作为 AIGC 内容生产的大后方，作用主要是促进内容与用户之间交互，利用三维建模、三维音频等技术，带给用户沉浸式的体验（王宇荣和陈龙，2022）。

总之，AIGC 通过深度学习、自主学习以及多元网络等提升自身的算法准确性以及高效性，以全新形式包装内容，以多元方式展示叙事，在满足实时交互需求的同时提供沉浸式交互的服务体验，在内存生产的规模与效率方面有极大提高，同时会创作出有不同韵味和独特价值的内容，是 AI 辅助生成内容的 2.0 版本（芮必峰和昂振，2021）。正如麦克卢汉所言"媒介是人的延伸"，AIGC 在一定程度上能够拓展人类在元宇宙环境中的五感，甚至影响人类的行动能力，在某种意义上提高人类的智力（彼得斯，2003）。

在场景呈现上不容忽视的另一方面便是数字孪生技术。借助数字孪生技术，能够建造规模庞大、还原度高的物理实体的数字化模型并将其复制到虚拟数字空间成为虚拟物体，这意味着"现实实体环境被数字化"，并具备定期更新升级虚拟环境的能力（刘海龙和束开荣，2019）。通过数字孪生技术能够使用户以"具身"的方式存在于元宇宙这个虚拟数字世界。所谓具身，是指"身体通过意向性与世界和他人达成的一种实践过程，所谓意义、理解和沟通都奠基于这种身体实践过程"（芮必峰和昂振，2021）。这样一来，在元宇宙空间之下便出现了有别于大众传播、群体传播的新型传播类型——具身传播。彼得斯说："身体不是可以抛弃的载体，在一定的意义上，身体是我们正在回归的故乡。"（Lindlbauer and Wilson，2018）所谓具身传播，即人的身体参与到整个传播过程与活动之中，也就是用户通过使用各种技术进入元宇宙，在身体和心理两个层面打通现实世界与虚拟世界的通道。这意味着，用户在现实世界的认识、经验与感情等主观性极强的内容一并被带入元宇宙之中，并在与其他用户产生关联的过程中不断更新，在元宇宙不断运作的状态之下，进一步反向回馈给不同的用户，实现用户肉身的持续在场。具身传播主要有两个维度，"一是肯定身体在信息流动与接收过程中的物质性地位，能够帮我们理解技术包裹下的传播与身体叙事问题；二是承认身体观念在意义生产与维系中的基础作用"（张洪忠 等，2022）。

身体参与元宇宙的传播活动，产生的最大影响便是产生海量信息数据，而数字孪生技术则需要依靠海量数据才能实现其效果，用户通过数字孪生技术参与到更多的虚拟世界之中。二者相辅相成。数字孪生技术将海量数据资源以孪生的形式呈现在虚拟空间中，"通过空间映射聚类于特定空间中"（白龙和骆正林，2022），参与元宇宙的基础设施建设以及用户孪生形象的塑造。在数字孪生技术的支持下，元宇宙中的每个数字化对象能够超越时间和空间的限制：在空间上，能够不断被复制、转型、移动甚至擦除；在时间上，被高度智能化相机所记录的所有数据能够任凭用户主观期望，任意暂停、捕捉和倒放，同时在暂停与倒放时支持用户在场景中的自由流动（姚伟 等，2023）。这意味着在元宇宙中能够实现这样一种场景：用户同时有多个分身，以多元身份出现在社交、娱乐等不同场景。这意味着在虚拟数字空间中，借助虚拟身体，用户将拥有无穷尽的数字可塑性和符号创造力。如在家中欣赏广西非遗文化——刘三姐歌谣的同时体会烧制坭兴陶的乐趣。当用户物理上的身体处于元宇宙环境之下，他便是在有意或无意之中生产数据，"肉身在元宇宙所创造的数据、被数据化的肉身经验作为信息和资源处于传播状态"（陈昌凤，2022a），将在用户的关系圈无限蔓延、扩散，由此保持其在元宇宙环境中"身体持续在场"。

作为用户的象征性代理人，数字孪生替代甚至拓展了用户的行为意义，且由于元宇宙并不存在开启或关闭的问题，因此在一定意义上元宇宙给予了用户"不朽"的身体，"数字身份不会随肉身的逝去而消失"，这意味着跨越时空的交流互动将永续存在，数字孪生在元宇宙中将以用户自定义的身份一直存在。这种数字孪生即为拉康所说的"欲望对象"，是用户想要用心维护的数字身份，元宇宙则是将其呈现出来的最佳平台（喻国明和耿晓梦，2022a）。同时，用户在元宇宙中的数字分身，同样能够通过社交与同在元宇宙这个数字家园的其他用户建立数字联系，且这种社交关系更为多元、平等。场景的开放性、自由性使得这种数字孪生的社交连接意义更为深刻，它具备更高程度的文化包容性与社交公平性，多元自定义的用户分身跨越不同民族、地区、年龄、性别、职业等要求的限制，自主活跃地加入元宇宙的社交领域，凸显了元宇宙的文化价值。这意味着，用户在元宇宙中有关广西非遗文化的交流、讨论，能够及时补充、更新其文化内涵，促进其在更广阔领域的传播，从而使其文化价值、历史底蕴被更多的人了解、接受并学习。而在数字孪生技术的基础之上，出现了认知数字孪生，关注的是产品数字化在认知层面上的演变过程，更加重视改进并优化实体物的生命周期及其进化阶段，进一步整合了产品与生产系统在不同阶段所产生的有用数据与知识，借助知识图谱和语义识别等技术提高了数字孪生技术的认知能力（胡泳和刘纯懿，2022b）。也就是说，数字孪生技术在认知数字孪生技术的帮助下，能够更好地识别出用户在体验元宇宙过程中生产的数据，并通过对数据的分析、加工，反馈给用户更加符合用户心理预期的景观。

在元宇宙环境中，元宇宙本身扮演的更多是一个提供平台与场景的角色，而AIGC将成为元宇宙的主要内容生产者，与广大用户共同建造数字虚拟空间。建造元宇宙这个虚拟数字空间需要海量的内容，而内容生成的质量对元宇宙的整体环境质量起着不可低估的作用。通过不断生成内容而建造起来的数字场景便是元宇宙的整个环境，"是最基础的架构与载体，如虚拟建筑、虚拟景观、虚拟环境以及与数字媒体融合的数字剧情等"（王诺 等，2023）。可以预估，在大数据高速发展、人工智能技术不断更新的未来，伴随着新型创作模式的不断出现与兴起，元宇宙将进一步消融内容创作者的身份边界，同时在人类文明知识生产过程中起到更多难以预料的作用。在当今时代，随着5G逐渐实现全覆盖，传统的实时更新已然不成问题。5G、区块链、VR/AR、人工智能、数字孪生等科学技术加持的元宇宙环境，能够高度还原广西非遗文化的原生场景，而且还能在参与感、交互性上给用户以全新体验。

7.1.2 立体化呈现广西非遗文化3D景观

正如学者陈昌凤（2022a）所言，"元宇宙将是更新一代的互联网，它可以让我们以'具身'的方式，沉浸于虚拟的三维空间，置身（而不是观看）在互联网之中，并与其他用户实时互动，共同建构一个虚拟化的现实社会"。这不仅能够为用户带来全新的、全方位的体验感，而且能带动相当一部分产业展开一种全新的传播与发展模式，其中便包括广西的非遗文化。

从1G到即将全面覆盖的5G，互联网中的各种新型产品与服务实现了媒介对人类视觉、听觉、触觉等多种感官的延伸，使人类从物理层面直至心理层面都在不断被媒介"侵入"，在有意或是无意之中参与到了传播之中。虚实相融是元宇宙的外在呈现，时空再构则是其内隐特征（喻国明和耿晓梦，2022a）。在技术的加持下，元宇宙建造者可以通过已经成熟的三维软件进行三维建模，形成不同的虚拟三维空间。与此同时，6DoF（6 Degree of Freedom，六自由度）空间视频技术打破了传统的3DoF空间视频的局限，不仅能够敏锐地识别用户头部转动所发生的视角改变，而且还能感应用户的身体移动，掌握用户实时位置变化，再借助VR全景声技术，构建出更具体验感的虚拟世界。实际应用中，可以通过实地测量成比例为用户打造相似度极高的广西壮美的山水风景，用户可以自行选择坐船穿行在河流当中，或是与同伴行走在崎岖不平的山路上，全方位体验临场感。3D成像技术的发展模糊了现实世界与虚拟世界的界限，可以高水平的光学技术呈现出物体、环境等内容真实的三维影像信息，且不会给用户平添眩晕感，借助渲染技术，通过计算机实时计算与输出，为用户打造个性化的画面，形成良好的用户感知。

广西非遗文化中有很多需要专业演员现场演绎的内容，这部分内容可以通过搭建三维立体舞台来实现。三维立体舞台是一种先进的舞台设计技术，它通过三面 LED 屏幕构建出一个可视化的虚拟三维空间，结合摄像机跟踪系统和 VR 渲染引擎，使演员可以在一个动态变化的虚拟环境中表演。在三维立体舞台中，演员同样能够看到 LED 屏幕中呈现的画面，可以根据画面内容与其身旁的虚拟图像进行互动，实现沉浸式表演。这样一种形式，不仅打破了传统意义上虚拟制作中抠图技术的尴尬，更打通了虚拟空间与现实世界的通道，实现了二者的无缝衔接，为用户打造了更具体验感的虚拟立体舞台。

演员与虚拟元素进行互动的过程已表明三维立体舞台所建立的虚拟空间是一个开放式元宇宙，在这个空间中，不仅是演员，观众同样也是虚拟空间的参与者，能够在观看的过程中为 3D 信息空间提供数不胜数的数据资源。这种资源将以多种格式、不同组合展示出来，包括文字、视频、音频、动画，甚至是网页，都有可能被每位虚拟空间参与者实时接收甚至补充。正如学者胡泳、刘纯懿所言，"元宇宙社会对生产力和创作力的影响，不仅可以促进以虚拟现实技术为媒介的后赛博朋克时代的文艺创作，而且也可以促进公共领域的数字化生成"（胡泳和刘纯懿，2022a）。广西非遗文化在元宇宙之中不仅能够将真实的、具有文化价值的内容传播到更多的地方，让更多的人了解其深刻的内涵，更能在时代的发展过程中融入新鲜血液，能够让参与者在体验的过程中实时输出自身感受，让传播者及时了解在传播过程中需要完善哪些地方，从而让更多的人想要了解、学习，使传承不再出现"后继无人"的问题，真正实现在继承中发展、在发展中继承。

7.1.3　全感演绎广西非遗文化 传承体验沉浸式

广西非遗文化的种类极其丰富，但由于传承人缺失、传播渠道狭窄、时空限制等问题，很难让更多的人真正深入当地了解、体会。同时，随着现如今人们生活水平不断提高，除了物质需求，人们开始追求精神需求的满足。而这一问题能够在元宇宙环境下得到有效解决。

元宇宙的重要特征之一是沉浸式交互体验。随着计算机科学技术的快速发展与应用，用户所产生的数据被越来越多地纳入可计算的范畴之中，数据的可利用为虚实交互场景的实现带来可能，从而能够为用户带来全感沉浸式的虚拟数字空间。而沉浸式体验离不开 VR 技术的使用，就其本质而言是最大限度地为其体验者仿造现实世界，构建一种立体、真实、生动的虚拟景观。就其所带来的沉浸感而言，"构建透明度和隐藏中介"，让物理意义上的媒介变得肉眼不可见，在一定程度上增强体验者的"感官存在感"（白龙和骆正林，2022）。

通过多元主体的网络化连接以及在视觉上具有极强可感知性的虚拟数字化身，元宇宙的虚拟数字化空间能够为用户提供持续不间断的社交关联网络，从而构建出一种沉浸式网络。用户即便在现实世界中并没有到过事件发生的实际地点，但通过连接各类感官的接口，利用XR、交互技术、云计算等科学技术，都有机会进入该场景的虚拟世界，并在感官上有身临其境之感，享受该场景带来的虚拟数字体验。元宇宙空间中无意识地流动、不间断的沉浸体验使用户难以感知时间的流逝，这种高度沉浸式打造的"体验景观"就是米哈里·契克森所提到的"心流"状态，在这种状态下的虚拟化身深度参与其中，沉浸在不被他人打扰、忘我的数字空间（白龙和骆正林，2022）。

这种体验在传播学意义上被称为"沉浸传播"。沉浸传播被视为一种全新的信息传播方式，以用户为中心，通过"连接了所有媒介形态的人类大环境为媒介"（李沁和王浩丞，2022），实现无处不在、无时不在、无所不能的传播。"沉浸传播不仅是元宇宙所具备的核心特征，更体现了其依赖和遵从的底层逻辑与范式依托。"（李沁和王浩丞，2022）这意味着，用户将化身为"沉浸人"，其身体本身便是数据。身体在虚拟数字空间中所发生的触觉、运动、位置的移动等各种变化既是多模态数据信息的来源，也需要被及时、真实地进行可视化呈现，而要实现这些传播活动，必须借助强大的计算、传输技术。同时，借助于计算机图形学、仿真手段与人工智能，AIGC作为元宇宙的传播主体之一，将实时收集用户数据，在不同场景提供给用户更具沉浸感、无交互边界的仿生级感官体验。同时，元宇宙作为一种沉浸式网络是永不关闭的，这种永不关闭不仅仅是时间的停滞，更是其空间的无限拓展；元宇宙是一种超越了物质赖以存在的空间与时间的虚拟数字空间。这意味着元宇宙是一个"连续的、实时的、跨越现实世界的网络体系"（白龙和骆正林，2022），通过超强的连接能力与基础设施的应用，打造具有多元化、交互性的数字化基础设施，能够无限扩大用户以数字孪生身份建立的社交意义，建造真正意义上的沉浸式元宇宙虚拟数字空间。

作为一种更具互动性和沉浸感的升级网络，沉浸式网络为用户提供身临其境的交互界面和更胜一筹的社交连接方式，依托于虚拟现实技术和增强现实技术，打造多元化、交互性的数字基础设施，实现交互性与社交媒体的全面融合。在元宇宙环境中，将实现以下场景：广西非遗文化的多种形式、内涵将通过被数据化的操作呈现给用户，用户置身于广西壮美的风景之中真真切切地感受"刘三姐"们在不远的山上表演壮族歌谣，并能与其实现互动交流。这种互动交流在一定意义上促进了其文化内涵的传播与传承。

实现交流互动的仿真体验借助的是交互技术的发展。作为 AIGC 数字化设计的起点，交互技术通过对现实世界中的事物进行模拟仿真，搭建模型，借助于空间传感器、三维鼠标等设备在元宇宙中构建真实世界的镜像，利用计算机视觉、眼球实时追踪等技术收集用户有意或无意产生的各种信息并使其数据化，再将其反馈至用户自身，实时生产、呈现内容，从而为用户提供沉浸式的人机互动体验（王诺 等，2023）。具体来说，人机交互的实现是借助于 AR 与 VR 等技术与设备，为用户打通虚拟场景与现实世界的边界，真正实现跨界场景融合，提高用户的体验感。从本质上来说，元宇宙作为一种为用户提供沉浸式交互体验的全新数字虚拟世界，其与互联网最大的不同就是给用户带来的体验感。元宇宙将人机互动置于元宇宙场景的核心地位，致力于为用户塑造一个能够满足其更高需求的社交场景。在交互技术的支持下，非遗传承能够实现沉浸式教学。非遗传承人可以克服现实世界中的距离、时间、环境等问题，进入虚拟数字空间中实现无差别的沉浸式教学，从而解决传承人缺失的现实问题。

在元宇宙环境下的交流互动不仅仅存在于用户之间，同时也存在于用户与虚拟数字人之间。程思琪等（2022）认为虚拟数字人（Virtual Digital Human Avatar）是指一种拥有类人形象、依赖海量数据而存在的虚拟人物。这类角色是为特定内容的互动而专门训练的人工智能角色，具备基本的形象外观、感知能力、交流互动能力等要素。虚拟数字人主要有非交互型虚拟数字人和交互型虚拟数字人两类。

交互型虚拟数字人可以与用户进行实时互动。真人驱动型虚拟数字人由真人通过动作捕捉和语音控制技术，实时驱动虚拟数字人的行为和对话。许多虚拟主播通过这种方式进行直播。智能驱动型虚拟数字人依赖于人工智能技术进行自主互动，无需人类实时控制。这类虚拟人能够通过自然语言处理和机器学习进行对话和情感交流，如智能客服和虚拟助手。程思琪等（2022）称交互型虚拟数字人为"继承与融合现在与未来全部数字技术于一体的终极数字媒介"。

虚拟数字人在元宇宙中的应用主要表现为通过扮演各种角色身份，连接用户与场景，并将各类场景的体验感及时记录在册并给予反馈，在用户的体验过程中充当"导游"的角色，并在此过程中更新自身的数据库，逐渐完善自身的社会化进程。虚拟数字人极有可能成为用户与虚拟世界连接的"第一入口"，在虚拟数字人与用户交互的过程中进行内容生产与劳动，"最终形成虚拟世界的社会关系和结构"（程思琪 等，2022）。

尽管虚拟数字人不是人类在某些社会场景中的直接替代者，但是它们承担着引导用户突破现实世界的物理限制的使命。Kilteni 等（2012）的研究探讨了 VR 技术如何改善用户的身体感知体验。他们的研究旨在揭示虚拟环境中用户的沉浸感和具身化体验如何影响他们的自我定位、身体所有权和身体可控性。这些要素对用户的整体虚拟体验至关重要，因为它们决定了用户在虚拟环境中的参与度和互动深度。研究表明，在这些虚拟环境中，用户不仅能够感受到自己在场的真实性，还能体验到自我定位、身体所有权和身体可控性的增强。这些研究结果表明，虚拟数字人和 XR 技术的结合，能够极大地提升用户的虚拟体验质量，为未来的虚拟互动和社会关系的建立奠定了坚实的基础。

虚拟数字人作为一把"钥匙"，依托于数字孪生技术，依据用户主观欲望的选择，在不违背元宇宙社会规则、协议的前提下，能够自主定位、编辑、修改甚至删除其数字化身，使人类能够以更具沉浸式的状态打开元宇宙这个虚拟数字空间，可以说是极具体验性的媒介产品，对于未来人类学习、生活、娱乐等方面具有不言而喻的重要作用。深度体验是元宇宙想要实现的重要目标之一。元宇宙中所建造的世界并不是现实世界一比一的镜像，它超越了物理空间的物理存在感，是意识与现实世界相互交融的景观。在这个数字化世界中，用户能够定制自身的数字化身，打破现实世界肉体的单一样貌与刻板印象，在元宇宙中无限放飞自我、张扬个性。这意味着，用户可以通过定制不同身份的虚拟数字人，在虚拟空间体验不同的生活、学习、社交方式。在不同的虚拟场景中，虚拟数字人将成为用户在虚拟数字世界的数字孪生，在这个虚拟环境中体验更多超越自我的认识形态。在不久的未来能够实现这样的场景：在虚拟数字人的陪伴下，用户能够通过佩戴电子设备而足不出户地观看闻名遐迩的广西非遗文化——坭兴陶的制作过程，并且在虚拟数字人的引导下体验制作坭兴陶的乐趣，在虚拟数字人的解说下了解坭兴陶的来源、制作过程、内涵意义等；用户能够与虚拟数字人以及其他在同一场景的用户交流互动，分享自身感受，获得沉浸式体验，从而在一定程度上实现广西非遗文化的传播与传承。其中，作为一种体验性媒介，虚拟数字人所起的重要作用是不容忽视的，它将人类与外界信息相连并产生高度的沉浸感，承担着"连接用户与外部世界的作用"（程思琪 等，2022）。

可以预见，未来的广西非遗文化将在元宇宙中构建完整的传播、传承场景，它依托虚拟现实技术描绘出传播、传承广西非遗文化的数字化景观，借助 AIGC 实现实时的内容生产、反馈与传播，运用数字孪生技术复制广西非遗文化的数字化形象，在三维立体技术、6DoF 技术、XR 技术、交互技术的加持下，在虚拟数字人的陪伴下，为用户带来不限时间、地点，沉浸式观看、体验、学习、传承广西非遗文化的体验。成熟的元宇宙应用，将会为人类带来颠覆性变革，对人类的文化和社会产生重大影响。

7.2 虚实交互：沉浸式具身体验广西非遗文化

广西壮族自治区作为我国五个民族自治区之一，有着多民族聚居的特点。多民族的特点在历史的长河中沉淀出了广西丰富的民族文化资源。现如今，广西的非物质文化遗产保护工作取得了重大的进展，其法律体系、工作机制和机构在不断完善，传承人队伍也在不断壮大。而在未来，技术和新兴科技还将继续赋予广西非物质文化遗产保护更大的动能，特别是以数字技术为核心的元宇宙的应用，让非遗文化在新一代的传承和传播工作中有了更多可能性。

元宇宙是未来互联网发展的新形态和新阶段，是智能革命进程中各种新兴技术的整合和全新应用。其虚实相融、人机深度交互的特点能够为用户提供沉浸式体验，这为广西非遗文化遗产的传承、保护和发展提供了新思路和新途径。

7.2.1 沉浸式体验广西非遗文化

广西的非物质文化遗产在广西各个民族长久的生产生活中形成，是广西各个民族的个性、社会交往、审美等方面"活"的表现。元宇宙是技术、资本等多种力量共同推动下发展出来的新兴热点，其构想虽源于科幻小说，但其发展图景正逐渐变得清晰。在2021年10月28日美国社交媒体公司脸书（Facebook）创始人扎克伯格宣布将公司更名为"Meta"，并将公司发展重点转为构建虚拟现实的共享环境之后，人们对元宇宙的关注越来越高。元宇宙虚实融合、人机交互的特点，让其在各个行业都有了初步的融合态势和发展。

随着各种先进的元宇宙技术不断被运用，越来越多的虚实融合的舞台场景被搭建出来，同时也给用户提供了一种全新的体验。元宇宙也给非遗的传承带来了新的可能。以虚拟现实技术为核心的元宇宙，能够为受众带来沉浸式的场景体验。党的十八大以来，国家对数字技术运用的推动力度不断增强，"数字技术+""元宇宙技术+"已成为当下最流行的业态。作为中国各族人民世代相承、与群众生活密切相关的各种传统文化表现形式，非遗既是历史发展的见证，又是珍贵的、具有重要价值的文化资源，更是中华民族智慧与文明的结晶，是联结民族情感的纽带和维系文化传承的基础。习近平总书记指出："民间艺术是中华民族的宝贵财富，保护好、传承好、利用好老祖宗留下来的这些宝贝，对延续历史文脉、建设社会主义文化强国具有重要意义。"在此背景下，非遗文化传承和数字技术的结合愈发紧密，利用数字技术等现代科技手段对非物质文化遗产资源进行数字文化产业化开发是非物质文化遗产资源产业化开发的一个新的趋势。

对于具有实体的物质文化遗产而言，数字化展出能够完整地保存其物体的特征如形状、颜色、纹理等。但对于不具备实体的非物质文化如传统舞蹈、音乐、技艺等而言，更需要元宇宙的沉浸式技术提供新的思路。这种沉浸式技术能够对广西的非遗文化进行全新的保留和演绎。元宇宙沉浸式技术的一个显著特点是具身性。这种具身性不仅仅是技术和人的简单互动，而是更深层次的双向一体关系。技术具身于人，人具身于技术，二者共同构造了一个必需的环境场域，使得人们的生存活动得以在虚拟和现实的双重空间中展开。这种具身性强调了技术和人之间的双向互动关系，即技术不仅服务于人类，而人类也在技术的环境中进行互动和活动。非物质文化遗产本身也具有具身性的特点。它们往往通过身体动作、口头传承和社会实践进行传播。沉浸式技术让非遗实现了虚拟空间与现实关系的具身传播，使其传播效果得到了显著增强。例如，通过VR技术，用户可以在虚拟环境中学习广西的传统工艺，如壮锦的织造技术，仿佛自己就在织机前操作。这种沉浸感和具身性不仅使得学习更加生动，也让传统技艺得以更好地传播和保存。通过沉浸式技术，非遗文化的传播突破了时间和空间的限制，使得传播者和接受者不需要亲临非遗活动现场就能达到身临其境的效果。又如，通过AR技术，用户可以在家中体验广西的传统节日如三月三歌圩节的热闹场景，听到真实的壮族民歌，看到节日的盛况。沉浸式数字技术不仅能够在特定场景下实现个性化传播和精准服务，还能为用户带来全方位、立体化、沉浸式的感官体验。这种体验能够模糊现实与虚拟的边界，带来全新的传播场景。

元宇宙的数字沉浸式技术不仅改变了用户与非物质文化遗产互动的方式，还极大地增强了传播者的主体性。这种技术使得每个用户都有可能成为非遗的传播者，打破了传统传播模式中的单向传递关系，实现了传播角色的转变和融合。在传统传播模式中，传播者和接受者的角色是明确区分的。传播者负责信息的发布和传播，接受者则是被动的信息接收方。然而，随着数字沉浸式技术的发展，这一界限变得模糊。接受者不仅是非遗文化的体验者和学习者，同时也可以成为非遗的传播者。用户可以通过元宇宙的沉浸式技术，体验和学习非遗文化，如通过虚拟现实（VR）设备观看和参与传统舞蹈、手工艺制作等活动，深入了解非遗文化的内涵和价值；用户也可以通过社交媒体、虚拟平台等，将自己在元宇宙中体验到的非遗文化进行分享和传播，如在虚拟平台上创建自己的非遗展示空间，发布自己参与制作的非遗作品视频，吸引更多人关注和参与非遗文化。数字沉浸式技术的一个重要特点是其极高的传输速率和广泛的传播面，这使得非遗文化的传播力不断增强，形成了人与非遗、非遗与技术之间无处不在、无时不有的泛在网络。元宇宙技术打破了场景与场景之间的壁垒，使得非遗传播行为在多重场景交叠中发生裂变。用户在不同的虚拟场景中进行非遗传播，形成了多点开花的传播局面。元宇宙技术使得用户可以在多个虚拟场景中进行非遗传播。例如，用户可以同时在虚拟教室中教授传统手工艺，在虚拟演唱会中展示传统音乐，在虚拟市场中出售非遗产品。这种多场景交叠的传播方式，使得非遗文化的传播更加广泛和多样化。非遗接受者自发成为传播者和推广人，甚至消费者也加入传播者的行列，一边消费一边传播。例如，用户在购买非遗产品后，可以在社交媒体上分享购买体验和使用感受，进一步推动非遗文化的传播。

除了沉浸式体验广西非遗文化以外，元宇宙下的非遗文化游戏同样能够加深游玩家对非遗文化的印象和感受。这也是传播广西非遗文化的一大新的可参考途径。在利用虚拟现实对非遗游戏进行设计时，要注重构建整个流程和框架的沉浸感、想象性和交互性体验，充分满足用户真实性、游戏性、可用性和情感性多方位的游戏体验需求。在非遗游戏中，用户可以通过建立虚拟身份完成游戏中的各项任务或是通过游戏关卡，沉浸式体验广西的非遗文化（苗秀 等，2022）。

7.2.2 虚拟展示广西非遗文化

相对于可以固定展示的物质文化遗产而言，非物质文化遗产最大的特点就是不是实体，需要依托于人而存在。非物质文化遗产的展示主体是人，其表现手段和表现载体是人的声音、形象和技艺等。因此广西每一项非物质文化遗产，都需要相应的传承人才得以"完整"地呈现出来。这一特殊性成为非遗文化传承和发展的一大桎梏。而在元宇宙中，虚拟展示空间可以突破时空限制，让广西非遗文化充分地在受众面前表现出来。

广西的非物质文化遗产多种多样，民族特色鲜明，包括了传统戏剧、民间文学、传统舞蹈、传统美术等多类项目。除了分布在广西各个民族聚居区，分散性较大的限制之外，这些非物质文化遗产还受到自身表演形式的制约，若不结合当地或该民族特有的民族文化氛围进行品鉴，其欣赏性就大打折扣。观赏效果受限，受众面自然而然便会缩小。在对广西非遗进行保护和传播时，这些浓厚的民族特色和地域文化赋予了其独特的个性和色彩，却也让其面临难以走出本土市场进行推广的尴尬境地。

在利用了虚拟现实技术为依托的虚拟空间内,广西的非物质文化遗产可以完整地展现在观众的面前。广西的非遗文化通过静态建模和动态建模等过程,可以多维度地保存和还原非遗文化展示时的场景。借助静态建模,能够对广西非遗文化展示的环境、场景、道具、乐器等实体进行搭建,基于几何和图像混合建模技术,利用 IBMR(Image-Besed Modeling and Rendering,基于图像的建模和绘制)构建广西非遗文化虚拟场景的环境,向观众呈现出逼真的多感官效果;而动态行为建模则能够对非遗文化表演中的各个表演角色在表演过程中的动作、表情进行捕捉,完成对表演过程的真实再现。

这种表演具备了三个关键的特点。其一是突破了二维和单一载体的限制,让广西非遗文化在完整保留的基础上也能够完整地向观众进行展示。传统的广西非物质文化遗产,很多是通过传承人进行表演,或者是通过视频、录音、文字等手段对这些表演进行再次保存和展示的。这对体验广西非遗文化的观众而言,就是单向性的观赏,缺乏"临场感",很难被带入民族文化氛围中。而在借助元宇宙对广西的非物质文化遗产进行展示时,能够完整地搭建与现实世界相契合的文化"展出"。观众不仅可以全方位地欣赏非遗文化,还能深入具体的场景和细节进行观看。用户可以选择自动漫游模式或自主漫游模式,全面感受广西非遗文化的表演过程和民族文化氛围。在元宇宙中,观者、表演者和非遗作品以虚拟的形态共同营造出"共同在场"的情景氛围。这种沉浸式体验使得观众仿佛置身于真实的非遗活动现场,感受到文化的鲜活与生动。例如,在虚拟戏剧表演中,观众不仅可以观看表演,还能与虚拟演员进行互动,甚至参与到表演中。其二是元宇宙不仅提供了沉浸式的观赏体验,还具有强烈的交互感和社交体验。借助数字孪生技术,元宇宙能够生成现实世界的镜像,将虚拟世界与现实世界在经济系统、社交系统、身份系统上紧密融合。每个用户都可以进行内容生产和编辑,成为非遗文化的传播者。换句话说,广西的非物质文化遗产不仅能够借助元宇宙虚拟技术多维保留文化的最大特色,例如表演时每一个表演者的动作、表情或是制作作品的全过程都能够被完整地记录下来,而且观众也不再是单一的游览者,在这一虚拟文化场域中,观众甚至能够以虚拟场域里的虚拟身份参与作品的制作或者表演,与表演者进行互动,与其他用户进行感受的交流,沉浸式地融入广西非遗文化的展示中。其三是最大限度地突破时空限制。通过虚拟现实技术记录下的广西非遗文化能够长久地在虚拟场域中保留，能够一直在该文化场域中不受时间和空间限制地进行展出。因此一旦用户进入场域当中，随时都能与广西的非物质文化遗产作品以及表演者的虚拟形态进行交互。这种随时随地进行游览的方式让广西非遗文化的传播变得更加自由开放，最大限度地促进了其推广和传播。

7.2.3 虚拟传承广西非遗文化

就现有的广西非物质文化遗产保护和传播而言，广西非遗文化已经依托互联网技术取得了长足的进步和发展。在平台方面，广西非物质文化遗产能够通过传承人录制教学视频并发布在相关平台供观众和学习者观看的方式进行传承，例如广西传统戏剧类教学视频就收录了戏曲中的四功、五法。传承人还能够借助视频录制口述桂剧水袖功的动作细节、身段和舞蹈特点。"广西公共数字文化网"等广西当地网络平台都能够对其进行分类整理和传播。另外，还有很多包括微博号、微信公众号在内的自媒体平台都成为广西非遗文化的传播渠道。在传承人方面，广西不断提高民众的文化自觉性和对非遗文化传承人的支持力度。截至2019年12月，广西共有49位国家级"非遗"代表性传承人（其中5人已离世），743位自治区级"非遗"代表性传承人。广西不断扶持非遗文化传承人，提高传承人实践能力，先后与广西民族大学、广西艺术学院组织举办17期"中国'非遗'传承人群研修研习培训计划"培训项目，并充分利用"壮族三月三"系列文化活动、博物馆日、文化和自然遗产日主题活动等为传承人提供展示、传播的平台。为了激励和支持非遗文化的传承人，自治区级"非遗"代表性传承人资助经费逐年增加，从2011年的每人每年3 000元提高到2019年的每人每年5 000元。政府资助和指导有条件的传承人建立"非遗"传承示范户，示范户通过组织技艺展示、传授技艺、开展互动体验等活动，吸引了众多游客和文化爱好者前来参观和学习。例如，在广西，许多壮锦传承人通过示范户展示其精湛的编织技艺，吸引了大量的观众和学习者。广西还利用节庆和大型活动推动非遗传播，比如，充分利用"壮族三月三"、春节等传统节日开展非遗展示和表演活动。这些节日活动不仅是传统文化的集中展示，也是吸引游客和提升文化认同的重要契机。在文化和自然遗产日，广西各地博物馆、文化馆组织了丰富多彩的非遗展示活动，如瑶族舞蹈表演、壮族传统手工艺展示等，吸引了众多市民和游客前来观赏和体验。通过这些资助和活动，广西的非遗文化传播和传承取得了显著成效。传承人得到了经济上的支持和社会上的认可，非遗文化得到了更广泛的传播和推广。同时，民众对非遗文化的了解和认同也得到了提升，非遗文化在社会中得到了更好的保护和传承。

在元宇宙赋能下，广西非遗文化能够对其传播方式实现更大的创新。受众不再局限于平台二维的画面展示，不再需要花费昂贵的成本前往广西非遗文化表演区域进行观看和学习。首先，观众能够通过虚拟身份进入广西非遗文化展示区域，直接与非遗文化和表演者的虚拟形态进行随时的互动和学习。而这些非遗文化展出事先已经通过虚拟现实技术、区块链技术等真实、完整地保留在虚拟场域中供观赏者学习，无需耗费大量的人力、物力成本。这种先完整体验再选择学习的主动游览方式，能够更大程度地给予游览者自由度，让其进行体验学习和再创造。其次，可以和部分学校合作，共同打造非遗文化的"云课堂"，在特定的时段中让学生和非遗文化的教师共同进入虚拟场域中，完成非遗文化的展演和学习。

依靠元宇宙技术，能够减少广西非遗文化受到传承人变动因素的影响。因为非遗文化的展示者以人为主体，而人本身就是具有主动性和创造性的。经过数个传承人细微的调整和改变，非遗文化可能发生巨大的变动。在区块链等技术的帮助下，广西非遗文化能够保留更为古老和原始的面貌，也能够供学习者进行具有更大自由限度的理解和学习。

综上所述，可以预见的是，以元宇宙为核心的一系列数字化技术应用在推动广西非物质文化遗产的传承和传播路径上有着巨大的潜力。虽然截至目前，我国对非物质文化遗产的保护工作愈发重视，广西也在数字化建档、共享平台建设等方面进行了很多尝试，但对于元宇宙虚拟技术与自治区内的非物质文化遗产的传承传播相融合概念的理解以及模式的搭建仍处于初步的探索阶段。由于需要较高水平的技术支撑以及高昂的建设和运营成本，很多构想仍然需要完善，有待未来的建造，并且核心支撑技术在非物质文化遗产传承途径上的研究也尚未成熟，所以基于元宇宙概念的新型传承和传播模式的建立从理论到落地还有很长的路要走。

但从总体上来说，元宇宙是互联网发展的大势所趋，其建设只是需要时间来进行完善。广西非物质文化遗产中浓厚的民族性特点既赋予了其鲜明的民族特色，又禁锢着它的长久传承和对外传播。从受众来说，元宇宙在广西非物质文化遗产中的应用具有重要的意义。元宇宙重塑了科技、人、文化的逻辑关系，为非物质文化遗产和广大受众之间构建了一个虚拟的空间。在这一个不限时空的虚拟场所中，人们得以具身式、沉浸式地游览、体验甚至是学习广西的非遗文化。集多种感官的体验为一体的同时，受众的身份也已经发生了巨大的变化——从单一的旁观者变成了集游览者、参与者、传承者等多种身份为一体。不限时空意味着广西非物质文化遗产的受众来源不再是广西各个民族本身，而是所有进入元宇宙感受广西非遗文化的用户，人们在其中可以相互交流沟通，有利于进一步促进广西民族文化和非遗文化的传播。这个虚拟的非遗文化展览空间具备元宇宙虚拟现实的特点，并不是对现实世界的完全复制，也并非依靠想象完全独立于现实的虚拟空间，而是以现实广西非遗文化分布的各个区域为基础进行的延伸和扩展，弥补了现实世界在以人为主体的非遗文化展示上的缺陷，让受众全方位地感受广西非遗文化丰厚的民族文化内涵，帮助形成氛围浓厚的文化场域。

在现代科技的推动下，通过虚拟空间传播非遗文化正成为一种重要的途径。这种传播模式依赖于六大技术架构，分别是虚拟现实、增强现实、混合现实、区块链技术、人工智能以及5G高速网络。这些技术架构共同作用，使得非遗文化在虚拟空间中得到多样化的表现和互动，实现了更高的沉浸性和参与感。通过这六大技术架构，用户不仅可以全方位欣赏非遗文化，还能深入细节进行互动和体验。例如，用户可以在虚拟空间中选择自动漫游模式，了解非遗的历史和背景，也可以选择自主漫游模式，细致观看特定技艺的展示和操作。沉浸式体验和互动性的提升，使得用户对非遗文化有更深的理解和感受。通过虚拟空间的互动和数据收集，非遗传播模式可以得到不断改进和发展。线上数据的整理和分析，有助于了解用户的兴趣和需求，从而优化非遗展示的内容和形式。例如，用户在虚拟空间中的浏览记录和互动行为，可以帮助策展人调整展示策略，增加受欢迎的内容和互动环节。虽然目前尚未完全建立一个完整的元宇宙体验非遗文化模式链，但随着我国对文化软实力的重视、科技的进步以及逐步地探索尝试，"元宇宙＋非遗"的新型传承途径必将成为未来改革和发展的重要方向。这种新型的传承途径，将帮助广西非遗文化摆脱时空限制与自身表现形式的局限，实现更广泛和深入的传播。

7.3 价值变现：激发广西非遗文化实践

元宇宙是包括了区块链技术、交互技术、电子游戏技术、人工智能技术、网络及运算技术等各种数字技术，集成与融合现在和未来全部数字技术于一体的终极数字媒介（喻国明和耿晓梦，2022a）。元宇宙具有依赖与超越物质、现实世界和虚拟世界的分离与融合、去中心化传播和人的全面发展等特点（肖珺，2022）。其中，元宇宙的跨文化传播这一全球化传播新形态为当下非物质文化遗产保护和传播提供了较大的便利。一方面，在元宇宙的虚拟空间当中，跨文化传播可以展现出全新的形态。文化交流中的各国语言不通这一问题将不再是阻碍。先进的网络技术可以达到对相关内容的高精度以及高准确度的翻译和传达，再搭配上相关图片、音频以及短视频等其他表现形式来进行信息交流，文化内容传播的广度和深度都会显著提高。另一方面，在元宇宙的虚拟空间中，个体之间的交流将更加便捷直接。网络的去中心化传播使受众的能动性得到很大的提高，每一位媒介使用者都可以是传播环节中的一个传播中心（匡文波和王天娇，2022），因此不同的文化信息在网络空间中的交流更加便捷与直接，不再需要其他中介对文化内容进行集中生产和诠释。此外，元宇宙可以实现数字化的实时存在，进而不断开发出多元的应用场景，优化不同文化背景之下人们的交互方式，拓展现实世界的生活空间。

非遗文化是传统文化的精髓、人类文明的瑰宝，元宇宙与非遗文化的结合是数字化发展使然，是实现非遗文化永续发展的重要路径。非物质文化遗产也将为元宇宙带来大众喜闻乐见的丰富内容与现实支撑，为元宇宙赋予优秀的传统文化灵魂，营造带有历史特色的网络空间发展样貌。广西非遗文化有着地域性、民族性、丰富性的特点，随着各种先进的元宇宙技术的普遍运用，元宇宙也给广西非遗文化的传承带来了新的可能。

在元宇宙空间中，以数字技术为基础的数字经济的发展是经济发展中的重要一环，数字技术也已经成为新媒介环境下文化产业发展的新动能

（胡泳和刘纯懿，2022a）。作为新兴文化产业以及文化消费的技术支撑，数字经济的发展有利于实现文化产品生产和传播的数字化，从而拉动文化产品消费的增加。因此，包括非物质文化遗产在内的传统文化产业应该主动寻求与数字经济时代受众消费习惯、消费形式相匹配的内容与形式，并借助数字技术的优势实现自身的更新升级，并积极与大数据、人工智能等新兴数字技术融合，助推传统文化产业的转型发展。

随着各种先进的元宇宙技术的运用，越来越多的虚实融合的数字场景被搭建出来，给人一种全新的消费体验，元宇宙也给非遗的传承带来了新的可能。元宇宙的核心技术是数字技术，其最典型的应用是沉浸式场景的建造和体验（张洪忠 等，2022）。

利用数字技术等现代科技手段对非物质文化遗产资源进行数字文化产品的开发是非物质文化遗产资源产业化开发的一个新的趋势。依靠虚拟数字产品的数字经济成为非物质文化遗产传播的新机遇和新道路，基于网络技术的数字文化内容与产品也将会是元宇宙经济文化发展的内在推动力。非遗文化的价值变现则更加完善了非遗文化的产业链（周锦和夏仿禹，2022），激发了广西的非遗文化实践，推动非遗文化朝着可持续方向发展，有助于非遗文化在新时代实现时代价值。

7.3.1 数字藏品拓宽广西非遗变现渠道

截至2022年7月底，广西共有国家级非物质文化遗产代表性项目70项，实现14个区市全覆盖。非物质文化遗产的数字藏品，是将非遗文化内容通过互联网技术保存下来并且能够实现永久性留存的一种形式。因此，加强数字资源的收集和管理十分必要，同时这也是数字化的传播基础。利用人工智能技术可以做到对非遗文化信息的自动化收集、整理、分类，并对非遗信息的概念、特点、发展历程等进行描述和展示，这不仅夯实了数字化传播的基础，而且进一步推动了非遗文化的智能化管理。人工智能的使用不仅能将非遗文化记录并留存，而且还可以通过大数据分析以及交互感知、虚拟现实等手段，使受众对非物质文化遗产的相关内容获得更好的认知和理解。在此背景下，人工智能技术与非遗文化传承以及数字化传播的关系愈加密切，科技和文化融合发展的趋势也愈加凸显。

在对非遗文化信息的深度挖掘基础之上，通过结合虚拟现实技术，打造出身临其境的传播效果,可以为受众提供个性化沉浸式的非遗体验。因此,加强数字资源开发利用,是促进非遗文化数字化传播价值提升的有效措施。在"互联网+"的社会发展大背景下,非物质文化遗产通过3D、AR、短视频等形式表现得更为丰富和饱满,由此形成了不受时间和空间限制的珍贵视频画面,并通过互联网技术实现了广泛的传播(范周,2020)。一方面,数字技术能够更真实、更立体、更全面地记录细节内容,充分实现非遗文化三维场景的还原和再现;另一方面,受众可通过虚拟数字技术对非物质文化遗产进行多角度多方位的观摩和欣赏,与正面且静态的观赏相比更加提升了沉浸感和参与感。

在当下的元宇宙时代,跨文化传播和经济全球化、数字化快速发展,广西非遗文化中的很多非遗项目不像过去很难去开发实体的衍生产品,基于数字技术的非遗数字衍生品便成为非遗文化价值变现的重要方向。非遗系列文化产品有着非常重要的纪念和收藏意义,如故宫博物院出品的水杯、书签等文创产品以亲民的价格、实用的价值广受欢迎与好评,广西非遗文化中的贝雕(北海贝雕)、骨角雕(合浦角雕)、壮族织锦技艺等亦可以开发出值得收藏的文化衍生品,这是对非遗文化产业链的延伸和拓展,进一步完善了当前的非遗变现模式。

除了非遗数字衍生品可以变现以外,还可以通过非遗文化体验来实现变现(刘古月,2022)。虚拟媒介体验将多媒体和互联网进行整合,基于对时间和空间的模拟创造出一个全新的虚拟环境,并依靠计算机和屏幕作为主要的输出设备,通过传感器设备对人的视觉、听觉、味觉等感官进行反应,形成身体感官和大脑思维的联动,以此来加深受众对于虚拟场景的体验程度。目前现实生活中很多场所都已经开展了虚拟体验活动,这类活动的收费机制也对非遗文化体验变现有一定的借鉴意义。以在数字空间中的侗族木构建筑营造工艺内容为例:一方面可以实行有偿体验机制,用户前来参观免费,但若想亲身体验木构建筑营造工艺则需要付费。另一方面,可以按照各类工艺特点、工艺体验的时长、进入空间次数等计算方式对非遗体验进行收费。对于不同年龄阶层的体验用户,可以相应地开发儿童版、成人版、老年版这类分众化的体验板块,并且不定期开发新的衍生非遗体验项目,吸引用户消费,增强用户黏性。

除此之外,对于数字藏品也要制定专项发展规划,实现对数字平台之上数字文化资源的有效管理。首先,数字平台要对非遗文化资源进行合理的分类和管理,并搭建起分类别的非遗文化数字资源数据库。工作人员要熟练运用社交网络平台以及手机软件,通过短视频的形式实时更新非遗文化信息,吸引受众,增加流量。此外,还需要建立起完善的安全机制来保障数字文化资源安全,包括制定和完善相应的法律法规、设置下属的数字文化资源监管与保护机构等,在充分保护非遗文化数字资源的同时,创新数字文化资源的转化、开发、变现方式。

其次,数字文化资源需要多元主体的共同治理。除了政府机构这一重要主体之外,数字文化资源的生产者、传播者、消费者等不同主体也需要承担相应的责任。因此,需要充分调动文化传播链条中传统文化保护机构、非遗传承人等各方的积极性并发挥其主体优势,构建起高效有序的多元主体治理模式。此外,还要加强全民对非遗文化的保护和传承意识,鼓励社会大众通过新媒体平台以及运用个人的技术能力来传播非遗文化,让更多人都积极参与到文化发展与科技融合的大环境中去。

最后,拓展非遗文化的产业链,拉动社会经济的发展。结合互联网平台来合理开发非遗文化系列文创产品,将传统、静态的非遗信息转化为鲜活、生动的文创产品(蒋慧,2018)。借助官方网站以及其他各类电商平台,充分实现非遗产品的经济价值,并由此实现非遗文化的可持续发展(陈良,2021)。借助数字经济下的大数据商业化开发、官方网店营销等渠道来传播非遗文化的衍生产品,并且通过线上产品吸引的流量来带动线下的产品消费,构建出一条完整的文化产业链,实现非遗文化产业链从单一、线性的固定化模式到多元、非线性的延伸性模式的转化。

7.3.2 人机协同提升广西非遗文化传播效能

目前,广西非遗文化的传播还存在很多问题。一方面是非遗文化赖以生存的环境不断缩减。随着时代的发展,广西壮族自治区原有的生产生活方式以及观念等随居住、生活空间的变化而变化,非遗文化所依附的环境载体由此发生改变。随着传统村落和传统习俗的消失和消散,非遗文化的自然原生环境传承出现断裂。此外,过去传统村落中对于非遗文化的保护和传承基本是以书面记录和现场表演的形式,存在流于表面的局限性,不能使人深入了解非遗文化的情感内涵和精神所在,而且少数传统文化仅在特殊节日才展示出来,这不利于将非遗文化和技艺完整、系统地传承下来。因此,需要运用数字技术来建构一个多维空间,对非遗信息进行数字记录、还原与传播。根据非遗文化的类型不同,对其进行不同的数字整理、开展不同的数字化传播方式,如对于传统音乐、传统舞蹈,可以通过音像短视频将其生动呈现在网络空间,以供受众进行虚拟观赏;对于传统技艺,则可以通过互联网的互动功能营造一个可视、可触的场景,让受众在三维空间直接进行学习和体验,通过这些渠道来体会非遗文化的魅力之处(宋方昊和刘燕,2015)。

另一方面是代表性传承人的老龄化趋势。传承人年龄普遍偏大,且对非遗内容及技艺的认知还停留在过去传统的旧思想中,对非遗信息的传承往往采用照搬、复刻的模式,缺少创新思想以及将非遗信息与时代相结合的数字敏感,不能够使非遗文化在新环境下"活"起来。与此同时,年轻一代早已习惯了使用手机软件、互联网等媒介来接收信息,喜欢接触那些能听、能看、能互动的多样化表现形式,也更热衷于身体力行、身临其境的体验方式,不愿去主动传承死板的传统非遗文化、非遗传承人逐渐出现了代际断裂的趋势,这是十分不利于非遗文化的传承发展的。

因此,不仅是非遗文化传承人应该主动吸收新文化、新事物,在传承非遗文化主要内涵的基础上实现数字化、多样化发展,主动探索新兴的方式来将丰富的传统文化内涵与鲜活的创新的传播形式有机结合,而且应该加强年轻一代对非遗文化的学习和传承,充分发挥每一个传播主体的创造性,倡导其主动通过直播、短视频等形式来传播非遗文化的体验感受,以此来吸引更多的互联网用户参与非遗文化的传播,提升非遗文化的生命力与时代价值。随着网络技术的快速发展,新时代的受众不再仅仅是信息的单方面接受者,而是被赋予了更多的传播主动权,成为网络信息内容的生产者和传播者。在非遗文化的传播过程中,数字技术和互联网平台为受众提供了更多便捷的功能,受众不仅是文化信息的接受者,同时也是文化信息的输出者。

人机协作的传播方式倡导"人"这一主体对非遗文化的积极参与,要充分发挥每一个社会主体的传播主动性,在满足每一个个体对文化的体验需求的同时,推动非遗文化在新时代实现创新发展。早在20世纪60年代,加拿大知名传播学者麦克卢汉便提出经典理论"媒介即人的延伸",这一理论到元宇宙理论盛行的今天依旧受用。延伸性的媒介观为现代人类社会中不断更新的媒介技术指引了一个基本方向,即人这一媒介使用主体的重要性。

首先,政府相关机构人员要充分利用数字新媒体的发展技术和环境,在各级政府网站和主要门户网站设立非遗文化展示专栏,通过文字解说、图像展示、音频播放、视频呈现等形式将非遗文化资源向公众展示出来,也可以通过动漫角色、主题游戏等多角度、多形式的创新来扩大非遗文化的传播渠道以及传播面。同时,需要完善相关体制与机制,落实相关的保护政策以及发展规划,加大网络传播的宣传力度,营造一个良好的网络传播环境。相关宣传部门工作人员也要借助互联网以及手机软件等各种社交媒体的交流互动功能,对当地非遗文化开展垂直化、立体化的宣传,例如发布最新视频动态、开展线上直播、线上讲座等,进行精准传播。

其次,注重数字平台的建设,实时更新官方网站以及各相关平台上的非遗文化内容,并且可以充分发挥主动性,积极体现出不同地区、不同文化的特色,使其具有创造力和吸引力。相关网络平台要完善搜索栏、订阅栏、链接分享等相关功能,为受众提供快捷的信息检索、接收、分享的功能,方便受众通过浏览网页来获取非遗信息,深入了解非遗文化的内涵和价值,获得良好的使用体验。此外,广西非遗文化中相当一部分内容起源于或传承于民族地区,因此在传播优质的非遗文化内容的同时,要突出民族地区的非遗文化特色,打造民族文化传播的新招牌。一方面,要培养民族地区的非遗文化传承队伍,形成可持续的非遗文化传承人培养体系。一是要加强非遗文化传承者对非遗文化的内容以及技艺的学习和管理,更要加强其对网络数字技术的学习和应用,主动将所学得的非遗文化信息与新兴数字技术以及网络平台结合起来,并且积极通过各类社交媒体、短视频平台等更新非遗文化信息以及拍摄非遗文化纪录片等,主动向外传播民族地区的特色非遗文化。二是可以通过模拟不同时代当地居民生活的场景,以特定的地域空间场景唤起非遗文化所在地区年轻人的历史记忆和文化自豪感,以情感为纽带提升年轻人对传统非遗技艺传承的使命感。传统的非遗传承模式以师徒传承、口传心授为主,这要求非遗传承人具备一定程度的认知基础。因而在未来的元宇宙非遗文化传播中要有一定数量的、以团队为单位的专业文化内容生产者,以充足的知识储备来提高非遗传播的专业性。另一方面,还要鼓励广西民族地区的广大群众运用手中的自媒体工具主动传播本地区的非遗文化,让越来越多的人主动加入非遗的保护传承之中。互联网和5G技术的普及让更多人运用大众媒介接收信息,也更便捷地采集、制作及传播音频和视频信息,这些民族地区传达出去的带有民族特色的信息,将会吸引其他地区受众的注意,由此更好地为非遗文化提供更广阔的舞台,在实现传统非遗文化传播的同时,也实现了民族信息的对外输送。此外,通过数字技术可以呈现不同地域的自然风光,实现对民族地区特色文化和非遗文化的虚拟体验,由此可以增强非当地人对非遗文化的认同感,为非遗传承带来新的发展思路。在沉浸式、互动性地参与非遗文化体验活动后,非本地人在多感官体验中增加了非遗文化知识储备,与此同时,也能以技术为中介实现自我挖掘和输出,从而有利于这部分受众自发形成非遗传承的行动。

再次,非遗文化的传承和发展要充分凸显人的主体性。一方面,在非物质文化遗产的数字化保护与传承过程中要满足受众的心理需求。在网页设计、短视频剪辑、文创产品制作过程中要考虑受众的需求,在其中增加文化趣味和收藏价值,让受众在浏览和购买的过程中体验到参与感和满足感,在轻松的上网环境中感受到非遗文化的深刻内涵。积极开发官方手机软件,基于非遗文化的数字资源来进行数字化传播,满足互联网快速发展背景下移动化、碎片化的传播特点,使广大受众能够容易、快捷地进行搜索,沉浸式、垂直化地了解和体验非遗文化,并借助短视频、全息投影等数字技术赋予非遗文化新的表现形式。另一方面,非遗文化传播也必须与时代需求相结合。这是创意性保护的一种方式,即建立在创意产业与"非遗"资源有机结合的基础上,通过创意把"非遗"融入当代社会和现实生活的一种活态传承方式(李志雄,2013)。

因此,除了需要将数字技术运用到传播过程中去,积极拓展传播形式和渠道以外,也需要融合时代需求,提升非遗文化在当代的审美价值。在非遗文化数字衍生产品的策划和制作阶段,就可以公开收集受众的意见,把握受众的审美需求,并将其与传统非遗文化的内核和精髓相融合,使其适应现代人的消费心理需求,更加符合现代人的审美风格,增强文化产品的现代艺术价值。将数字技术带入非遗文化的传播过程中,不仅丰富了非遗文化的表现形式,也实现了受众对非遗文化的情感升华。受众在接收和传播非遗信息的过程中，既加深了对非遗文化的理解，也加深了对非遗文化的喜爱。此外，沉浸式场景的应用能让作为消费者的受众真实了解到非遗产品的全貌，包括历史演变、文化技艺等，这种体验不仅满足了受众的个性化需求，也让受众体会到非遗文化所传递的情感和精神，丰富了非遗文化在新时代的内涵。

7.3.3 虚实联动释放广西非遗潜在价值

元宇宙空间虽具有虚拟性和超现实性，但是其发展一定是基于社会生活中的物质基础，是与社会生产息息相关的，也就是说元宇宙不能够与人类生产生活中的客观实在脱离。在既有的物质资料的基础之上，元宇宙空间又通过对VR、AR等数字技术的开发和拓展应用，营造出身临其境的虚拟体验空间，满足受众的接收需求。元宇宙在未来发展中的一个关键维度上的突破就是致力于实现人的嗅觉、味觉及触觉等感官效应的线上化，即实现人类在虚拟世界中感官的全方位"连接"（戴其文 等，2013）。由此可知，物质基础和虚拟技术都是元宇宙发展必不可少的重要因素，只有充分利用虚实联动的方式来发展，才能更好地激发广西非遗文化的潜在价值。

采用虚拟与现实相融合的方式来对非遗文化进行传承、体验以及传播，不仅突破了以往传统的单一接收和体验模式，也创新了文化内容的呈现形式和互动形式。将数字技术运用于非遗文化的保护过程中，通过VR、AR等技术呈现不同地区的自然风光，并建构模拟出历史上不同时代各族人民的生活场景，充分满足了受众视觉、触觉等感官的需求；通过沉浸式的虚拟历史环境和特定的音频和视频特效，促成受众与虚拟情境、故事场景之间的互动，联结了过去和现在两个时间和空间，让用户瞬间穿越古今去感受真实的历史时空，更加促进了受众对非遗文化的认同感，更好地领略非遗文化魅力所在。

非遗文化产业与数字技术融合是当下互联网技术发展的大势所趋，因此应该顺应这一趋势，并且主动采取多种措施来保障以及促进二者的融合发展。对于博物馆、文化馆这类收藏非遗文化信息的场所，应该主动转变传播方式，拓展数字博物馆功能。博物馆纷纷举行云游博物馆的系列活动，允许受众对馆内的珍藏品进行虚拟参观，实现了艺术作品的网络共享。受众在虚拟的体验过程中获得近乎真实的体验效果，这样的体验方式也更符合年轻一代接收信息的习惯,能够吸引更多的人参与进来。以 5G 技术为核心的数字技术融入非遗文化传播实践,让受众不用进入线下博物馆就可以远距离观赏非遗作品。此外,非遗文化的网络直播也是在新媒介环境下向受众传递非遗信息的有效途径之一,网络直播基于非遗文化的现实环境来实时呈现内容的生产过程,向受众直观传递出了文化产品的基本面貌与信息,同时积极与各类电商平台达成合作,推出非遗文化系列文创产品,在推动非遗文化的传承、保护和发展的同时,也促进了传统手工艺品的生产和销售,利用直播的方式精准切入消费市场,提升了非遗文化产品的经济效益。

数字技术的瞬时性、高效率传播使非遗文化更快速地传达至受众,为各类非遗文化的传播提供了网络传输基础,扩大了目标受众的覆盖面。在非遗技艺的数字化传播实践方面,广西壮族织锦技艺的数字化传播经验或许值得我们借鉴:不仅为壮族织锦文化建立了网络博物馆和官方网站以供受众了解织锦技艺的历史渊源、制作流程等内容,也开设了"壮族织锦文化官方网店"来满足消费者对于织锦文创产品的消费需求,拓宽了消费途径,扩大了消费市场。此外还建设了壮族织锦文化虚拟体验馆,让受众在三维空间内体验壮族织锦技艺的文化魅力。通过增强现实、虚拟现实等技术,极大增强了受众参与式、在场的、动态的生产场景体验,激活了受众对非遗文化作品的消费,提升了消费转化率。

把非遗文化从传统村落搬到正式舞台之上,结合舞台的声光电效果创作喜闻乐见的文化作品也是非遗文化传播的渠道之一。充分利用大众传播媒介与高新科技手段进行传播,将过去的非遗文化转移到现代舞台上,并结合舞台创意而产生崭新的文化产品,是增强非遗文化市场竞争力的一种路径。如艺术作品《云南映象》和大型实景演出《印象·刘三姐》,其演出内容分别以云南和广西的非遗文化故事为基础素材,将民族特色故事以表演节目的形式呈现在观众面前,利用高技术手段和现代传播媒介,打造出精彩的现场实景演出。直到今日两部作品也依旧活跃在各剧场舞台之上,受到广泛的好评。因此,在非遗文化的保护开发中应坚持与时俱进,特别是充分发挥文化创意与科技融合的作用,通过打造文化作品来增强非遗文化产品的市场竞争力。

此外,非遗文化的数字动漫转化也是实现大众传播的有效方式,对非遗文化内容和其深刻含义进行挖掘和整理，提取其具有特色和价值的部分以及音乐、舞蹈等元素，依照数字动漫的创作流程和规则，创造出相关动漫角色和场景，使作品满足大众的娱乐需求和审美要求。数字动漫以生动、直观的视频画面来展现广西非遗文化独特的民族文化记忆，促进数字动漫艺术与非遗文化的融合，增进受众对广西非遗文化以及民俗风情的了解。数字动漫产业与文化产业链相结合所形成的数字内容产业，将传统非遗文化以及民族艺术带入现代的网络文化产业中，发展文化内涵高、数字技术强、创新立意好的文化产品，进一步提高了地方文化传播力以及在全球化传播中的影响力（蒋慧，2018）。

数字时代为传统文化产业的发展带来了巨大的变革，改变了传统的商业模式和文化价值链，同时也为非遗传统文化在新媒介环境下的发展提供了崭新的道路。2021年，敦煌美术院推出了首款敦煌艺术系列动态数字藏品以及系列盲盒，为敦煌文化的爱好者们提供了数字化的新体验与新玩法，其相关短视频的观看人数破千万，在互联网空间有着很高的热度。

数字技术对真实的城市建设进行的预测和虚拟展示也极大吸引了公众的注意力，通过对现实城市中的场景要素进行收集和分析，实现了虚拟空间与现实空间的虚拟共存场景。2022年6月12日，全国首条实现线上线下同步开放的非遗街区广州北京路开街，来到此处的人们戴上VR眼镜即可虚拟穿梭于非遗街区这一元宇宙世界，实现沉浸式体验非遗展区、非遗集市等，此举吸引了大批游客到访。由此可见，移动互联网时代非遗文化与艺术作品、真实场景相结合的发展模式已经在拉动经济增长、促进区域发展等方面取得显著成效。

在元宇宙时代，数字技术还将进一步赋能机器内容生产，通过对非遗文化内容进行收集和分类整理，可以在短时间内实现非遗文化体验产品的批量生产。这不仅提高了非遗内容的产出效率，也降低了内容生产的成本，为非遗文化信息的传承赋能。实然，受众对于虚实联合的体验感依旧是未来元宇宙空间发展需要关注的重点。元宇宙的兴起为传统非遗文化技艺融入新时代环境提供了可行路径，满足了非遗等传统文化在保护传承、产品设计、价值变现等方面的需求，为大众带来了更加沉浸的互动体验感受。元宇宙以丰富的非物质文化遗产为内容载体，以此对元宇宙的内容层面与精神层面进行补充，推动元宇宙更加长远地发展，实现了虚实两个空间的双赢。

在受众体验非遗文化时，为了丰富受众对于场景和情节的体验，可以在体验过程中融入通关、答题、竞技等多种元素，以设置任务关卡并引导受众完成任务的方式，吸引受众来体验非遗文化的全貌与魅力。此外，新时代的网络用户会利用自己的数字知识储备和已有的数字设备基础在元宇宙空间内发挥更多的主动性和积极性。他们不仅可以通过自身创作的非遗数字产品获得一定的经济利益，还可以将作品通过大众媒介在现实世界中进行分享和传播，以此构建个人形象，更好地满足个性化需求。

元宇宙技术的发展给作为受众的我们带来了更加沉浸式和拟真化的体验，为非遗文化的传承和传播带来了十分光明的应用前景。元宇宙与非遗文化传播相结合的举措，不仅赋予了非遗文化价值创造的多样性，也赋予了广大受众更多的主动性，既有利于探索元宇宙在当下发展的新的合作路径，也有助于改善现阶段非物质文化遗产的传播困境，实现我国非物质文化遗产更好更广的传播。

第八章 元宇宙赋能广西非遗文化传播风险与治理

8.1 元宇宙赋能广西非遗文化传播风险

8.1.1 元宇宙赋能广西非遗文化传播的技术风险

1. 元宇宙技术存在缺陷可能导致传播效果欠佳

首先，元宇宙需要先进的虚拟现实和增强现实等技术，以及高性能的计算能力和图形处理能力。如果技术无法满足要求，可能导致内容质量不佳、用户体验差或者无法正常运行等。而目前，元宇宙产业的许多技术瓶颈问题仍然难以突破（蔡苏 等，2022），如硬件设备操作复杂、不够便携、算力负荷大，无法完美贴合用户的需求，VR、AR 专用头盔会使用户产生眩晕感，其清晰度和刷新率仍存在提升空间。并且元宇宙的相关技术如区块链等本身也是发展中的数字技术，仍存在算法漏洞等潜在风险（谢新水 等，2023）。

其次，元宇宙的使用需要稳定的网络连接和较高的宽带网速。网络延迟或不稳定的连接可能导致传播中断，致使用户体验受损。尤其是在一些偏远山区或信号不畅通的场地，网络基础设施可能不够完善，这会限制广西非遗文化在元宇宙中的传播，影响其传播效果。

最后，元宇宙技术是由不同的供应商和开发者提供的，其各自的标准、格式和协议都有所不同。也就是说，相同的广西非遗文化项目的传播内容和应用程序在不同的供应商和开发者提供的元宇宙平台中会存在兼容性和互操作性问题，这些问题有可能会导致非遗数据的丢失，影响传播效果。

2. 非遗数据存在潜在的技术性安全风险

元宇宙在推动非遗文化产业数字化进程的同时，也加大了非遗文化数据储存、用户隐私保护等安全治理风险。一方面，广西非遗例如钦州坭兴陶烧制技艺、壮族织锦技艺等比较重要的传统技艺类非遗文化数据的储存所需要的安全度较高。另一方面，VR 眼镜、智能手表等终端设备将采集用户的眼动、声音、心率、血压等生物特征数据，特别是脑机接口等技术能够直接采集人的大脑数据。这些隐私信息存储在元宇宙空间中，而元宇宙的支撑技术，如区块链技术等，由于其公共性、自动化、非中心化等特性而导致了诸多风险，即潜在的技术型安全风险来自其自身安全性（苏宇，2022）。倘若未经充分保护，如数据库缺乏有效的防火墙措施或程序错误等，非遗数据和用户信息便可能受到病毒攻击或形成安全漏洞（解学芳和贺雪玲，2023a），致使数据泄露、数据滥用或未经授权的访问（陈辉等，2022），也可能导致广西非遗文化的传播内容被篡改或破坏。

3. 日常维护及技术更新换代需大量人力物力投入

元宇宙技术不断发展和演进，元宇宙空间中的非遗数据也需要持续地维护和更新。日常维护可以保证非遗数据库的安全性和正确性，避免未知错误发生对传播内容造成影响。另外，元宇宙技术在不断发展，非遗文化也不断融入现代生活，将非遗文化传播应用程序与元宇宙新技术结合不断更新换代是持续发展的需要。如果不及时更新和维护元宇宙技术及非遗数据，可能导致广西非遗文化内容过时，技术落后，无法适应新的技术发展和用户需求。因此要在新技术支持下不断推出新型呈现模式，跟上技术发展的浪潮，持续创新用户体验。但这需要投入大量的时间、金钱和人力资源。

4. 过度依赖传播技术影响非遗数字化传播逻辑

元宇宙赋能下的广西非遗文化传播是以数字技术为底层逻辑的传播过程。就目前的实践情况来看，对于元宇宙技术和平台的过度依赖影响了非遗数字化传播的逻辑，有可能使广西非遗文化传播受限于元宇宙平台的传播，而忽视其他传播渠道的多样性。同时，工具理性取代价值理性的隐忧凸显。申楠（2023）认为，在元宇宙空间中，用户在信息传播过程中常常因虚拟场景下"传—受"双方技术地位的不平等，不得不被动沦为信息内容的接收者。这种情况剥夺了用户主动选择、自主认知和进行价值判断的机会，使得数字技术在非遗传播过程中本应起到的支撑作用，反而成了一种"宰制"力量。传者和受众作为"人"在这种技术主导的传播模式中，逐渐成为技术的附庸。非遗数字化传播的核心要义是传承和传播非遗文化内涵，以及发挥非遗作为历史文化载体对"民族文化共同体"的凝聚作用。然而，当技术主导了传播过程，这些核心要义往往被遮蔽和忽视。在元宇宙空间中，技术地位的不平等和数字技术的宰制为非遗数字化传播带来了诸多挑战。要实现非遗文化内涵的真正传承和传播，必须反思和调整当前的技术主导模式，给予用户更多自主选择和价值判断的空间，确保非遗文化的真实和深层次意义不被遮蔽。通过更公平和互动的技术架构，使非遗数字化传播回归其文化传承的本质，为民族文化的共同体凝聚贡献力量。

8.1.2 元宇宙赋能广西非遗文化传播的社会风险

1. 非遗数据采集与应用缺乏法律规制

元宇宙作为一种新兴的数字技术平台，为广西非遗传播注入强大的科技动力。在大数据时代，利用元宇宙技术保护和传承非遗文化，成为实现文化传承的重要方式之一（齐爱民和邢晶晶，2023）。在元宇宙中再现及传播广西非遗，需要收集并上传非遗数据，特别是三维非遗数据。非遗数据范围广泛，涵盖了多个层面的信息。这些数据不仅包括政府文化主管部门在文化资源共享工程、非遗记忆和记录工程等保护活动中产生的资料，还涵盖非遗研究机构和个人通过数字化保护方式生成的数据。此外，与保护和传承非遗相关的数据，如非遗传承人信息、非遗传承谱系、相关生活习俗、相关人物等，也是非遗数据的重要部分。

但在这种数据采集与呈现的过程中，可能会涉及非遗传承人及参与者的隐私信息泄露问题、数据滥用问题以及知识产权归属问题。对于非遗数据可采集的内容目前并没有明确的界定，特别是对非遗传承人的信息数据收集缺乏限度。一些组织出于商业利益会深度挖掘非遗的所有数据信息，在数据的呈现应用上以冲突、隐私等作为卖点，导致非遗传承人等私人信息隐私无法得到保护。而这样会导致非遗传承人对非遗数据的采集产生排斥心理，不利于非遗文化传播。同时，非遗数据的滥用，一方面会导致数字化非遗保护传承中的重复建设与社会资源浪费问题，另一方面有可能会导致不法分子利用非遗数据进行牟利，造成珍贵的非遗文化被境外人员私自盗采盗用，威胁中华文化安全与文化主权。随着广西非物质文化遗产在数字化转化过程中迅速发展，知识产权归属问题也亟须完善的法律规制。然而，当前对数据采集主体及数据应用等方面的相关法律规定仍较为模糊，这使得非遗数字化转化过程中面临诸多挑战。虽然其他领域的知识产权相关制度在一定程度上能够规范非遗知识产权问题，但其适配度有限，不完全适用于虚拟空间非遗文化数字内容生产的机制（张涵和许智鑫，

2023)。这导致在实际操作中，很多非遗数据的知识产权归属问题难以界定，影响了非遗保护和传承的有效性。现行知识产权制度更倾向于维护经济利益和保护权利人的私权，这在一定程度上不利于非遗资源的共享和创新。由于非遗资源具有公共文化属性，如果过度保护权利人的私权，可能会限制非遗文化的传播和创新。例如，一些非遗项目在数字化过程中，由于知识产权归属问题未能及时解决，导致其传播受限，难以实现广泛共享和利用。从广西非遗数字化传播过程中的实践来看，很多非遗传承人由于知识产权意识薄弱，导致其作品被侵权而不知，或者虽然知道被侵权但无法维权。例如，一些非遗手工艺品的造型设计在网络平台上被盗用，但由于缺乏有效的法律保护手段，传承人无法追究侵权者的责任。

非遗元宇宙依托的区块链技术具有匿名性和不可篡改性等特征，这进一步加剧了知识产权保护的复杂性。区块链技术的这些特性虽然在一定程度上保护了作品的原创性，但也使得 UGC、PGC、AIGC 以及 NFT 作品的创作者难以明确识别（刘中华和焦基鹏，2023）。这导致在实际操作中，创作者的权益难以得到有效保护，增加了知识产权保护的难度。这样不仅会导致非遗传承人无法获取效益资金，无法进行维权，还可能会导致非遗形象受损，对广西非遗文化数字化传播战略落实造成阻碍。

总而言之，为了广西非遗文化能够在元宇宙的加持下更好地传播，就必须明确谁能够采集这些数据、能够以怎样的方式采集数据、非遗数据与私人隐私数据的采集界限如何划分等问题，需要有相关的法律法规进行明确规定。

2. 元宇宙空间非遗文化呈现可能难以形成社会认同

在 VR、AR 等技术加持下，用户可以在虚拟空间中观看广西非遗文化的呈现，了解其发展历程，甚至能够亲身参与其中，体验其独特的文化传统与习俗。如在元宇宙中，用户可以自行参与到广西的蚂𧊒节中，感受节日现场的气氛，欣赏蚂𧊒节的舞蹈表演，直观地了解蚂𧊒节的习俗和形式（莫冬爱，2023）。但这样的文化呈现内容，也有可能不被社会群众认可。一方面，出于对商业价值的考虑，部分非遗文化在上传到元宇宙中时会在一定程度上对非遗文化的历史背景及非遗传承人的故事等进行挖掘、改编，加入过多煽情元素，导致非遗文化本身的内容呈现过于表面化或商业化，其真实性及完整性受到影响，从而导致用户在观看时无法对该非遗文化产生认同，甚至会产生抵触心理。此外，不完善或低质量的内容可能无法有效传达非遗文化的价值，甚至会导致用户形成对非遗文化的误解。

另一方面，广西的部分非遗，特别是"三月三"等民俗类非物质文化遗产有很强的地域性特点。如"三月三"虽然是广西全区的统一节日，但在不同的地区会有不同的文化传统与习俗，而且不同的民族在庆祝"三月三"节日时，从节日服饰到庆典活动皆有所不同。如壮族人在庆祝"三月三"时，会在自己的家门口或者村寨门口摆放祭品，祭品一般包括糯米饭、鸡鸭肉、豆腐、糖果等；在祭品旁边，还会放上一盏盏红灯笼，照亮祭品，象征迎接祖先的到来；此外，在节日庆典上还会有抬花车、摆龙船等传统活动。而瑶族庆祝"三月三"除了与壮族类似的祭祖活动外，还会穿上瑶族特色民族服饰，跳着瑶族的传统舞蹈，在欢快的音乐中庆祝节日；人们还会进行集市交易和社交活动，彰显着瑶族的文化和风情。这种差异性也会导致广西本土有着不同民族背景的用户在看到与自身经历不同的非遗文化时，不可避免地产生怀疑心理。

元宇宙的用户来自不同地区和背景，观点和态度可能存在差异。广西非遗文化可能受到误解、歪曲或争议，导致文化冲突或不良影响。特别是在进行国际化或跨文化传播时，由于元宇宙跨越了不同的地域和文化，存在的语言障碍可能会导致信息传递不畅，导致外国用户无法理解广西非遗存在的历史背景与所反映的民族情感，无法引起群众认同。

3. 面临外来文化冲击，引发冲突和对抗

元宇宙中的参与者能够无缝地接触来自全球各地的文化。这种直接接触虽然促进了文化交流和融合，但也使得本地非遗文化面临外来文化的冲击。不同文化的相遇和碰撞可能带来理解和包容，但也可能引发冲突和对抗。在文化元宇宙中，不同的文化社群通过虚拟社区相互交流和互动。这些社区虽然提供了展示和传播各自文化的舞台，但也可能因为文化差异而产生摩擦和冲突（张涵和许智鑫，2023）。例如，某一文化社群在虚拟社区中展示他们的传统节庆活动，而其他文化社群可能因为无法理解这些活动的意义而对其产生负面评价或不和谐的互动。文化冲突的根源在于不同文化之间的价值观、社会规范和生活习惯的差异。在文化元宇宙中，这些差异被放大，导致文化冲突更加频繁。例如，一些文化社群可能重视集体主义，而另一些则强调个人主义，这种基本价值观的差异可能在互动中引发冲突和对抗。在文化元宇宙中，已经出现了一些文化冲突的案例。例如，某些传统文化的表现形式在虚拟社区中被其他文化群体误解或不尊重，导致争论和对抗。这种冲突不仅影响了文化交流的和谐氛围，也可能对非遗文化的传承和保护造成负面影响。

4. 技术接入门槛高导致数字鸿沟现象加剧

元宇宙赋能下的广西非遗文化传播能够以更加生动、立体的形式呈现在人们面前。相较于广播、电视、报纸等传播渠道，元宇宙打破了时间和空间的限制，使得人们能够身临其境地感受广西非遗"三月三"节日的热闹氛围，了解壮族三声部民歌的历史发展，"现场"观看壮剧等，极大地丰富了人们对广西非遗的认识，增长了人们的阅历。虽然元宇宙技术能够更好地进行非遗文化传播，但必须认识到，由于元宇宙接入设备、接入技术以及接入平台等的限制，只有部分人群能够接触到元宇宙空间的非遗文化，这可能会导致社会数字鸿沟现象的加剧。

首先，要在元宇宙中体验非遗文化需要配置相应的硬件设备，如高性能电脑、VR眼镜、AR专用头盔、手柄等。这些设备尚未普及，甚至由于资本炒作等原因，价格普遍较高，溢价严重并且性能不稳定。这使得经济不富裕的人难以获得元宇宙设备使用机会（林建，2023）。此外，部分人群认为元宇宙接入设备无法像手机一样具备实用性、刚需性的特征，且出于对其性能的考量，便一直处于观望状态。因此，在源头接入阶段便形成了第一道数字鸿沟——接入沟，由此元宇宙空间中的广西非遗文化的传播范围受到限制。

其次，在拥有了元宇宙接入设备后，用户还必须掌握元宇宙技术，要有较高的技术水平才能更好地在元宇宙中体验广西非遗文化，在元宇宙空间中进行广西非遗文化传播。但普通用户可能无法掌握必要的技术知识和技能来应用元宇宙技术进行文化传播。对于受教育程度较低的人士或年长者而言，元宇宙信息技术更新迭代的速度远远超过了他们接收与理解信息的能力。并且，从地域来看，大都市以外的人要付出更高的成本才能获得接触元宇宙相关技术的机会（张成岗 等，2018）。这些因素都会加剧第二道数字鸿沟——使用沟，由此人们获取元宇宙中广西非遗文化的传播内容存在差异。

最后，当前能够提供元宇宙服务的平台比较有限，这些平台的用户数量相对较少，难以吸引大量用户参与其中，因此传播范围也会受到限制。在接入设备以及技能掌握存在差异的基础上，接入平台的限制也进一步加剧了数字鸿沟。元宇宙中的广西非遗文化的传播信息将被垄断在少部分掌握了元宇宙技术的专业人士手中，传播范围受限，也会导致非遗文化传承在较为封闭的社群中传播，可能得不到足够的曝光和宣传。同时，普通用户所获取的非遗传承信息也将由于硬件、软件等存在差异。并且随着社会数字化程度不断提高，不同地区之间、不同教育程度人群之间的数字鸿沟将不断扩大，非遗文化的知识鸿沟也将进一步扩大。

8.1.3 元宇宙赋能广西非遗文化传播的文化风险

广西非物质文化遗产是世代传承、与广西当地人生活密切相关的文化表现形式和文化空间，生于广西长于广西，具有很强的本土性色彩。元宇宙赋能广西非遗文化传播的一大风险：非物质文化遗产脱离其生存的现实社会环境后能否在元宇宙空间中得到良好的传播与传承，非遗文化的完整性能否在元宇宙赋能过程中得到保证？元宇宙技术对广西非遗文化传播的赋能常常借用数字化手段展开，能够实现对非物质文化遗产生产工艺、生产流程、生产成果的数字化转换与复刻，使非物质文化遗产脱离原生的民族性场域，进入一个全新的虚拟世界。但元宇宙作为一种数字技术，本身具有局限性，对于非物质文化遗产的复刻往往浮于表面或着力展示文化的某一部分，文化在复刻的过程中会被解体，从而无法展现文化深层次的内在脉络，非遗文化的完整性在复刻过程中难免丢失。广西地处祖国西南边疆，具有沿海、沿边、沿江的区位优势，作为民族自治区，全省汇聚壮族、瑶族、侗族、回族、彝族等多个民族（何艳霞，2023）。各民族世代生存的自然环境存在较大差异，导致其生活习惯、文化习俗、价值观念、宗教理念、话语体系等文化环境也存在较大差异，由其衍生的世代流传的非物质文化遗产也存在明显差异，具有强烈的民族色彩。元宇宙对于广西非物质文化遗产的复刻是浮于表面的，无法再现广西非遗文化生态系统，无法在虚拟空间中建构一整套地方性、民族性的文化关系，滋养着非遗发展和传承的民族文化环境、价值观念和当地居民的生活方式等都会被剥离（黄靖雯和朱夕纳，2023）。非物质文化遗产作为文化的一种，其产生与成长都与人们日常生活息息相关。非遗作为一种具有生命力的文化现象，生命力源于其在日常生活中的活态传承。非遗文化在特定的社会文化环境中蓬勃发展，维系着与当地生活习俗、传统技艺、宗教信仰等社会文化因素的内在关联。若将非遗强行转移到数字技术空间中，割裂其与其他社会文化因素的联系，非遗便可能失去其原有的生机，面临枯萎的风险。例如，壮族的三月三歌圩节不仅是一种节庆活动，更是壮族人民表达情感、传递文化和强化社区认同的重要方式。这种活动依赖于特定的社会环境和互动场景，只有在这种环境中，非遗才能展现其真正的价值和生命力。数字化的非遗可能变成一种孤立的文化符号，失去其原有的文化语境和社会互动。例如，虚拟现实中的壮族舞蹈表演虽然可以精确再现舞蹈动作，但如果没有现场的观众互动、鼓乐伴奏和节庆氛围，这种表演便失去了其原有的文化意义和情感共鸣。

1. 元宇宙赋能非遗文化传播的本真性风险

元宇宙赋能非遗文化传播的重要方式就是"真实直观再现非遗文化全貌"、"原汁原味"还原非遗文化的表现形态等，实现对非物质文化遗产"本真性"的追求。但是，元宇宙赋能真的能够保证非物质文化遗产的"本真性"吗？这一点值得我们深思。对于"本真性"的追求本身就是将非遗文化放置在一块不断缩小的飞地上（本迪克丝，2006），将动态的非物质文化遗产静态化，违背了非物质文化遗产的动态变化的规律。

赵星植（2022）认为元宇宙中的互动本质上是一种符号互动。这种符号互动是通过抽象和编码的符号形态来实现的。符号作为中介，连接了元宇宙中的用户和信息，使得用户能够在虚拟环境中进行交流和互动。元宇宙对非遗文化的保护因数字符号的介入具有创造性，其本身就是对非遗文化的抽象化、数字化建构过程。这种保护方式不仅实现了非遗文化的保存，还通过数字技术为其注入了新的生命力。

非物质文化遗产在编码、解码的过程中会被人的主观能动性所渗透。所以，与其说是对非物质文化遗产本真形态的复刻过程，不如说是对非物质文化遗产的再创造过程。"口传、身授"是非物质文化遗产特殊的传承方式，传承人本身就作为非遗文化不可或缺的一部分，传承人本身承载着地方的生活习惯和价值观念，其表达的文化内容是构成地方社会文化体系的重要组成部分。在元宇宙赋能非遗文化传播的过程中保持本真形态或自身价值内涵的关键在于尊重工艺传承人。让传承人参与进来，让他们能够以自己的文化逻辑对非遗文化继续数字化、符号化表达，始终维持非遗与传承人之间的共生性，才能最大限度地维持非遗文化的本真性（王明月，2015）。

2. 元宇宙赋能非遗文化传播的效益风险

元宇宙技术不仅深度渗入了非遗文化产品的生产过程，还嵌入非遗文化产品的消费过程中。作为文化的一种形式，非遗在元宇宙赋能下，其传播与传承影响着文化消费者的认知及相关文化行为，进而产生一定的社会文化效应。这种效应可以从两方面进行阐述：一方面是对生活在其他文化背景下群体的文化认知影响，生活在不同文化背景下的群体在接收到非遗相关信息后，会对其形成新的文化认知。在接触非遗文化时，不同文化背景的群体会首先基于自己的文化基模来进行认知和理解。文化基模是指个人在长期生活中形成的对文化现象的基本认知框架。通过这种框架，受众会依据自身的兴趣、爱好和价值标准，对非遗的基本情况做出初步判断。例如，一个生活在都市中的人可能会通过元宇宙了解到壮族的三月三歌圩节，初步认知可能会集中在节日的热闹氛围和独特的歌舞表演上。随后，这些群体会在元宇宙中通过与其他文化背景群体的互动，不断调节和深化自己对非遗的初印象和理解。这种互动可能通过虚拟社区、在线讨论和共同参与虚拟非遗活动等方式进行。在这个过程中，不同文化背景的人们分享各自的见解和体验，促进了对非遗的全面理解。例如，通过参与虚拟的壮族歌圩节活动，用户不仅可以观看表演，还可以与壮族传承人互动，学习传统歌舞的历史和文化背景。另一方面是对非遗传承者文化传承行为的影响。对于非遗的传承者而言，元宇宙赋能的数字化非遗产品以全新的面貌、携带全新的信息内容，呈现在他们面前，这会直接影响他们的文化传承行为。非遗产品数字化后，不仅保留了原有的文化内涵，还增添了现代科技元素，使其在传承过程中具有更多的表现形式和传播渠道。例如，数字化的壮锦不仅可以通过虚拟博物馆展示，还可以在元宇宙中进行互动教学，使更多人学习和体验这种传统技艺。数字化改变了非遗的生产与传播过程，使传承人的社会文化关系随之发生变化。学者对巴马—盘阳河流域壮族歌咏数字化案例的分析显示，数字化前后壮族歌咏的生产与传播方式发生了显著变化。数字化之前，歌咏主要通过口耳相传和现场表演进行传播；而数字化之后，歌咏可以通过虚拟平台进行展示和传播，扩大了受众范围，增加了传播途径。这不仅改变了传承人的角色和地位，也影响了他们与社会的互动方式和文化传承行为。例如，传统歌咏的传承人现在可以通过元宇宙平台与全球观众互动，分享和教授壮族歌咏技艺，这在以前是难以想象的。元宇宙技术赋能非遗文化的生产和消费，不仅推动了文化的数字化保护和传播，还带来了深远的社会文化效应。这些效应体现在受众的文化认知转变和非遗传承人的文化传承行为变革上。通过元宇宙技术，非遗文化得以在现代科技的支持下焕发新的生机，实现更广泛的传播和传承。

当前对于元宇宙赋能非遗文化传播缺少对社会文化效应的关注，也没有相应的完善方式，这使其潜藏着社会文化效益风险。首先，需要对非遗产品消费者进行分类，即非遗的传承者与他者文化群体，两者在非遗文化保护中扮演不同角色：传承者要促进自身族群文化的延续与发展；他者文化群体则需要树立尊重文化多样性、兼容并包的态度。其次，对非遗文化产品功能进行分类。对于非遗传承者，非遗产品应尽量保持其"原汁原味"，才能引起传承者的文化共鸣，进而形成文化自觉，最终完成文化传承；对于他者文化群体，应该注重其交互性体验，让他者文化群体能够在交互体验中深入了解非遗文化。若无法做到以上分类，元宇宙赋能非遗文化传播很容易导致他者文化群体的文化误解，也会消弭拥有非物质文化遗产传承者对于非遗文化传承的信心与信念，不利于非遗文化的传播与传承。

3. 元宇宙赋能非遗文化传播的文化冲突风险

元宇宙既映射了现实物理空间中具象的人、机、物，又承载了社会关系、价值取向、组织文化等抽象要素。虽然元宇宙技术能够为非遗文化传承扩展更多宣传渠道，降低不同文化间的交流门槛，让更多的人能够认识和了解非遗文化，但元宇宙作为一个全新的虚拟世界，其承载着除非遗文化以外的其他文化，各类文化在元宇宙这个数字虚拟平台上交融与碰撞。元宇宙赋能非遗文化传播，意味着非遗文化进入了元宇宙这个生态空间，非遗文化会被更多具有不同文化背景的他者审视，被更多维度、更复杂的外来文化冲击和碰撞。非遗文化直接暴露在不同的文化背景和社会秩序之下，其发展走向也变得扑朔迷离。

百里不同风，千里不同俗。广西非遗文化具有强烈的地方性、民族性和宗教性，与其他文化具有本质统一性和形式差异性。广西非遗文化在元宇宙这个大舞台上会被不同文化群体观望和审视。不同接受者所处的社会文化生活环境不同，他们对同一文本信息的解读必然存在差异性。那么其接收到的非遗文化是否切实有意义不得而知。另外，广西非遗文化的民族特色也会面临在文化大熔炉中逐渐被同化、去差异化、去地方化，变得"泯然众物"的风险。广西非遗文化能否在元宇宙世界中承受住来自不同文化的审视与冲击，能否不被其他社会价值解构并保持自己的独特性，能否在元宇宙的文化大熔炉里不被兼容，依旧值得我们深思与警惕。

8.1.4　元宇宙赋能广西非遗文化传播的经济风险

1. 元宇宙赋能非物质文化遗产的经济成本风险

就经济价值而言，元宇宙赋能非遗文化是一件高成本、低收益的事情。元宇宙作为一种新兴数字技术，早期的技术引入和基础设施建设等都需要投入高额成本。这对于文化部门或文化企业都是一笔不小的支出。相较于成本而言，前期元宇宙赋能非遗文化传播所带来的经济收益是较低的，甚至会出现负盈利。这意味着该项投资具有较大的经济风险。一些小型文化企业想要借元宇宙的东风占据市场，但相关项目往往在前期的技术引进与开发阶段就因高额成本而折戟沉沙。由于元宇宙赋能非遗文化传播是一个全新的领域，且由于之前的非遗数字化出现的一系列问题，文化企业在为元宇宙赋能非遗项目融资时较为困难，投资人看不到其发展前景，往往持观望态度，很少有人愿意做第一个吃螃蟹的人。元宇宙赋能非遗文化传播在前期面临着成本高、融资难、收益低的经济风险。

就其中期发展而言，元宇宙赋能非物质文化遗产保护与传承这一模式尚未探索出一套合适的盈利模式。目前为止，元宇宙赋能非物质文化遗产保护这一项目的实施往往依赖于政府的财政拨款，项目本身难以转现和盈利，自身造血能力较弱，常常是入不敷出。一些大型文化企业资金雄厚，能够承受住前期的高额开发建设成本，但在中期建设中由于没有形成行之有效的盈利模式，项目最终也只能走向夭折。一些文化部门依靠政府拨款搭建元宇宙平台，但由于项目不够成熟或建设浮于表面，难以真正落实到非遗传播过程中，导致元宇宙赋能非遗项目成为一个没有血肉的空壳子，成为一些部门获取财政拨款的手段或工具。广西非物质文化遗产具有民族性，分布较为分散，产业规模较小，这意味着无法发挥规模效用，运营成本较高，导致元宇宙赋能非遗文化传播遇到"瓶颈"。

2. 商业化逻辑解构非物质文化遗产的文化内涵

元宇宙作为一种商业资本，本身就带有强烈的商业化特质。元宇宙赋能非遗文化传播意味着元宇宙的商业逻辑必然会在潜移默化中植入非遗文化，非遗文化传播也会从一种文化转化为一种文化资本，面临被资本支配的风险。元宇宙作为一种互联网技术，需要配备完善的基础设施、软件和硬件设备，这一系列技术特点意味着以元宇宙为基础的产业需要形成一定的规模效应，才能与元宇宙相匹配。元宇宙赋能非遗文化，意味着非遗产业会被迫进入大规模生产阶段，打破原先由手工艺人制作传承的局面，原生非遗传承人会在技术垄断下失去话语权，元宇宙技术背后的资本占据话语权。商业逻辑的重要特点便是迎合市场，迎合消费者需求，这意味着非遗本身所具有的文化传承会逐渐让位于商业利益。非遗文化具有民族性、地方性、宗教性等特点，一些非遗文化很难得到大众理解，毋庸成为大众所喜闻乐见的文化产品。为了迎合大众趣味，非遗文化要么不得不摒弃自身独特性，包装成为大众喜爱的样子，要么被边缘化，成为商业营销的噱头。

元宇宙技术为广西非遗发展注入了新的活力，通过数字化手段实现了非遗产品和工艺的完整复刻，并赋予其商业化潜力。然而，这一过程也带来了显著的商业化后果和新的风险，影响了非遗文化的传承和发展。在元宇宙赋能下，许多非遗项目的数字化传承被简化为商业广告和网络带货。非遗文化被视作普通商品，通过直播平台、电子商务等渠道进行推广和销售。例如，广西的壮锦、苗绣等传统手工艺品被包装成时尚商品，在网络平台上进行推广，吸引了大量消费者的关注和购买。然而，这种形式的传播更多关注的是如何将非遗产品卖得更好，或者如何利用非遗文化赢取更多商业利益，而非如何更好地传承和发展非遗文化。部分非遗商品作为"文化工业"产品，被迫迎合受众的审美需求，文化内涵被商业逻辑解构，变得支离破碎、面目全非（申楠，2023）。例如，为了迎合市场需求，一些传统手工艺品被设计成现代化的家居装饰品或时尚饰品，虽然增加了商业价值，但失去了原有的文化意义和传统技艺的精髓。

元宇宙技术通过数字人技术、NFT等手段，为非遗产业带来了新的经济活力。数字人技术可以模拟非遗传承人的形象和技艺，进行虚拟展示和互动教学；NFT 则将非遗作品数字化，使之成为独一无二的数字藏品，吸引了大量投资和收藏。然而，这些技术也引发了概念炒作和资本风险。例如，NFT 市场出现了数字藏品洗钱等问题，一些投机者利用 NFT 进行非法交易和洗钱活动，损害了非遗文化的声誉和价值。元宇宙概念和产品的建构主要由大型公司和资本控制，大部分用户和手工艺人难以全面、系统、准确地了解元宇宙技术及其对非遗产业的作用机理和发展趋势。这种信息不对称使得他们在文化数字内容生产和数字资产投资中容易被资本骗局蒙蔽。例如，一些不良商家利用元宇宙概念进行虚假宣传和不实承诺，吸引用户和手工艺人投资，最终导致他们蒙受经济损失和文化侵害（张涵和许智鑫，2023）。

非遗文化和元宇宙两大焦点话题的结合确实能吸引受众眼球，元宇宙赋能能够让非遗文化被更多人看见，有利于非遗文化的传播与传承。但如何平衡好商业利益和文化价值，避免非遗文化内涵被商业逻辑解构，也是元宇宙赋能非遗所要考虑的问题。

8.2 元宇宙赋能广西非遗文化传播治理

元宇宙赋能广西非遗文化传播，为非遗文化的保护、传承与传播提供了前所未有的创新契机。然而，在技术快速发展的同时，其应用过程中也面临着多重风险与挑战。这些风险主要体现在四个方面：技术风险、文化风险、社会风险和经济风险。技术风险包括对平台过度依赖所带来的数据安全隐患和数字鸿沟问题（刘丽娜，2022）；文化风险则体现在非遗文化可能因数字化而浅层化、商业化甚至失真（张涵和许智鑫，2023）；社会风险集中于伦理问题和非遗传承人角色的弱化；经济风险则涉及资源分配不均与市场垄断对非遗可持续发展的限制。这些风险相互交织，对广西非遗文化在元宇宙中的传播效果构成了综合性挑战。

为应对这些复杂的风险，本书提出以政府引导、自主可控、精准治理、市场驱动、兼容并包、高效协同六个方面为核心的治理路径，建立健全广西非遗文化在元宇宙中的治理体系。这六个方面既有分工又相互联系，形成了"顶层设计—技术保障—具体实施—市场活力—文化包容—多方协作"的有机整体。政府引导提供战略方向，自主可控保障技术安全，精准治理提高执行效率，市场驱动注入发展活力，兼容并包推动文化融合，高效协同实现各方资源整合。它们共同作用，旨在最大限度规避风险，推动元宇宙技术与广西非遗文化传播的深度融合，促进广西非遗文化的可持续发展。下面将从这六个方面详细探讨广西非遗文化在元宇宙中的治理策略。

8.2.1 政府引导作为核心基础

政府引导是元宇宙赋能广西非遗文化传播治理体系的核心基础，既是顶层设计的方向指引，也是制度建设的根本保障。在非遗元宇宙的治理过程中，政府需要通过制定政策法规、推动资源分配、提供发展支持等方式，全面规划和引领非遗文化在元宇宙中的数字化保护与传播，确保治理工作有序推进。作为治理体系的主导者，政府的引导作用贯穿于技术创新、市场驱动、文化传播以及协同合作等多个方面，是推动元宇宙与非遗文化深度融合的基础。

为有效治理元宇宙赋能广西非遗文化传播过程中可能出现的风险，确保非遗文化的保护与传播有序推进，需要从法律法规、监管机制、算法优化、内容管理、多方合作、顶层设计以及治理体系建设等多个方面入手，构建科学、透明、公正的治理体系，为非遗文化在元宇宙中的数字化保护与创新传播提供全面支撑。

1. 完善法律法规与监管机制

法律法规是保障元宇宙非遗文化传播规范有序的根本基础。政府应尽快制定专门法规，明确非遗文化在元宇宙中的数字化保护与传播规则，特别是在知识产权保护、数据隐私管理和市场交易行为方面设定明确的法律框架，确保非遗文化在数字化过程中不被过度商业化或滥用。例如，可以通过设立"元宇宙文化遗产保护委员会"，监督和管理元宇宙中涉及非遗文化的所有传播活动，确保技术应用符合法律和道德标准。委员会可负责协调不同部门，对元宇宙平台上的非遗内容进行监管，打击虚假宣传、盗版侵权及非法交易行为。此外，为确保非遗传播行为合规，政府还应细化相关法律条款，对传承人展演活动、非遗产品营销活动等进行分类管理，制定传播标准和行为规范。例如，可以根据不同非遗内容的特性和传播目的，分别设立展示类、教育类和商业类传播的细化标准，以避免内容传播与相关规则的"异步困境"（潘海霞和王亦敏，2023）。同时，应对非遗文化的商业化应用设立道德和法律红线，防止在追求经济效益过程中丧失文化本真性（解学芳和贺雪玲，2023）。

2. 优化算法治理，提升公平与透明

政府应推动算法透明化和可解释性建设，提升公众和用户对算法模型的信任度。例如，可以借鉴欧盟发布的《可信赖人工智能伦理准则》提出的要确保人工智能系统在研发、部署和使用时符合可信赖人工智能的七个关键要求，即人类的能动性和人类监督、技术的稳健性和安全性、隐私保护和数据管理、透明性、多样性以及非歧视和公平、有利于环境和社会福祉、可问责性（谷兆阳和刘秀丽等，2021）。通过对算法进行外部监督和第三方审查，能够发现并纠正非遗文化传播模型中的偏见问题，确保算法对各类非遗项目的推荐具有均衡性与代表性。同时，政府可设立行业标准，要求元宇宙平台公开算法规则和推荐逻辑，以便外界能够更好地理解算法推荐的机制，杜绝因算法不透明导致的内容传播失衡。

此外，政府可以通过政策引导，鼓励元宇宙平台开发更智能化和公平化的算法模型，确保其服务于非遗文化传播的长期目标。智能推荐系统不应仅仅迎合受众的短期偏好，而应通过优化算法结构，为濒危或不"吸引眼球"的非遗项目提供更多展示和传播的机会。例如，可以设计算法优先展示与文化传承、濒危保护相关的优质非遗内容，同时降低流量导向的商业化内容的优先级。这样的改进，不仅有助于弥补公众对小众非遗内容了解的盲区，还能有效平衡非遗文化保护与商业化传播之间的矛盾。

在具体操作层面，平台可以采用多层次的智能推荐机制。此外，平台还可以通过设计专题推送功能，定期推荐与特定地区、特定传承人相关的非遗内容，帮助用户深入了解非遗文化背后的丰富内涵。优化算法治理还需要平台与多方力量共同协作。政府可以联合科研机构和行业企业开展算法技术研究，推动开发更加人性化的算法模型。同时，文化部门与非遗保护机构可以通过与元宇宙平台合作，提供非遗项目的数据资源，确保算法优化过程中兼顾文化内容的全面性与多样性。算法透明化的推进，也需要平台对推荐机制中可能产生的偏见保持敏感，定期开展算法自查和用户反馈收集，以动态调整算法设计和推荐策略。

3. 加强内容审查与智能管理

在元宇宙非遗文化传播过程中，内容的真实性与文化内涵至关重要。为此，政府应加强内容审查与智能管理机制，确保非遗传播的质量与规范性。一方面，可以通过人工智能技术对平台内容进行初步筛选，辨别虚假信息、不良内容，同时增设人工审核环节，由文化专家进一步审核内容的可靠性与文化价值。此外，非遗文化的多样性和跨地域性要求智能生产系统注重数据的多样化与公平性，避免数据偏差导致的传播失衡问题。通过与地方文化部门、传承人合作，系统收集多元化数据资源，优化智能算法，使不同类型的非遗内容获得均衡传播。同时，政府可推动建立多方参与的内容管理机构，吸纳文化专家、技术专家和传承人共同参与内容决策，确保内容管理兼具文化权威性与技术科学性。为了增强内容传播的动态适应性，平台应定期组织专家审查与优化非遗内容，根据传播效果和用户反馈调整展示形式与互动方式。此外，建立非遗文化数字化内容数据库，为元宇宙传播提供长期支持，确保数字内容与实际保护工作同步。通过以上措施，可以有效提升元宇宙非遗内容的传播质量与公平性，助力非遗文化的数字化保护与传承。

4. 推动多方合作，实现技术与文化融合

元宇宙非遗文化传播的成功离不开技术与文化的有机结合。政府应推动企业、科研机构和文化部门的深度合作，通过政策支持和资金引导，促进元宇宙技术在非遗传播中的应用。例如，鼓励企业开发适用于非遗传播的虚拟现实平台、智能交互设备和数字化展示技术，为非遗文化的传播注入科技动力。同时，通过推动文化、科技、教育等多部门的协作，联合制定非遗数字化保护与传播的综合性规划，优化资源配置，提升非遗文化传播的效率与效果。例如，政府可以支持企业开发虚拟现实技术，创建基于广西非遗文化的沉浸式虚拟场景，让用户通过 VR 技术体验非遗文化的细节与内涵。在行业内部，政府还可引导建立产业联盟，形成文化与技术的良性互动，最大限度克服媒介技术带来的异化问题（潘海霞和王亦敏，2023）。

5. 强化顶层设计与标准化体系建设

在非遗文化的数字化保护与传播过程中，缺乏统一的标准化体系往往会造成资源浪费和发展失衡。政府应加强顶层设计,制定国家级非遗数字化发展战略,明确各级政府、机构和平台的职责分工,确保非遗数字化保护与传播的协调有序发展。同时,应建立统一的标准化体系,例如数据采集、存储和展示的标准,确保元宇宙平台上的非遗内容具有高质量和一致性。针对不同非遗内容的传播特性,政府可以制定分类标准和细化规则。例如,对传承人主体的展演活动、非遗产品的商业推广、在线教育和学术研究等进行不同管理,满足受众的多层次需求。通过标准化的顶层设计,非遗文化传播中的资源浪费和项目遗漏等问题将得到有效解决。

6. 引导行业规范,促进治理体系发展

元宇宙赋能非遗文化传播的可持续发展需要规范化的治理体系。政府应加快元宇宙治理机制的建设,在国家层面制定涵盖技术治理、经济规范、法律制度等方面的治理框架。例如,通过发布"非遗传承人元宇宙空间传播倡议书",加强非遗文化传播的源头治理,确保非遗文化传播过程中的道德规范与法律责任明确(潘海霞和王亦敏,2023)。此外,2023年10月工业和信息化部、教育部、文化和旅游部、国务院国资委、国家广播电视总局办公厅等五部门联合印发的《元宇宙产业创新发展三年行动计划(2023—2025年)》为广西非遗文化数字化发展提供了重要的政策保障和方向引导。这一计划的实施有助于广西非遗文化在技术、市场和产业层面的全面发展,进一步提升其在元宇宙中的传播能力。

通过以上措施,政府引导不仅为元宇宙非遗文化传播治理提供了政策支持与技术保障,也为社会各方协同治理奠定了制度基础。在广西非遗元宇宙治理中,政府的作用既是核心指引,也是协同联动的纽带,确保非遗文化在元宇宙时代实现创新与可持续发展。

8.2.2 自主可控确保技术安全

可控性(controllability)的概念由卡尔曼(R.E. Kalman)于1960年首次提出,是现代控制理论中的一个重要基本概念。技术可控性是对技术进行有效控制的理论前提和实践依据(盛国荣和陈凡,2006)。这一概念表明,技术的发明和发展往往深受人类主观意向和社会价值取向的影响,因此技术在一定程度上具有可控性。自主可控是技术层面的重要保障,是广西元宇宙赋能非遗文化传播治理路径中不可或缺的一环。元宇宙技术的高度复杂性决定了技术安全与平台独立性的关键地位,只有实现技术的自主可控,才能有效避免技术受制于人,确保非遗文化传播中的数据安全性和平台可靠性,从而为精准治理和市场发展奠定坚实的技术基础。

1. 技术架构的独立性与安全性

在元宇宙赋能广西非遗文化传播过程中,自主可控首先体现在技术架构的独立性。元宇宙的核心技术涉及大数据、云计算、人工智能、区块链和虚拟仿真等多个领域,这些技术的基础设施与底层算法如果完全依赖外部供应商,势必增加非遗文化传播的安全隐患。实现元宇宙技术的自主可控,需要广西在技术架构上构建本地化、可持续发展的平台生态,以降低外部技术垄断和技术中断的风险。

2. 构建本地自主创新体系

自主可控不仅意味着引入先进技术,更强调技术的自主研发与掌控能力。广西应整合本地科技资源,通过支持高校、科研机构和企业协同合作,推动元宇宙关键技术的研发。例如,广西可以依托本地高校的研究能力,建立专注于元宇宙技术的创新实验室,重点开发与非遗文化传播紧密相关的技术模块,如沉浸式虚拟体验、交互式数字平台以及精准推荐算法。这种自主研发模式可以确保关键技术掌握在本地手中,有效提升元宇宙平台的自主性与安全性。

3. 本地技术的生态化建设

实现技术自主可控不仅在于技术的研发,还需要构建元宇宙技术生态。广西可以打造一个区域性技术协作平台,吸引本地及周边地区的技术企业、高校和科研机构共同参与元宇宙技术的建设。例如,可以在南宁建立"广西元宇宙科技产业集群",推动从基础技术研发到应用场景开发的全产业链协同合作。同时,通过扶持本地中小企业参与元宇宙技术开发,减少对外部技术资源的过度依赖,构建本地化技术生态,形成广西特色的元宇宙技术优势。

4. 文化数据的自主掌控

自主可控的技术体系还体现在对非遗文化数据的保护和掌控上。非遗文化数字化的核心资源是文化数据,这些数据不仅承载了丰富的文化内涵,还关乎民族文化的安全与完整性。如果文化数据的存储与管理依赖外部平台,可能导致数据被滥用或泄露。因此,广西需要建立本地的文化数据存储和管理系统，通过自主开发的数据库与云存储技术，对非遗文化数据进行集中保护和分级管理，确保数据的安全性与隐私性。

8.2.3 精准治理是实施工具

元宇宙技术的范畴囊括了人工智能的技术路线，其范围更广、技术更复杂、赋能行业更多，在其治理当中，更应该精细考察、精确把控、精准治理（姜宇辉，2023）。精准治理是元宇宙赋能广西非遗文化传播的核心实施工具，专注于具体问题的解决和精细化管理，通过技术手段和科学方法（如算法优化、数据分析），实现高效的资源利用和问题处理。在政府引导的框架下，精准治理依托自主可控的技术基础，对元宇宙平台的算力、算法和场景等关键要素进行系统治理，确保非遗文化传播的稳定性、有效性和用户体验的优化，防止治理盲区和资源浪费。

1. 算力层面的精准治理

算力是元宇宙技术的基础，直接影响虚拟世界的运行效率和用户体验。在精准治理中，算力层面的治理主要聚焦于计算能力的提升和资源调度的优化。广西可以通过建设高性能计算中心和云计算数据中心，为非遗文化的虚拟场景和复杂交互提供强大的计算和存储能力。例如，为支持壮族铜鼓、花山岩画等非遗项目的虚拟展示，需建立覆盖全区的云计算网络，确保复杂场景的流畅运行。同时，算力治理需要注重智能调度，通过开发动态资源分配系统，根据用户需求和网络负载情况优化算力分配。例如，在用户访问高峰时段，智能调度系统可以优先为非遗虚拟展示提供更多算力资源，确保用户体验不受影响。此外，算力治理还应考虑绿色计算技术，通过引入液冷技术、自然冷却等节能手段优化能源管理系统，实现数据中心的低能耗和低碳排放，推动可持续发展。

2. 算法层面的精准治理

算法是元宇宙技术的核心，决定了数据处理的效率和精确性。在精准治理中，算法的作用在于优化非遗文化的数字化处理流程，提高数据的准确性、质量和效率。例如，通过应用深度学习和图像识别技术，可以高效处理非遗文化的数字化内容，如提取壮锦的纹样细节或还原侗族大歌的音频特性，从而提升非遗内容的数字化表现。同时，算法治理应注重透明性、公平性和安全性。广西可以建立算法审查机制，对涉及非遗文化的数据处理算法进行定期评估，确保算法不带有歧视或偏见。例如，通过制定算法透明度标准，公开算法的关键参数和决策逻辑，避免算法在推荐内容时忽视濒危非遗项目。此外，为保障数据安全和知识产权，可以引入先进的加密技术和安全协议，例如基于区块链的算法安全框架，确保用户数据和非遗内容的防篡改与隐私保护。

3. 场景层面的精准治理

场景是元宇宙技术的重要组成部分，是非遗文化传播中用户沉浸体验的核心。精准治理在场景层面关注于虚拟场景的真实性、互动性和优化反馈。广西可以利用高精度 3D 建模与渲染技术，真实还原非遗文化的场景和细节。例如，通过虚拟技术复刻传统手工艺的制作场景或花山岩画的自然环境，让用户能够在虚拟世界中感受到非遗文化的真实魅力。互动性是场景治理的重点，通过虚拟现实（VR）和增强现实（AR）技术，广西可以设计高度互动的虚拟体验。例如，用户可以在虚拟空间中通过语音、手势操作等方式参与壮锦编织或侗族大歌的教学场景，直接与虚拟传承人进行互动，学习传统技艺。精准治理还需要收集用户的行为数据进行反馈分析，以不断优化虚拟场景的功能与布局。例如，通过人工智能分析用户在场景中的操作习惯与兴趣偏好，可以动态调整交互方式和场景设计，提高用户满意度和参与感。

算力、算法和场景的精准治理相辅相成，共同构成了元宇宙非遗文化传播的数字治理闭环。算力提升和调度优化为非遗虚拟场景的流畅运行提供了技术支持，算法的优化与安全性保证了数据处理的质量与公平性，而场景的高沉浸体验则直接关系到非遗文化传播的效果。通过三者的协同治理，广西可以实现非遗文化传播从内容生产到用户体验的全链条优化。精准治理还能够避免资源的浪费与不平衡分配，为元宇宙技术与非遗文化传播的融合发展提供强有力的技术支持与实施工具。

8.2.4　市场驱动注入活力

市场驱动是元宇宙赋能广西非遗文化传播治理体系中的重要动力来源，通过引入企业、平台和市场竞争机制，为非遗元宇宙注入创新活力和经济动力。在政府引导的框架下，市场驱动能够充分激发社会资本的参与热情，构建健康的商业生态，实现非遗文化的数字化传播与可持续发展。

市场驱动不仅能够提升非遗文化传播的深度和广度，还能为非遗保护提供持续的资金与资源支持，促进非遗文化在元宇宙中的长远发展。

1. 多元市场主体的引入与商业创新

推动非遗元宇宙的发展，需要广泛引入多类型市场主体，包括大型科技企业、文旅公司、中小型创业团队以及独立开发者，形成多元化市场生态。例如，通过吸引文化科技领域的龙头企业参与非遗元宇宙项目，广西可以与虚拟现实和增强现实公司合作，共同开发沉浸式非遗体验场景。此外，本地中小企业和初创团队可以发挥灵活创新的优势，在非遗数字产品开发中注入更多创意。在盈利模式方面，可以探索多种商业化路径，包括数字藏品销售、虚拟场景访问收费、在线互动教学和非遗品牌授权等。例如，将壮锦等非遗文化元素制作成限量版数字藏品，通过区块链技术发行，提升其收藏和投资价值。同时，可以设计基于非遗的虚拟旅游项目，如在线参观左江花山岩画的虚拟景区或体验壮族铜鼓节的沉浸式互动场景，通过收费或订阅形式实现商业化。

2. 非遗内容开发平台与品牌跨界合作

市场驱动需要搭建开放式非遗内容开发平台，为企业和开发者提供创作空间和资源支持。广西可以设立非遗元宇宙创意平台，提供非遗素材数据库，包括3D模型、音频、视频等数字资源，同时建立版权保护和收益分配机制，鼓励更多开发者参与非遗元宇宙内容创作。通过这一平台，不仅可以丰富非遗传播的内容形式，还能激活市场创新动力。此外，推动非遗文化品牌化建设与跨界合作是激发市场活力的重要手段。广西可以将非遗文化与现代消费场景结合，与时尚、影视、游戏等行业开展跨界合作。例如，设计非遗主题的数字服装、虚拟装饰品或游戏皮肤，并在电商平台推出非遗文化的数字纪念品和衍生品。这些跨界合作能够扩大非遗文化的市场认知度，提高其在年轻群体中的影响力。

3. 文旅融合与市场激励机制

非遗元宇宙的市场驱动需要与文旅产业深度融合，进一步拓展非遗文化的商业价值。广西可以将非遗元宇宙与地方特色的文化旅游资源相结合，打造虚实结合的文旅体验项目。例如，推出数字壮锦体验游、虚拟侗族大歌演唱会或壮族三月三节日活动的线上虚拟版本，让更多人通过元宇宙参与非遗文化的互动和体验。这种文旅融合模式不仅能够提升非遗文化的吸引力，还能为旅游业创造新的增长点。为了推动市场参与的积极性，广西可以设立市场激励机制。例如，通过"非遗元宇宙创新奖"对优秀项目进行表彰和奖励；设立"非遗元宇宙创业扶持计划"，为中小企业和初创团队提供资金支持、市场准入等服务。通过税收优惠政策或专项补贴，鼓励更多企业和社会资本参与非遗元宇宙的建设与运营。

8.2.5 兼容并包实现多元共生

兼容并包是广西非遗元宇宙治理体系中开放性和包容性的核心理念，强调技术、文化、平台与行业间的协作与融合，以实现广西非遗文化的多元共生与创新发展。这一理念贯穿于非遗文化保护、传播、技术开发和市场拓展的多个层面，确保在传承本地传统文化的同时吸收外来优势，推动广西非遗文化在全球化与数字化时代的多元发展。

1. 跨文化合作与国际化传播

兼容并包的第一步是推动跨文化交流与国际化发展。广西可以与国际文化机构、非遗保护组织展开合作，开发壮锦、侗族大歌等非遗项目的全球性虚拟展览，让更多国际受众感受到广西非遗的独特魅力。例如，与联合国教科文组织合作开展国际虚拟展览，展示广西非遗的历史传承和现代活力。这种跨文化合作不仅能促进非遗文化的国际传播，还能通过互动交流实现文化间的互学互鉴，增强非遗文化的全球影响力。与此同时，广西可以引入国外先进技术与国际化团队，以提升非遗元宇宙的技术质量与用户体验。例如，引入国际3D建模团队，为壮族铜鼓文化或花山岩画的虚拟场景提供高度精准的数字还原，使国际受众能够通过先进技术更真实地感受广西非遗文化。

2. 融合文化与技术，推动多元互动

兼容并包的核心是实现文化内容与技术平台的融合。广西可以通过开放式技术接口，构建支持不同技术框架和场景的协作平台，推动国内外开发者共同参与非遗元宇宙内容的创作。此外，在文化层面，广西可以通过元宇宙平台探索非遗内容间的互动与融合。例如，将壮族与侗族的传统文化特色结合，设计联合主题虚拟场景，展示多民族间的文化共生关系。甚至可以与东盟国家合作开发联合文化项目，将壮族文化与东南亚民族文化融合，打造跨境文化体验，进一步扩大广西非遗文化的国际影响力。

3. 跨行业协同扩展应用场景

兼容并包不仅限于文化和技术的融合，还需要非遗文化与其他行业的协同合作。广西可以探索非遗文化在教育、文旅、艺术、娱乐等领域的延展。例如，与教育行业合作，开发虚拟课堂，使学生沉浸式体验侗族大歌的唱法或壮锦的编织技艺；与文旅行业结合，推出数字壮锦体验游或虚拟节庆活动，让用户可以线上体验壮族"三月三"的节日氛围。此外，与艺术与娱乐行业的跨界合作可以进一步丰富非遗文化的应用场景。例如，邀请国内外艺术家在元宇宙平台上创作结合非遗元素的数字艺术作品，如NFT艺术品；与游戏开发公司合作，将非遗文化融入沉浸式游戏中，为年轻群体带来更直观的非遗文化体验。这些跨行业的协同合作能够充分拓展非遗文化的传播方式与场景，让非遗文化焕发新的生命力。

4. 包容多元用户，构建开放社区

兼容并包的最终目标是构建一个包容多元的用户社区，让不同文化背景的用户都能参与非遗内容的体验、创作和传播。广西可以通过元宇宙平台创建非遗互动社区，让用户通过上传作品、评论互动等形式参与非遗内容创作。例如，用户可以在线参与壮锦设计比赛或侗族音乐创作工作坊，共同推动非遗文化的传播与创新。同时，可以在元宇宙平台上设立"全球非遗文化志愿者计划"，吸引更多国际用户参与非遗数字化保护和虚拟展示。通过这种开放性社区建设，广西不仅能够推动非遗文化的本地传播，还可以形成跨文化、跨地域的非遗保护网络，实现全球范围内的文化交流与合作。

8.2.6 高效协同促成体系整合

高效协同是元宇宙赋能广西非遗文化传播治理体系的重要运行保障，旨在通过多方力量的有效协作与资源整合，形成治理合力，提升整体治理效率和效果。高效协同贯穿于非遗元宇宙治理的各个环节，是将政府引导、市场驱动、自主可控、精准治理和兼容并包有机结合的关键纽带。这一过程强调政府、企业、科研机构、非遗传承人等多方角色的紧密联系，以确保治理目标的高效推进，同时避免资源浪费和治理盲区。

1. 构建多方联动机制，明确协同职责

多方联动机制是高效协同的核心基础。广西可以建立"非遗元宇宙治理协作委员会",作为连接政府、企业、科研机构和非遗传承人的中枢机构,明确各方的职责分工和合作框架。例如,政府负责提供政策引导和资源支持,企业聚焦技术开发和商业运作,科研机构提供技术创新和理论支持,非遗传承人则负责文化内容的开发与传承。通过定期召开跨部门、跨行业的协作会议,该机制能够确保各方目标统一、行动协调,形成治理合力。此外,广西可以设立分级任务体系,将治理目标分解为具体的行动计划,由不同参与方根据各自的优势负责具体任务。例如,非遗的数字化保护可以由科研机构和技术企业联合负责,而非遗文化的市场推广和应用场景开发则可以交由文旅企业和平台运营商主导。这种联动机制能够避免职责重叠,提高协作效率。

2. 搭建资源共享平台,促进信息整合

资源共享平台是高效协同的重要工具,通过集中整合文化资源、技术数据和市场信息,为各方协作提供数据支持和资源保障。广西可以建设一个非遗元宇宙资源共享平台,将非遗文化的数字素材(如3D模型、音视频内容)、技术开发工具库和市场动态报告集中汇总,并为企业、科研机构和开发者提供开放式访问权限。同时,该平台还可以提供治理工作进展的实时监控和数据更新,帮助各方及时掌握非遗文化传播的最新动态。例如,政府可以通过平台发布政策信息,企业可以获取市场需求的实时反馈,科研机构可以利用平台上的技术数据优化非遗相关项目。这种资源共享方式不仅提升了协作效率,还减少了重复建设和资源浪费。

3. 推动跨领域协作,拓展创新应用场景

高效协同还需要突破单一领域的局限,通过跨领域合作激发非遗文化传播的更多可能性。广西可以推动非遗元宇宙与教育、文旅、艺术、娱乐等领域的深度融合。例如,与教育行业合作,开发非遗虚拟课堂,将侗族大歌或壮锦编织等传统技艺融入沉浸式教学场景;与文旅行业结合,打造虚拟非遗景区,如壮族"三月三"节庆的线上互动版,让用户参与传统节日的数字化体验。跨领域协作还可以推动非遗内容的多元化创新。例如,与游戏开发公司合作,设计以广西非遗为主题的沉浸式游戏;与艺术家合作,推出结合非遗元素的数字艺术展览和NFT作品。在这些跨界合作中,各行业通过贡献自身的专业优势,共同拓展非遗文化的应用场景,为非遗的保护与传播注入新活力。

结　语

随着技术的迅猛发展，元宇宙逐渐成为文化传播的重要平台，尤其在非遗的保护和传承中，展现出巨大的潜力。本书从多个维度探讨了元宇宙技术如何赋能广西非遗文化的传播，通过技术、平台、物理空间、沉浸体验等方面的综合分析，提出了元宇宙背景下广西非遗文化传播的未来图景。

元宇宙不仅是一个技术平台，更是文化传播的新媒介。它通过虚拟现实、增强现实、区块链和人工智能等前沿技术，打破了传统文化传播的时空限制，使文化传播更加立体和多维。本书从技术层面、平台发展层面和物理空间层面，深入探讨了元宇宙对多元文化传播的影响，展示了元宇宙在增强文化互动性和参与感方面的巨大潜力。通过高效协同，元宇宙技术可以与现有的文化传播平台无缝对接，提升文化内容的丰富性和多样性。例如，利用虚拟现实和增强现实技术，可以重现广西传统手工艺的制作过程和历史场景，让用户在虚拟环境中身临其境地体验非遗文化。这不仅提升了用户的沉浸感，也增强了文化的传播力和影响力。

广西拥有丰富的非遗资源，涵盖了传统手工艺、民族歌舞、地方戏曲等多种形式。然而，随着时代的发展，非遗文化面临着传承断代、受众减少等问题。数字化转型成为非遗保护和传承的重要途径。本书详细分析了广西非遗文化的传播现状和传承价值，指出数字化转型过程中存在的问题和挑战。通过元宇宙技术的赋能，广西非遗文化的数字化转型将迎来新的契机。元宇宙不仅提供了一个全新的传播平台，还为非遗文化的保护和传承提供了更多可能性。例如，通过元宇宙技术，可以将非遗文化的实物、表演、技艺等数字化，形成数字藏品，实现文化的长期保存和传播。

元宇宙技术为非遗文化的传播提供了丰富的场景叙事和共情传播的可能。本书探讨了元宇宙、场景叙事与广西非遗空间场景叙事的关系，提出了"编码—解码"理论在场景叙事和共情传播中的应用。通过元宇宙技术，可以将非遗文化的故事和情感元素融入虚拟场景中，增强用户的代入感和共情体验。场景叙事和共情传播是非遗文化传播的重要手段。通过元宇宙技术，可以实现文化内容的多维度展示和互动，使用户不仅能够观看和了解非遗文化，还能通过互动体验深入感受文化的内涵和魅力。这种多感官的沉浸体验，极大地提升了非遗文化的传播效果和影响力。

在元宇宙技术的推动下，广西非遗文化的商业化和价值变现也迎来了新的契机。本书从多维度分析了元宇宙赋能广西非遗文化传播的路径，指出商业化和数字化的结合将为非遗文化带来新的发展机遇。例如，通过开发数字藏品和虚拟商品，可以将非遗文化与现代消费市场紧密结合，实现文化的经济价值和社会效益的双赢。元宇宙技术不仅能够增强非遗文化的传播力，还能促进文化创意产业的发展。通过元宇宙平台，非遗文化可以与游戏、动漫、影视等现代文化产业深度融合，拓展非遗文化的应用场景，吸引更多的年轻受众参与和关注。这种跨界融合不仅丰富了非遗文化的表现形式，还为其注入了新的活力和生命力。

元宇宙赋能广西非遗文化传播的未来图景是充满希望和挑战的。通过技术、文化和社会的多方协同，我们可以实现非遗文化的数字化保护和传承，推动文化的可持续发展。然而，我们也必须认识到，在这个过程中，我们需要面对和解决一系列的技术、法律和伦理问题。首先，技术的快速发展带来了巨大的机遇，但也伴随着不可忽视的风险。我们需要建立健全相关法律和政策框架，规范元宇宙技术在非遗文化传播中的应用，保护非遗文化的知识产权和数字版权，防止技术滥用和商业过度开发。其次，我们需要加强技术和文化的融合，确保非遗文化的数字化保护和传承不仅仅停留在表面，而是深入挖掘和展示文化的内涵和价值。通过元宇宙技术，我们可以将非遗文化的故事、情感和精神传递给更多的人，让更多的人了解、喜爱和传承非遗文化。最后，我们需要充分发挥公众和社会组织的作用，推动非遗文化的全民参与和共同保护。通过教育和宣传，提高公众对非遗文化的认知和理解，激发公众参与非遗文化保护和传承的热情。只有全社会共同努力，才能实现非遗文化的可持续发展。

元宇宙赋能广西非遗文化传播，是技术与文化深度融合的一次伟大尝试。在这个过程中，需要高效协同各方力量，共同应对挑战，实现非遗文化的数字化保护和传承。技术的创新和应用，可以为非遗文化注入新的活力，推动文化的可持续发展。

参考文献

BESOAIN F, GONZÁLEZ-ORTEGA J, GALLARDO I, 2022. An evaluation of the effects of a virtual museum on users' attitudes towards cultural heritage[J]. Applied Sciences, 12(3):1341.

BOCART F, OOSTERLINCK K, 2011. Discoveries of fakes: their impact on the art market[J]. Economics Letters, 113(2): 124-126.

BOSCHERT S, ROSEN R, 2016. Digital twin: the simulation aspect[M]// HEHENBERGER P, BRADLEY D. Mechatronic futures: challenges and solutions for mechatronic systems and their designers. Cham: Springer: 59-74.

BOUCHENAKI M, 2003. The interdependency of the tangible and intangible cultural heritage[C]. Victoria Falls: ICOMOS 14th General Assembly and Scientific Symposium.

BURAGOHAIN D, MENG Y, DENG C, et al, 2024. Digitalizing cultural heritage through metaverse applications: challenges, opportunities, and strategies[J]. Heritage Science, 12(1):295.

CRAWFORD C, 2004. Chris Crawford on interactive storytelling[M]. Berkeley: New Riders.

CSIKSZENTMIHALYI M, 1975. Beyond boredom and anxiety[M]. San Francisco: Jossey-Bass.

CSIKSZENTMIHALYI M, 1990. Flow: the psychology of optimal experience[M]. New York: Harper & Row.

CSIKSZENTMIHALYI M, 2000. Beyond boredom and anxiety: experiencing flow in work and play[M]. San Francisco: Jossey-Bass Publishers.

FAN Z, CHEN C, HUANG H, 2022. Immersive cultural heritage digital documentation and information service for historical figure metaverse: a case of Zhu Xi, Song Dynasty, China[J]. Heritage Science, 10(1):148.

GRIEVES M W, 2005. Product lifecycle management: the new paradigm for enterprises[J]. International Journal of Product Development, 2(1/2): 71.

HARAWAY D, 2007. A cyborg manifesto: science, technology, and socialist-feminism in the late 20th century[M]//The International Handbook of Virtual Learning Environments. Dordrecht: Springer Netherlands: 117-158.

HOU Y, KENDERDINE S, PICCA D, et al, 2022. Digitizing intangible cultural heritage embodied: state of the art[J]. Journal on Computing and Cultural Heritage (JOCCH), 15(3): 1-20.

IHDE D, 2022. Multistability in cyberspace in transforming spaces[C]//HÅRD M, LÖSCH A, VERDUCCHIO D. The topological turn in technology studies. Darmstadt: Online publication of the international conference: 22-24.

INNOCENTE C, NONIS F, LO FARO A, et al, 2024. A metaverse platform for preserving and promoting intangible cultural heritage[J]. Applied Sciences, 14(8): 3426.

JONES D, SNIDER C, NASSEHI A, et al, 2020. Characterising the Digital Twin: a systematic literature review[J]. CIRP Journal of Manufacturing Science and Technology, 29: 36-52.

KILTENI K, GROTEN R, SLATER M, 2012. The sense of embodiment in virtual reality[J]. Presence, 21(4): 373-387.

KÜCKLICH J, 2006. Literary theory and digital games[M]. London: SAGE Publications Ltd: 95-111.

LINDLBAUER D, WILSON A D, 2018. Remixed reality: manipulating space and time in augmented reality[C]//Proceedings of the 2018 CHI conference on human factors in computing systems. Montreal: ACM: 1-13.

OH H J, KIM J, CHANG J J, et al, 2023. Social benefits of living in the metaverse: the relationships among social presence, supportive interaction, social self-efficacy, and feelings of loneliness[J]. Computers in

Human Behavior,139:107498.

PETERS J D,2000. Speaking into the air: a history of the idea of communication[M]. Chicago: University of Chicago Press.

UNESCO,2018. Convention for the safeguarding of intangible cultural heritage[R/OL]. (2018-11-02)[2019-01-12]. http://www.unesco.org/new/en/santiago/culture/intangible-heritage.

VOWINCKEL A,2009. Past futures: from re-enactment to the simulation of history in computer games[J]. Historical Social Research/Historische Sozialforschung, 34(2): 322-332.

WANG M,LAU N,2023. NFT digital twins: a digitalization strategy to preserve and sustain Miao silver craftsmanship in the metaverse era[J]. Heritage,6(2):1921-1941.

WEIBEL P, DRUCKREY T,1996. The world as interface: toward the construction of context controlled event-worlds[M]. Druckrey T. Electronic culture: technology and visual representation. New York: Aperture: 364-366.

ZHANG X, YANG D, YOW C H,et al,2022. Metaverse for cultural heritages[J]. Electronics, 11(22): 3730.

ZHU Z X, LIU C, XU X, 2019. Visualisation of the Digital Twin data in manufacturing by using Augmented Reality[J]. Procedia CIRP, 81: 898-903.

艾雯,李继晓,张国霞,2019. 青海省非物质文化遗产数字化传播平台构建思考[J]. 图书馆理论与实践(10):100-104.

艾瑞咨询,2022. 中国数字藏品行业研究报告[R]. 艾瑞咨询系列研究报告(9):682-731.

安学斌,2020. 21世纪前20年非物质文化遗产保护的中国理念、实践与经验[J]. 民俗研究(1):19-29,156-157.

巴什拉,2013. 空间的诗学[M]. 张逸婧,译. 上海:上海译文出版社.

白龙,骆正林,2022. 沉浸式网络、数字分身与映射空间:元宇宙的媒介哲学解读[J]. 阅江学刊,14(2):68-77,173.

本迪克丝,2006. 本真性(Authenticity)[J]. 李扬,译. 民间文化论坛(4):102-103.

彼得斯,2003. 交流的无奈:传播思想史[M]. 何道宽,译. 北京:华夏出版社.

彼得斯,杜翰姆,2017.对空言说[M].邓建国,译.上海:上海古籍出版社.

布尔迪厄,2020.关于电视[M].许钧,译.北京:海天出版社.

蔡斐,2017."场景"概念的兴起[N].中国社会科学报,2017-04-20(3).

蔡苏,焦新月,宋伯钧,2022.打开教育的另一扇门:教育元宇宙的应用、挑战与展望[J].现代教育技术 01):16-26.

蔡志荣,2012.民俗文化的当代价值[J].西北民族研究(1):208-211,188.

曹月娟,王珍珍,2022."元宇宙"思维对新闻传播业未来发展的影响[J].青年记者(9):5.

岑朝阳,2022.元宇宙的空间辩证法:特征属性、内在张力与运演逻辑[J].东南大学学报(哲学社会科学版),24(S1):12-15.

常宏,2024.虚拟数字人在非遗传承发展中的应用[J].人民论坛(2):103-105.

陈昌凤,2022a.元宇宙:深度媒介化的实践[J].现代出版(2):19-30.

陈昌凤,黄家圣,2022b."新闻"的再定义:元宇宙技术在媒体中的应用[J].新闻界(1):55-63.

陈长松,陈文敏,2023.共创 共享 共治:基于社交可供性的元宇宙社交研究[J].编辑之友(9):50-56.

陈海玉,向前,万小玥,等,2021.基于联盟链的西部少数民族非遗数字资源共享模型构建研究[J].档案管理(5):48-51,54.

陈辉,闫佳琦,陈瑞清,等,2022.元宇宙中的用户数据隐私问题[J].新疆师范大学学报(哲学社会科学版)(5):112-120.

陈吉,2022.身体、关系与场景叙事:短视频的女性参与和赋能策略[J].现代传播(中国传媒大学学报),44(2):114-121.

陈力丹,杜渐,2022.2021年中国新闻传播学研究的十个新鲜话题[J].当代传播(1):4-9.

陈良,2021.非遗文化产业与科技融合发展路径研究[J].科技与创新(17):139-140.

陈鹏,沈文瀚,2023.元宇宙:历史坐标、本体及应用:以马克思主义为主要视角的分析[J].新闻与传播研究(6):36-49,127.

陈少峰,宋菲,李微,2023.元宇宙中文化空间建构与结构特征研究[J].北京联合大学学报(人文社会科学版),21(2):48-59.

陈少华,2020. 基于虚拟现实的非物质文化遗产资源数字化管理系统设计[J]. 现代电子技术,43(16):89-91.

陈旺,李钰,2023. 元宇宙背景下数字化重塑非物质文化遗产的困境与路径[J]. 西部广播电视,44(13):1-3.

陈炜,2017. 广西少数民族特色村寨非物质文化遗产传承影响因素:基于利益相关者理论[J]. 社会科学家(1):96-102.

陈炜,凌亚萍,2018. 基于RMP分析的广西北部湾海洋非物质文化遗产旅游开发研究[J]. 广西社会科学(6):62-65.

陈永东,2022. 数字藏品的价值发掘及提升策略[J]. 青年记者(17):51-53.

陈羽峰,胡翼青,2022. 从"上手"到"在手":非物质文化遗产的媒介化生存与反思[J]. 传媒观察(4):52-60.

程思琪,喻国明,杨嘉仪,等,2022. 虚拟数字人:一种体验性媒介:试析虚拟数字人的连接机制与媒介属性[J]. 新闻界(7):12-23.

戴其文,刘俊杰,吴玉鸣,等,2013. 基于区域视角探讨广西非物质文化遗产的保护[J]. 资源科学,35(5):1104-1112.

DazedChina,2020. 虚拟世界里的演唱会,说唱歌手Travis Scott带来沉浸体验[EB/OL]. (2020-04-26)[2022-03-29]. http://k.sina.com.cn/article_7166310982_m1ab253a4603300p8kx.html.

邓建国,2018. 新闻=真相?区块链技术与新闻业的未来[J]. 新闻记者(5):83-90.

邓建国,2022. 元元媒介与数字孪生:元宇宙的媒介理论透视[J]. 新闻大学(6):35-48,120.

邓建中,杨国良,蔡其勇,2022. "双减"背景下课堂教学变革的价值向度、现实藩篱与路径探析[J]. 西南大学学报(社会科学版),48(5):159-168.

邓志文,2022. 从身体感知到技术具身感知:元宇宙感官生态的技术现象学辨析[J]. 华侨大学学报(哲学社会科学版)(5):5-14.

翟姗姗,许鑫,夏立新,等,2017. 语义出版技术在非遗数字资源共享中的应用研究[J]. 图书情报工作(2):23-31.

翟姗姗,查思羽,郭致怡,2023. 面向文旅融合发展的非遗数字化技术体系构建与服务场景创新[J]. 情报科学(7):32-39.

丁元竹,2020. "十四五"时期非物质文化遗产系统性保护相关政策措施研究

[J].管理世界(11):22-35.

董晓晨,吕丹,2022.元宇宙视角下媒介变革对多元文化传播的影响[J].中国广播电视学刊(6):30-32.

范周,2020.数字经济变革中的文化产业创新与发展[J].深圳大学学报(人文社会科学版),37(1):50-56.

方凌智,沈煌南,2022.技术和文明的变迁:元宇宙的概念研究[J].产业经济评论(1):5-19.

方卿,李佰珏,丁靖佳,2022.基于"人、物、场"的元宇宙书店构想[J].出版广角(18):38-43,50.

方素梅,2022.构筑中华民族共有精神家园的生动实践:广西"壮族三月三"的创新与发展[J].广西民族研究(5):1-10.

方巍,伏宇翔,2024.元宇宙:概念、技术及应用研究综述[J].南京信息工程大学学报,2024,16(1):30-45.

冯骥才,2022.把非物质文化遗产保护好传承好[J].理论导报(2):49.

甘华鸣,2023.Web3.0/元宇宙理论框架:一个初步研究[J].科技导报(15):69-78.

高奇琦,隋晓周,2022.元宇宙的政治社会风险及其防治[J].新疆师范大学学报(哲学社会科学版),43(4):104-115,2.

高小康,2019.非遗美学:传承、创意与互享[J].社会科学辑刊(1):177-185,2.

高小康,2011.非物质文化遗产与都市文化的包容性[J].山东社会科学(1):61-64.

谷兆阳,刘秀丽,钱春雁,2021.可信赖人工智能的伦理准则[J].人工智能法学研究(1):160-210.

顾振清,肖波,张小朋,等,2022.探索 思考 展望:元宇宙与博物馆[J].东南文化(3):134-160,191-192.

郭恩强,梁杰兵,2019.区块链对新闻生产的重构:以"透明性"为中心的研究[J].新闻大学(2):33-42,118-119.

郭全中,2020."区块链+":重构传媒生态与未来格局[J].现代传播(中国传媒大学学报),42(2):1-6.

郭全中,2021.NFT及其未来[J].新闻爱好者(11):36-40.

郭全中,2022a. 元宇宙的缘起、现状与未来[J]. 新闻爱好者(1):26-31.

郭全中,魏滢欣,冷一鸣,2022b. 元宇宙发展综述[J]. 传媒(14):9-11.

国务院学位委员会办公室,2021. 关于推动部分学位授予单位开展非物质文化遗产方向人才培养试点工作的通知(学位办〔2021〕8号)[Z].

韩美群,周小芹,2022. 近二十年来非物质文化遗产数字化传承研究回顾与展望[J]. 中南民族大学学报(人文社会科学版),42(1):65-74,184.

韩顺法,2023. 中国特色新型非物质文化遗产智库建设的必要性与实现路径[J]. 文化遗产(5):1-8.

何晓丽,牛加明,2016. 三维数字化技术在非物质文化遗产保护中的应用研究:以肇庆端砚为例[J]. 艺术百家(3):231-233.

何艳霞,2023. 文化翻译观视域下广西非物质文化遗产中文化负载词翻译策略探究[J]. 海外英语(9):25-27.

何一民,何永之,张擎,等,2023. 新时代非遗保护传承与发展的新路径新特点:立足于成都非遗"双创"与世界文化名城建设的考察[J]. 中华文化论坛(1):154-163,191.

侯守明,葛倩,刘彦彦,2021. 基于MAR的非物质文化遗产数字化保护系统研究[J]. 系统仿真学报,33(6):1334-1341.

侯志涛,周宇轩,韦晓康,2021. 民族传统体育文化传承场域变迁和实践选择[J]. 体育文化导刊(10):51-57.

胡泳,刘纯懿,2022a. 元宇宙转向:重思数字时代平台的价值、危机与未来[J]. 新闻与写作(3):45-55.

胡泳,刘纯懿,2022b. 元宇宙作为媒介:传播的"复得"与"复失"[J]. 新闻界(1):85-99.

胡泳,刘纯懿,2022c. "元宇宙社会":话语之外的内在潜能与变革影响[J]. 南京社会科学(1):106-116.

胡园园,2021. 共情叙事:中国脱贫故事对外传播的突破口[J]. 对外传播,48(4):15-17.

黄靖雯,朱夕纳,2023. 数字化技术在"非遗"保护与传承中应用的辩证思考[J]. 数字技术与应用,41(10):73-76.

黄启学,2013. 民族文化传承发展面临的三大挑战与对策浅析:以广西壮族自治区民族文化强区建设为例[J]. 西南民族大学学报(人文社会科学版),34(1):55-61.

黄欣荣,曹贤平,2022.元宇宙的技术本质与哲学意义[J].新疆师范大学学报(哲学社会科学版),43(3):119-126.

纪晓宇,2021.泛在化连接:数字时代博物馆藏品的展示与传播[J].东南文化(2):152-158.

贾菁,2020.人工智能背景下非物质文化遗产数字化传播的进阶路向[J].当代传播(1):98-101.

贾璐璐,郭永平,2024.非遗生态博物馆:理论渊源、内在逻辑与实践路径[J].中北大学学报(社会科学版),40(3):46-54.

贾千慧,支凤稳,赵欣淼,等,2023.元宇宙技术赋能京绣虚拟空间建设模式研究[J].档案学刊(4):30-37.

简圣宇,2022a."元宇宙":处于基础技术阶段的未来概念[J].上海大学学报(社会科学版),39(2):1-16.

简圣宇,2022b.娱乐数字化:元宇宙创构的动力、风险及前景[J].深圳大学学报(人文社会科学版),39(3):33-43.

江哲丰,彭祝斌,2021.加密数字艺术产业发展过程中的监管逻辑:基于NFT艺术的快速传播与行业影响研究[J].学术论坛,44(4):122-132.

姜宇辉,2021.元宇宙作为未来之"体验":一个基于媒介考古学的批判性视角[J].当代电影(12):20-26.

姜宇辉,2023.世界破碎处,宇宙重生:元宇宙何以建构未来的数字共同体[J].学习与探索(8):159-168.

蒋慧,2018.少数民族非遗文化的数字动漫创新转化与传播共享:以"壮族三月三"为例[J].智库时代(20):109-116.

卡斯特,2003.信息时代三部曲:经济、社会与文化[M].夏铸九,译.北京:社会科学文献出版社.

康德,2011.纯粹理性批判[M].蓝公武,译.上海:上海三联书店.

匡文波,王天娇,2022.元宇宙传播的新特点与新机遇[J].新闻论坛(1):7-8.

莱文森,2007.莱文森精粹[M].何道宽,译.北京:中国人民大学出版社.

莱文森,2011.软利器:信息革命的自然历史与未来[M].何道宽,译.上海:复旦大学出版社.

雷雨晴,2022.跨文化视域下广西非遗的国际传播:以"壮族三月三"为例

[J].文化创新比较研究,6(20):166-170.

李安,刘冬璐,2022.元宇宙品牌营销生态系统的重构逻辑与策略[J].现代传播(中国传媒大学学报)(12):161-168.

李都,马云阳,2022.重返部落化:元宇宙社会的未来传播[J].青年记者(9):56-58.

李洪晨,马捷,2022.沉浸理论视角下元宇宙图书馆"人、场、物"重构研究[J].情报科学,40(1):10-15.

李金兰,2021."一带一路"背景下广西非物质文化遗产外宣翻译与对外传播[J].广西民族师范学院学报,38(1):111-114.

李娟,2018.非物质文化遗产"刘三姐歌谣"的动漫传播策略[J].传媒(22):72-74.

李猛,王志扬,2022.文旅融合视域下广西师公戏的文化传承与传播[J].戏剧文学(9):123-127.

李明哲,高福进,2022."元宇宙"媒介拟态环境下的文化帝国主义探赜[J].西华大学学报(哲学社会科学版),41(4):35-42.

李默尘,2024.以康禾贡茶制作技艺为例浅析非遗文化数字化发展思路[J].广东茶业(2):58-60.

李沁,王浩丞,2022.表象、实在与失范:沉浸传播理论范式下的元宇宙实践[J].新闻与写作(10):65-78.

李尚凤,2016.广西凌云壮族七十二巫调音乐的文化记忆及其"文化转向"下的英译初探[J].传承(10):146-148.

李斯颖,2021.少数民族非遗资源的"两创"实践与乡村振兴:以广西为例[J].社会科学家(7):57-63.

李天滢,王欣欣,赵仲意,2022.新媒体视域下河北省非遗数字化保护与传承策略研究:以非遗文创 APP 为例[J].河北科技大学学报(社会科学版)(3):95-101.

李小涛,2022.元宇宙中的学习:融合学习者身份、时空的未来学习图景[J].远程教育杂志,40(2):45-53.

李晓岑,2023.论传统工艺的传承及传承人的培养[J].自然辩证法研究,39(5):113-119.

李燕琴,王鑫蕊,2023.乡村非遗数字化创新的主客价值协同路径:共振—共创—共生[J]. 云南民族大学学报(哲学社会科学版),40(5):40-43.

李志雄,2013. 创意性保护:文化创意产业时代"非遗"保护的新模式[J]. 广西社会科学(10):47-50.

立德威尔,霍顿,巴特勒,2010. 设计的法则[M]. 李婵,译. 沈阳:辽宁科学技术出版社.

梁诚忱,2022. 沉浸式用户:元宇宙下平台型媒体的受众观研究[J]. 新闻研究导刊,13(3):1-3.

梁嘉,2015. 刘三姐歌谣文化的重构与发展[J]. 广西民族研究(5):106-113.

梁明妮,2023. 西林壮族春牛舞民俗体育文化传承发展研究[D]. 南宁:广西民族大学.

梁奈,2023. 新媒体时代广西戏曲文化的传播策略研究[J]. 传媒(20):73-75.

梁瑛,2019. 刘三姐文化创新性数字化传承方式的研究与应用[J]. 艺术品鉴(33):16-17.

廖俊云,王欣桐,2023. 元宇宙营销:数字化营销新纪元[J]. 金融博览(5):62-63.

林剑,2015. 侗族大歌的音乐特色及教育传承:基于民族文化保护与传承视角[J]. 贵州民族研究,36(8):64-67.

林建,2023:元宇宙视域下网络社会信息生态治理前瞻[J]. 河南图书馆学刊(10):103-108.

刘爱琴,于贾燕,尚珊,2017. 基于数字资源共享的三馆协作平台构建[J]. 图书馆学研究(8):29-34.

刘岑,潘泺宇,2022. 元宇宙视域下的非物质文化遗产传播策略[J]. 文物鉴定与鉴赏(18):170-173.

刘大同,郭凯,王本宽,等,2018. 数字孪生技术综述与展望[J]. 仪器仪表学报,39(11):1-10.

刘革平,高楠,胡翰林,等,2022. 教育元宇宙:特征、机理及应用场景[J]. 开放教育研究,28(1):24-33.

刘古月,2022. 数字化传播视域下广西壮锦非遗文化品牌推广途径研究[J]. 西部皮革,44(7):57-59.

刘海龙,束开荣,2019. 具身性与传播研究的身体观念:知觉现象学与认知科学的视角[J]. 兰州大学学报(社会科学版),47(2):80-89.

刘梦霏,2020. 游戏入史:作为文化遗产的游戏[M]//何威,刘梦霏. 游戏研究读本. 上海:华东师范大学出版社.

刘鑫,苏俊杰,2021. 非物质文化遗产真实性的内涵辨析与实现路径[J]. 中南民族大学学报(人文社会科学版),41(1):55-62.

刘银妹,童珍,李青蓓,2023. 从手工艺到非遗:民族村寨农产品品牌的价值重构与创新发展:以广西都安瑶族自治县地苏镇丹阳村藤编产业为例[J]. 广西民族研究(2):180-188.

刘宇青,2021. 融媒时代非物质文化遗产创新传播研究[J]. 新闻潮(10):22-24.

刘中华,焦基鹏,2023. 元宇宙赋能数字非遗的场域架构、关键技术与伦理反思[J]. 浙江大学学报(人文社会科学版),53(01):19-29.

龙剑梅,2017. 渐变与影响:新媒体时代人际传播的动态特征及新的功能[J]. 西部学刊(10):47-49,72.

卢羡婷,2023. 旅游城市形象的国际传播研究:以桂林打造世界级旅游城市为例[J]. 社会科学家(9):51-56.

卢勇,任思博,2022. 农业文化遗产元宇宙的内涵、路径及应用前景研究[J]. 中国农史,41(2):136-148.

鲁力立,陆怡婕,许鑫,2023. 寓教于乐:元宇宙视角下口头文学类非遗的科普VR设计[J]. 图书馆论坛,43(2):141-149.

罗敏,2016. 用虚拟现实技术捕捉"非遗":以重庆市的川剧保护为例[J]. 四川戏剧(11):94-96.

麻国庆,朱伟,2019. 文化人类学与非物质文化遗产[J]. 读书(2):108.

马林青,谢丽,高玉宝,等,2023. 人工智能时代文件档案管理教育的AI竞争力培养探析:基于美国iSchools专业能力培养的视角[J]. 档案学通讯(4):93-102.

马琳,2007. 试论民俗文化的特征与功能[J]. 漯河职业技术学院学报(3):128-129.

麦克卢汉,2000. 理解媒介:论人的延伸[M]. 何道宽,译. 北京:商务印书馆.

苗秀,侯文军,徐雅楠,2022. 基于虚拟现实技术的非物质化遗产数字化创新研究[J]. 包装工程,43(16):303-310,409.

莫冬爱,2023. 元宇宙视域下壮族蚂拐节传承与传播路径探析[J]. 文化创新比较研究(22):68-72.

莫岚远,卓素萍,2021. 匠心传承非遗技艺 传统美食香飘万家:壮族五色糯米饭制作技艺保护与传承[N]. 南宁日报,2021-11-26(006).

尼葛洛庞帝,1997. 数字化生存[M]. 胡泳,范海燕,译. 3版. 海口:海南出版社.

欧阳友权,欧阳文风,2010. 物联网的形上之思:物联网给我国思想文化传播带来的机遇、挑战和对策[J]. 求索(9):182-184.

潘海霞,王亦敏,2023. 元宇宙语境下贵州地区非遗数字化活态传承探究[J]. 贵州民族研究,44(2):93-99.

潘鲁生,2021. 关于文化遗产学建设的思考[J]. 中国非物质文化遗产(3):6-10.

彭兰,2015. 场景:移动时代媒体的新要素[J]. 新闻记者(3):20-27.

彭龙,2023. 融媒时代广播电视民族文化传播创新路径探析:以广西广播电视台为例[J]. 中国广播电视学刊(10):123-125.

齐爱民,邢晶晶,2023. 元宇宙背景下非物质文化遗产数据采集法律问题[J]. 社会科学家(3):120-126.

清华大学新媒体研究中心,2021. 2020—2021年元宇宙发展研究报告[R]. 北京:清华大学新媒体研究中心.

权玺,2022. 非物质文化遗产数字化路线图及其未来发展逻辑[J]. 中国文艺评论(8):27-38.

任兵,陈志霞,胡小梅,2022. 时空再造与价值重构:面向未来数智治理的元宇宙[J]. 电子政务(7):2-15.

任爽,梁振然,殷敏,2023. 广西非物质文化遗产空间分异及开发策略[J]. 桂林理工大学学报,43(2):343-350.

任旭彬,2017. "壮族三月三"走出国门讲述广西故事的探讨[J]. 沿海企业与科技(3):60-62.

芮必峰,昂振,2021. 传播研究中的身体视角:从认知语言学看具身传播[J]. 现代传播(中国传媒大学学报),43(4):33-39.

邵奇峰,金澈清,张召,等,2018. 区块链技术:架构及进展[J]. 计算机学报,41(5):969-988.

申楠,2023. 非遗数字化传播战略SWOT模型研究[J]. 同济大学学报(社会科学版),34(1):58-67.

沈荟,王学成,2015. 新媒体人际传播的议题、理论与方法选择:以美国三大传播学期刊为样本的分析[J]. 新闻与传播研究(12):81-100,128.

沈阳,2022. 元宇宙的三化、三性和三能[J]. 传媒(14):21-22.

盛国荣,陈凡,2006. 什么是技术可控性?[J]. 自然辩证法研究,22(2):50-54.

盛婷,2020. 场域理论视野下楚地传统手工艺文化传承场的重新建构[C]//2020年课堂教学教育改革专题研讨会论文集. 北京:教育部基础教育课程改革研究中心.

史安斌,叶倩,2019. 区块链技术与新闻业变革:理念与路径[J]. 青年记者(16):75-78.

史安斌,杨晨晞,2021. 从NFT至元宇宙:前沿科技重塑新闻传媒业的路径与愿景[J]. 青年记者(21):84-87.

宋方昊,刘燕,2015. 文化产业视野下的非物质文化遗产数字化保护与传承策略[J]. 山东社会科学(2):83-87.

宋佳昱,张云崖,2020. "一带一路"与民族传统体育"非遗"文化创意产业的融合及发展[G]//体育非遗与健康生活:2020年全国体育非物质文化遗产学术研讨会摘要汇编. 北京:中国体育科学学会:138-139.

宋俊华,2015. 关于非物质文化遗产数字化保护的几点思考[J]. 文化遗产(2):1-8,157.

宋丽华,李万社,董涛,2015. 非物质文化遗产数字化保护与知识整合平台建设[J]. 图书馆杂志(1):73-81.

苏黄菲菲,2021. 融入与融合:西南边疆民族地区非物质文化遗产系统性保护的路径选择[J]. 广西民族研究(6):164-171.

苏涛,彭兰,2022. 虚实混融、人机互动及平台社会趋势下的人与媒介:2021年新媒体研究综述[J]. 国际新闻界,44(1):44-60.

苏宇,2022. 非同质通证的法律性质与风险治理[J]. 东方法学(2):58-69.

孙传明,程强,谈国新,2017. 广西少数民族非物质文化遗产数字化保护现状及对策分析[J]. 广西民族研究(3):124-132.

孙丰蕊,2024. 仪式还是戏剧:广西师公戏仪式化展演的历史成因与现实选择[J]. 广西民族师范学院学报,41(01):1-8,16.

孙立青,2022. 影像记忆、文化自信与新型传承群体建构:非物质文化遗产题材电影发展的时代价值与现实意义[J]. 电影文学(21):34-37.

孙琦,2022.国内外虚拟仿真教学研究进展与比较分析[J].江苏科技大学学报(社会科学版),22(4):96-104.

孙玮,2018.赛博人:后人类时代的媒介融合[J].新闻记者(6):4-11.

覃晓燕,李丹,2022.元宇宙视域下文化创意产业园区发展策略研究:以深圳市文化创意产业园区为例[J].经济问题(11):96-105.

谭小荷,2018.加密经济重构媒体生态? 区块链驱动下的新闻商业模式创新:基于PressCoin的案例[J].新闻界(6):10-17.

汤伊乐,2022.元宇宙赋能文化经纪在非物质文化遗产活化传承中的实践展望[J].中国民族博览(24):92-94.

唐汉,马振龙,2022.元宇宙视域下非遗保护与传承策略探究[J].艺术与设计(理论版)(10):109-110.

唐洁,丁丹,2022.元宇宙视野下数字藏品的发行价值与发展策略[J].出版广角(21):91-94.

唐娟,聂萌,2021.超越与回归:后人类与传播中的身体变迁[J].贵州大学学报(社会科学版),39(3):105-112.

唐琳,2020.双循环中的非遗产业数字化转型研究:5G时代广西文化产业转型研究系列论文之二[J].南宁师范大学学报(哲学社会科学版)(6):32-40.

唐筱萱,林丽,2023.以非遗促振兴:基于数字化时代的宿迁剪纸可持续发展研究[J].老字号品牌营销(3):3-5.

陶飞,张萌,程江峰,等,2017.数字孪生车间:一种未来车间运行新模式[J].计算机集成制造系统,23(1):1-9.

陶飞,刘蔚然,刘检华,等,2018.数字孪生及其应用探索[J].计算机集成制造系统,24(1):1-18.

陶伟,蔡浩辉,2022.21世纪以来中国非物质文化遗产研究回顾:兼谈地理学可能的贡献[J].热带地理,42(1):16-28.

滕长利,邓瑞平,2023.元宇宙时代信息伦理的困境与治理研究[J].图书馆(2):1-6.

田艳,2013.非物质文化遗产代表性传承人认定制度探究[J].政法论坛,31(4):81-90.

屠毅力,张蕾,翟振明,等,2022.认识元宇宙:文化、社会与人类的未来[J].探索与争鸣(4):65-94,178.

汪月如,耿华瑞,2024.从广西民歌看民族文化自信:广西民歌的角色与影响解析[J].作家天地(28):6-8.

王楚,2022.表演艺术类非物质文化遗产"再媒介化"的学理探讨[J].南京艺术学院学报(音乐与表演版)(4):110-113.

王慧乐,李姗姗,周剑,2022.基于元宇宙的非遗传承保护与传播研究[J].中国传媒科技(12):41-44.

王继波,2023.非遗保护视阈下壮族天琴艺术的三重再生产[J].广西民族大学学报(哲学社会科学版),45(4):160-164.

王建华,王雪宁,2022.文旅融合背景下广西少数民族非物质文化遗产保护性旅游开发研究[J].广西职业师范学院学报,34(3):72-79.

王琨,2020.在规范与认同之间:关于民间文学类非遗保护标准的探讨[J].文化遗产(6):29-36.

王丽,2022.VR/AR助力非遗文化教育传承路径探究:以传统医药为例[J].传媒论坛,5(2):76-78.

王敏芝,王军峰,2022.从"交往在云端"到"生活在元宇宙":深度媒介化时代的社会交往生态重构[J].传媒观察,463(7):20-27.

王明月,2015.非物质文化遗产保护的数字化风险与路径反思[J].文化遗产(3):32-40.

王诺,毕学成,许鑫,2023.先利其器:元宇宙场景下的AIGC及其GLAM应用机遇[J].图书馆论坛(2):117-124.

王儒西,邹开元,2022.元宇宙:人类感官和人居环境和的再发明[J].新闻春秋(1):75-81.

王卫池,陈相雨,2022.虚拟空间的元宇宙转向:现实基础、演化逻辑与风险审视[J].传媒观察(7):28-34.

王文喜,周芳,万月亮,等,2022.元宇宙技术综述[J].工程科学学报,44(4):744-756.

王文玉,2023.元宇宙的主要特征、社会风险与治理方案[J].科学学研究,41(9):1537-1544.

王晓敏,李晗,2019.黑龙江省少数民族非物质文化遗产的数字化传播策略探究:以"互联网+"为视角[J].黑龙江民族丛刊(2):88-93.

王永友,宋斌,2016.论自媒体时代的意识形态传播[J].重庆邮电大学学报

(社会科学版)(1):66-71.

王宇荣,陈龙,2022.作为元媒介的元宇宙:虚实在场的媒介实践与困境[J].
传媒观察(7):13-19.

王玥,龚丽娟,2021.广西"壮族三月三"的当代实践及交融范式发展研究
[J].广西民族研究(5):148-156.

王子楷,杨弃,2024.交互式叙事在非遗数字博物馆设计中的应用与探索
[J].设计,37(4):64-67.

韦玲,2023.博物馆赋能民族地区文化旅游高质量发展的路径研究[J].广
西民族研究,40(6):183-189.

韦路,张明新,2006.第三道数字鸿沟:互联网上的知识沟[J].新闻与传播
研究,13(4):43-53.

韦文英,戴俊骋,刘玉立,2016.地缘文化战略与国家安全战略构想[J].世
界地理研究,25(6):1-8.

温雯,赵梦笛,2022.中国非物质文化遗产的数字化场景与构建路径[J].理
论月刊(10):89-99.

文化和旅游部,2021.文化和旅游部关于印发《"十四五"非物质文化遗产保
护规划》的通知[Z/OL].(2021-05-25)[2022-03-29].https://www.
gov.cn/zhengce/zhengceku/2021-06/09/content_5616511.htm.

吴承笃,王颖,2022.让非遗"活"起来:元宇宙与我国非遗发展新思[J].阅
江学刊,14(3):148-157.

吴果中,李泰儒,2018.用区块链技术打击虚假新闻:Userfeeds 与 PressCoin
模式介绍[J].新闻战线(7):88-90.

吴江,曹喆,陈佩,等,2022.元宇宙视域下的用户信息行为:框架与展望[J].
信息资源管理学报,12(1):4-20.

吴丽萍,黄晓英,吴浩舟,2022.让"非遗"飞入寻常百姓家[N].广西日报,
2022-06-17(010).

吴沁柯,2022.文化软实力建设视域下"刘三姐歌谣"自媒体传播价值研究
[J].广西民族研究(2):174-181.

吴晓亮,徐政,姬晨阳,2023.元宇宙赋能共同富裕:逻辑机理与实现路径[J/
OL].重庆大学学报(社会科学版).https://kns.cnki.net/kcms/detail//
50.1023.C.20230119.1127.001.html.

夏德元,2022.元宇宙时代的体验设计和身份编辑[J].探索与争鸣(4):87-89.

向安玲,陶炜,沈阳,2022.元宇宙本体论:时空美学下的虚拟影像世界[J].电影艺术(2):42-49.

向勇,2022.元宇宙文化治理的逻辑与路径[J].人民论坛(7):48-51.

向玉琼,谢新水,2021.数字孪生城市治理:变革、困境与对策[J].电子政务(10):69-80.

肖珺,2022.元宇宙:虚实融合的传播生态探索[J].人民论坛(7):40-44.

谢涤湘,常江,2015.城市更新背景下非物质文化遗产传承研究[J].特区经济(6):72-75.

谢海燕,王欢,2024.数字化传承背景下陕西非遗竹篾子灯笼编织技艺交互设计研究[J].电脑知识与技术(2),126-128,131.

谢新水,黄宇曦,储江,2023.高质量发展数字藏品:特性、价值、风险与监管路径[J].电子政务(2):83-95.

解梦伟,侯小锋,2021.非物质文化遗产数字化传播的反思[J].民族艺术研究,34(6):139-145.

解学芳,贺雪玲,2023a.元宇宙视域下文博数字藏品的发展风险与善治机制[J].中国编辑(10):45-53.

解学芳,雷文宣,2023b."智能+"时代中国式数字文旅产业高质量发展图景与模式研究[J].苏州大学学报(哲学社会科学版),44(2):171-179.

邢杰,赵国栋,徐远重,等,2021.元宇宙通证[M].北京:中译出版社.

徐建山,2012.论油权:初探石油地缘政治的核心问题[J].世界经济与政治(12):115-132,159-160.

徐升国,2022.元宇宙时代的阅读与出版[J].科技与出版(4):前插4,5-10.

徐祥伍,黄晓瑜,2022.元宇宙视域下花山岩画品牌形象数字化开发与传承策略研究[J].创意设计源(5):33-37,59.

许昕然,李琼,2023.从文化空间到元宇宙:传统文化空间的数字化再生产[J].广州大学学报(社会科学版),22(2):62-70.

许鑫,易雅琪,汪晓芸,2022.元宇宙当下"七宗罪":从产业风险放大器到信息管理新图景[J].图书馆论坛,42(1):38-44.

薛可,龙靖宜,2021.消弭数字鸿沟:中国非物质文化遗产数字传播新思考[J].中国非物质文化遗产(2):99-106.

薛可,鲁晓天,2024. 非遗虚拟空间生产体验对文化自信的影响[J]. 上海交通大学学报(哲学社会科学版),32(3):18-34.

延宏,王华,2021. "VR+""元宇宙"视域下出版业的融合发展模式:以青岛出版集团为例[J]. 出版广角(22):80-82.

闫佳琦,陈瑞清,陈辉,等,2022. 元宇宙产业发展及其对传媒行业影响分析[J]. 新闻与写作(1):68-78.

严飞,2022. 让研究变活:社会学非虚构叙事的场景建构[J]. 魁阁学刊(2):27-43.

杨保军,刘泽溪,2020. 试析场景新闻真实的特征[J]. 当代传播(4):4-8,25.

杨红,张烈,2021. 非遗专题展览的叙事方式研究[J]. 文化遗产(4):1-7,封2.

杨红,闫涵,唐佳玥,2024. 从"视觉沉浸"到"数据沉浸":数字展览的价值特点与迭代趋势:以"纽约的生活肖像"城市数字展为研究个案[J]. 南京艺术学院学报(美术与设计)(3):187-193.

杨利军,何欣彤,陈永生,2024. 区块链技术用于电子档案真实性保障的再认识与再思考:兼论档案管理的技术应用与自主可控问题[J]. 档案学研究(2):99-105.

杨庆峰,2022. 元宇宙的空间性[J]. 华东师范大学学报(哲学社会科学版),54(2):47-58.

姚伟,周鹏,柯平,2023. 计算知识管理科学:数智化时代的知识管理研究路径[J]. 情报理论与实践(2):15-23.

伊德,2008. 让事物"说话"[M]. 韩连庆,译. 北京:北京大学出版社.

余乃忠,2019. 人工智能时代人的对象世界与意义世界[J]. 高等学校文科学术文摘(4):198.

喻国明,马慧,2016. 互联网时代的新权力范式:"关系赋权":"连接一切"场景下的社会关系的重组与权力格局的变迁[J]. 国际新闻界,38(10):6-27.

喻国明,2021. 未来媒介的进化逻辑:"人的连接"的迭代、重组与升维:从"场景时代"到"元宇宙"再到"心世界"的未来[J]. 新闻界(10):54-60.

喻国明,耿晓梦,2022a. 元宇宙:媒介化社会的未来生态图景[J]. 新疆师范大学学报(哲学社会科学版),43(3):110-118.

喻国明,姜桐桐,2022b. 元宇宙时代:人的角色升维与版图扩张[J]. 新闻与传播评论(4):5-12.

喻国明,赵秀丽,谭馨,2022c. 具身方式、空间方式与社交方式:元宇宙的三大入口研究:基于传播学逻辑的近期、中期和远期发展分析[J]. 新闻界(9):4-12.

袁勇,王飞跃,2016. 区块链技术发展现状与展望[J]. 自动化学报,2016,42(4):481-494.

袁园,杨永忠,2022. 走向元宇宙:一种新型数字经济的机理与逻辑[J]. 深圳大学学报(人文社会科学版),39(01):84-94.

曾琼,2023. 在场、离场与再在场:传播演进的身体逻辑与传播的身体递归[J]. 现代传播(中国传媒大学学报),45(11):154-161.

詹一虹,孙琨,2022. 非物质文化遗产传承的梗阻与元宇宙沉浸式场景的运用[J]. 江西社会科学,42(8):180-189.

占琦,2022. 非遗元宇宙:赋能、融合、沉浸[J]. 今传媒(9):101-103.

张爱军,周杨,2022. 元宇宙与虚拟空间共同体的建构[J]. 行政论坛,29(4):21-28.

张成岗,张仕敏,黄晓伟,2018. 信息技术、数字鸿沟与社会公正:新技术风险的社会治理[J]. 中国科技论坛(5):136-144.

张晟,张玉蓉,2022. 元宇宙视域下文化旅游数字化传播探索[J]. 新闻爱好者(9):60-62.

张福银,周晴,牛佳芮,2021. 移动互联网语境下非物质文化遗产数字化传播路径. 哈尔滨师范大学社会科学学报(6):161-168.

张涵,许智鑫,2023. 元宇宙赋能文化产业创新发展的应用路径和风险对策[J]. 互联网天地(10):28-32.

张浩然,2022. 以元宇宙技术推进陕西非遗文化发展的思考[J]. 新西部(7):64-65.

张红光,杨雯雯,2021. 主流媒体短视频新闻共情传播研究[J]. 新闻论坛,34(2):25-28.

张洪忠,斗维红,任吴炯,2022. 元宇宙:具身传播的场景想象[J]. 新闻界(1):76-84.

张蓝姗,史玮珂,2022a. 元宇宙:数字化生存的逻辑探究与反思[J]. 当代传播(2),81-84.

张蓝姗,史玮珂,2022b. 元宇宙概念对影视创作的启示与挑战[J]. 中国电视(2):78-83.

张立波,2021. 区块链赋能数字文化产业的价值理路与治理模式[J]. 学术论坛(4):113-121.

张明,邵慧,宁艳纳,2021. 从集体记忆到文化认同:一种非遗文化的传播路径解读:基于广西钦州坭兴陶的研究[J]. 文化与传播,10(01):77-80.

张夏恒,赵婷,2023. 元宇宙对我国政府数字治理的变革及启示[J]. 工信财经科技(4):112-120.

张孝飞,2019. 虚拟现实技术在藏族非物质文化遗产保护中的应用研究[J]. 四川戏剧(4):40-44.

张艳丰,欧志梅,2022. 数字孪生技术驱动下智慧图书馆场景化服务模式研究[J]. 情报理论与实践,45(8):47-53.

张永宁,付雁博,2024. 元宇宙视域下非物质文化遗产的艺术呈现与传播研究[J]. 文化学刊(1):31-34.

张正清,2014. 对"多重稳定性"概念的澄清与质疑:以赛博空间中的变项分析为例[J]. 自然辩证法研究,30(10):76-82.

赵本钧,2024. 乡村振兴背景下非遗青阳农民画的数字化保护与传承[J]. 山东农业工程学院学报(3):90-94.

赵建国,2021. 论共情传播[J]. 现代传播(中国传媒大学学报),43(6):47-52.

赵精武,2022. "元宇宙"安全风险的法律规制路径:从假想式规制到过程风险预防[J]. 上海大学学报(社会科学版),39(5):103-115.

赵星植,2022. 元宇宙:作为符号传播的元媒介[J]. 当代传播(5):36-39,66.

赵跃,吴晓梅,朵婷,等,2023. 拥抱文化数字化战略:非遗数字化实践回顾与前瞻[J]. 图书馆建设(6):80-87,99.

郑诚慧,2022. 元宇宙关键技术及与数字孪生的异同[J]. 网络安全技术与应用(9):124-126.

中共中央办公厅,国务院办公厅,2022. 中共中央办公厅 国务院办公厅印发《关于推进实施国家文化数字化战略的意见》[Z/OL]. (2022-05-22)[2023-07-20]. https://dsj.hainan.gov.cn/zcfg/zybs/202303/P020230320547157228048.pdf.

中国互联网网络信息中心,2022. 第50次《中国互联网络发展状况统计报告》[R/OL].(2022-08-31)[2022-10-22]. https://www3.cnnic.cn/n4/2022/0914/c88-10226.html.

中国数字出版产业年度报告课题组,2021. 2020—2021年中国数字出版年度发展报告(摘要):"十三五"收官之年的中国数字出版[J]. 出版发行研究(11):35-40.

中国信息通信研究院,京东探索研究院,2022. 人工智能生成内容(AIGC)白皮书(2022年)[R/OL]. http://www.caict.ac.cn/english/research/whitepapers/202211/P020221115501862950279.pdf.

中华人民共和国文化和旅游部国际交流与合作局,2019. 联合国教科文组织《保护非物质文化遗产公约》基础文件汇编(2016版)[G]. 北京:中国数字文化集团有限公司.

钟春云,杨忠钰,2021. "非遗+"探索广西乡村振兴新路径[J]. 当代广西(7):44-45.

钟家祺,2022. 元宇宙概想下的非物质文化遗产传承新途径[J]. 文化产业,(32):151-153.

周感平,罗晓薇,2021. 非遗类纪录片摄制中VR虚拟技术的运用研究:以《苏韵传承》为例[J]. 北京印刷学院学报(1):115-118.

周锦,夏仿禹,2022. 数字经济下传统艺术的文化产业价值链创新研究[J]. 艺术百家(1):56-62.

周逵,2018. 沉浸式传播中的身体经验:以虚拟现实游戏的玩家研究为例[J]. 国际新闻界,40(5):6-26.

周鑫,王海英,柯平,等,2022. 国内外元宇宙研究综述[J]. 现代情报,42(12):147-159.

周艳梅,2024. 元宇宙视角下非遗XR沉浸式交互体验设计研究[J]. 中国传媒科技(10):72-76.

宗诚,邱欣妍,白新蕾,2024. 非遗视角下苗族蜡染技艺的数字化传承[J]. 印染(5):102-105.

附录：广西国家级非物质文化遗产代表性项目名录（第一批至第五批）

序号	项目序号	编号	名称	类别	公布年份（批次）	类型	申报地区或单位	保护单位
1	2	Ⅰ-2	布洛陀	民间文学	2006（第一批）	新增项目	广西壮族自治区田阳县	田阳县文化馆
2	23	Ⅰ-23	刘三姐歌谣	民间文学	2006（第一批）	新增项目	广西壮族自治区宜州市	河池市宜州区刘三姐文化传承中心（河池市宜州区非物质文化遗产保护中心）
3	569	Ⅰ-82	壮族嘹歌	民间文学	2008（第二批）	新增项目	广西壮族自治区平果县	平果市民俗文化传承展示中心
4	1061	Ⅰ-117	密洛陀	民间文学	2011（第三批）	新增项目	广西壮族自治区都安瑶族自治县	都安瑶族自治县文化馆
5	1241	Ⅰ-147	壮族百鸟衣故事	民间文学	2014（第四批）	新增项目	广西壮族自治区横县	横县文化馆（横县非物质文化遗产保护中心）
6	1382	Ⅰ-165	仫佬族古歌	民间文学	2021（第五批）	新增项目	广西壮族自治区河池市罗城仫佬族自治县	罗城仫佬族自治县文化馆
7	59	Ⅱ-28	侗族大歌	传统音乐	2006（第一批）	新增项目	广西壮族自治区柳州市	柳州市群众艺术馆

续表

序号	项目序号	编号	名称	类别	公布年份（批次）	类型	申报地区或单位	保护单位
8	59	Ⅱ-28	侗族大歌	传统音乐	2006（第一批）	新增项目	广西壮族自治区三江侗族自治县	三江侗族自治县文化馆（三江侗族自治县非物质文化遗产保护与发展中心）
9	61	Ⅱ-30	多声部民歌（瑶族蝴蝶歌）	传统音乐	2008（第二批）	扩展项目	广西壮族自治区富川瑶族自治县	富川瑶族自治县文化馆
10	61	Ⅱ-30	多声部民歌（壮族三声部民歌）	传统音乐	2008（第二批）	扩展项目	广西壮族自治区马山县	马山县文化馆
11	63	Ⅱ-32	那坡壮族民歌	传统音乐	2006（第一批）	新增项目	广西壮族自治区那坡县	那坡县文化馆
12	83	Ⅱ-52	吹打（广西八音）	传统音乐	2011（第三批）	扩展项目	广西壮族自治区玉林市	玉林市玉州区文化馆
13	1084	Ⅱ-154	京族独弦琴艺术	传统音乐	2011（第三批）	新增项目	广西壮族自治区东兴市	东兴市文化馆
14	1256	Ⅱ-162	凌云壮族七十二巫调音乐	传统音乐	2014（第四批）	新增项目	广西壮族自治区凌云县	凌云县文化馆
15	1400	Ⅱ-186	壮族天琴艺术	传统音乐	2021（第五批）	新增项目	广西壮族自治区崇左市	崇左市群众艺术馆
16	108	Ⅲ-5	狮舞（藤县狮舞）	传统舞蹈	2011（第三批）	扩展项目	广西壮族自治区藤县	藤县文化馆

续表

序号	项目序号	编号	名称	类别	公布年份（批次）	类型	申报地区或单位	保护单位
17	108	Ⅲ-5	狮舞（田阳壮族狮舞）	传统舞蹈	2011（第三批）	扩展项目	广西壮族自治区田阳县	田阳县文化馆
18	129	Ⅲ-26	铜鼓舞（田林瑶族铜鼓舞）	传统舞蹈	2008（第二批）	扩展项目	广西壮族自治区田林县	田林县文化馆（田林县广播电视服务中心）
19	129	Ⅲ-26	铜鼓舞（南丹勤泽格拉）	传统舞蹈	2014（第四批）	扩展项目	广西壮族自治区南丹县	南丹县非物质文化遗产保护传承中心
20	657	Ⅲ-60	瑶族长鼓舞	传统舞蹈	2008（第二批）	新增项目	广西壮族自治区富川瑶族自治县	富川瑶族自治县文化馆
21	657	Ⅲ-60	瑶族长鼓舞（黄泥鼓舞）	传统舞蹈	2011（第三批）	扩展项目	广西壮族自治区金秀瑶族自治县	金秀瑶族自治县文化馆
22	1273	Ⅲ-120	瑶族金锣舞	传统舞蹈	2014（第四批）	新增项目	广西壮族自治区田东县	田东县文化馆
23	1410	Ⅲ-138	多耶	传统舞蹈	2021（第五批）	新增项目	广西壮族自治区柳州市三江侗族自治县	三江侗族自治县文化馆（三江侗族自治县非物质文化遗产保护与发展中心）
24	1411	Ⅲ-139	壮族打扁担	传统舞蹈	2021（第五批）	新增项目	广西壮族自治区河池市都安瑶族自治县	都安瑶族自治县文化馆

续表

序号	项目序号	编号	名称	类别	公布年份（批次）	类型	申报地区或单位	保护单位
25	180	Ⅳ-36	粤剧	传统戏剧	2014（第四批）	扩展项目	广西壮族自治区南宁市	南宁市民族文化艺术研究院（南宁市戏剧院、南宁市非物质文化遗产保护中心）
26	181	Ⅳ-37	桂剧	传统戏剧	2006（第一批）	新增项目	广西壮族自治区	广西壮族自治区戏剧院
27	209	Ⅳ-65	采茶戏（桂南采茶戏）	传统戏剧	2006（第一批）	新增项目	广西壮族自治区博白县	博白县文化馆
28	220	Ⅳ-76	彩调	传统戏剧	2006（第一批）	新增项目	广西壮族自治区	广西壮族自治区戏剧院
29	226	Ⅳ-82	壮剧	传统戏剧	2006（第一批）	新增项目	广西壮族自治区	广西壮族自治区戏剧院
30	227	Ⅳ-83	侗戏	传统戏剧	2011（第三批）	扩展项目	广西壮族自治区三江侗族自治县	三江侗族自治县文化馆（三江侗族自治县非物质文化遗产保护与发展中心）
31	739	Ⅳ-138	邕剧	传统戏剧	2008（第二批）	新增项目	广西壮族自治区南宁市	南宁市民族文化艺术研究院（南宁市戏剧院、南宁市非物质文化遗产保护中心）

续表

序号	项目序号	编号	名称	类别	公布年份（批次）	类型	申报地区或单位	保护单位
32	780	V-87	广西文场	曲艺	2008（第二批）	新增项目	广西壮族自治区桂林市	桂林市戏剧创作研究院（桂林市非物质文化遗产保护传承中心）
33	1299	V-125	桂林渔鼓	曲艺	2014（第四批）	新增项目	广西壮族自治区桂林市	桂林市群众艺术馆
34	1437	V-139	末伦	曲艺	2021（第五批）	新增项目	广西壮族自治区百色市靖西市	靖西市文化馆
35	1460	VI-99	抢花炮（壮族抢花炮）	传统体育、游艺与杂技	2021（第五批）	新增项目	广西壮族自治区南宁市邕宁区	南宁市邕宁区文化馆（南宁市邕宁区广播影视站）
36	350	VII-51	竹编（毛南族花竹帽编织技艺）	传统美术	2011（第三批）	扩展项目	广西壮族自治区环江毛南族自治县	环江毛南族自治县非物质文化遗产保护传承中心
37	1485	VII-137	贝雕（北海贝雕）	传统美术	2021（第五批）	新增项目	广西壮族自治区北海市	北海市兴珠宝有限责任公司
38	1486	VII-138	骨角雕（合浦角雕）	传统美术	2021（第五批）	新增项目	广西壮族自治区北海市合浦县	合浦金蝠角雕厂
39	370	VIII-20	壮族织锦技艺	传统技艺	2006（第一批）	新增项目	广西壮族自治区靖西县	靖西市文化馆

续表

序号	项目序号	编号	名称	类别	公布年份（批次）	类型	申报地区或单位	保护单位
40	380	Ⅷ-30	侗族木构建筑营造技艺	传统技艺	2006（第一批）	新增项目	广西壮族自治区柳州市	柳州市群众艺术馆
41	380	Ⅷ-30	侗族木构建筑营造技艺	传统技艺	2006（第一批）	新增项目	广西壮族自治区三江侗族自治县	三江侗族自治县文化馆（三江侗族自治县非物质文化遗产保护与发展中心）
42	881	Ⅷ-98	陶器烧制技艺（钦州坭兴陶烧制技艺）	传统技艺	2008（第二批）	新增项目	广西壮族自治区钦州市	广西钦州坭兴陶艺有限公司
43	935	Ⅷ-152	黑茶制作技艺（六堡茶制作技艺）	传统技艺	2014（第四批）	扩展项目	广西壮族自治区苍梧县	苍梧县文化馆
44	1523	Ⅷ-277	米粉制作技艺（柳州螺蛳粉制作技艺）	传统技艺	2021（第五批）	新增项目	广西壮族自治区柳州市	柳州市群众艺术馆
45	1523	Ⅷ-277	米粉制作技艺（桂林米粉制作技艺）	传统技艺	2021（第五批）	新增项目	广西壮族自治区桂林市	桂林市戏剧创作研究院（桂林市非物质文化遗产保护传承中心）
46	1524	Ⅷ-278	龟苓膏配制技艺	传统技艺	2021（第五批）	新增项目	广西壮族自治区梧州市	广西梧州双钱实业有限公司

续表

序号	项目序号	编号	名称	类别	公布年份（批次）	类型	申报地区或单位	保护单位
47	1193	Ⅸ-18	壮医药（壮医药线点灸疗法）	传统医药	2011（第三批）	新增项目	广西中医学院	广西中医药大学
48	455	Ⅹ-7	京族哈节	民俗	2006（第一批）	新增项目	广西壮族自治区东兴市	东兴市文化馆
49	460	Ⅹ-12	三月三（壮族三月三）	民俗	2014（第四批）	扩展项目	广西壮族自治区武鸣县	南宁市武鸣区文化馆
50	462	Ⅹ-14	瑶族盘王节	民俗	2006（第一批）	新增项目	广西壮族自治区贺州市	贺州市群众艺术馆
51	463	Ⅹ-15	壮族蚂𧊅节	民俗	2006（第一批）	新增项目	广西壮族自治区河池市	河池市非物质文化遗产保护中心
52	464	Ⅹ-16	仫佬族依饭节	民俗	2006（第一批）	新增项目	广西壮族自治区罗城仫佬族自治县	罗城仫佬族自治县文化馆
53	465	Ⅹ-17	毛南族肥套	民俗	2006（第一批）	新增项目	广西壮族自治区环江毛南族自治县	环江毛南族自治县非物质文化遗产保护传承中心
54	494	Ⅹ-46	壮族歌圩	民俗	2006（第一批）	新增项目	广西壮族自治区南宁市	南宁市民族文化艺术研究院（南宁市戏剧院、南宁市非物质文化遗产保护中心）

续表

序号	项目序号	编号	名称	类别	公布年份（批次）	类型	申报地区或单位	保护单位
55	495	X-47	苗族系列坡会群	民俗	2006（第一批）	新增项目	广西壮族自治区融水苗族自治县	融水苗族自治县文化馆
56	509	X-61	壮族铜鼓习俗	民俗	2006（第一批）	新增项目	广西壮族自治区河池市	河池市非物质文化遗产保护中心
57	515	X-67	瑶族服饰	民俗	2006（第一批）	新增项目	广西壮族自治区南丹县	南丹县非物质文化遗产保护传承中心
58	515	X-67	瑶族服饰	民俗	2006（第一批）	新增项目	广西壮族自治区贺州市	贺州市群众艺术馆
59	515	X-67	瑶族服饰	民俗	2014（第四批）	扩展项目	广西壮族自治区龙胜各族自治县	龙胜各族自治县文化馆
60	516	X-68	农历二十四节气（壮族霜降节）	民俗	2014（第四批）	扩展项目	广西壮族自治区天等县	天等县文化馆
61	981	X-74	宾阳炮龙节	民俗	2008（第二批）	新增项目	广西壮族自治区宾阳县	宾阳县文化馆
62	992	X-85	民间信俗（钦州跳岭头）	民俗	2014（第四批）	扩展项目	广西壮族自治区钦州市	钦州市非物质文化遗产传承保护中心
63	1014	X-107	茶俗（瑶族油茶习俗）	民俗	2021（第五批）	扩展项目	广西壮族自治区桂林市恭城瑶族自治县	恭城瑶族自治县油茶协会

续表

序号	项目序号	编号	名称	类别	公布年份（批次）	类型	申报地区或单位	保护单位
64	1197	X-122	中元节（资源河灯节）	民俗	2014（第四批）	扩展项目	广西壮族自治区资源县	资源县文化馆
65	1217	X-142	规约习俗（瑶族石牌习俗）	民俗	2021（第五批）	扩展项目	广西壮族自治区来宾市金秀瑶族自治县	金秀瑶族自治县文化馆
66	1535	X-161	瑶族祝著节	民俗	2021（第五批）	新增项目	广西壮族自治区河池市巴马瑶族自治县	巴马瑶族自治县文化馆
67	1536	X-162	壮族侬峒节	民俗	2021（第五批）	新增项目	广西壮族自治区崇左市	崇左市群众艺术馆
68	1550	X-176	壮族会鼓习俗	民俗	2021（第五批）	新增项目	广西壮族自治区南宁市马山县	马山县文化馆
69	1551	X-177	大安校水柜习俗	民俗	2021（第五批）	新增项目	广西壮族自治区贵港市平南县	平南县文化馆
70	1552	X-178	敬老习俗（壮族补粮敬老习俗）	民俗	2021（第五批）	新增项目	广西壮族自治区河池市巴马瑶族自治县	巴马瑶族自治县文化馆

后　记

在科技飞速发展的今天，人类文化正在经历前所未有的变革。元宇宙作为新兴的数字化与虚拟现实技术空间，为文化的传播和体验提供了广阔而丰富的想象空间。特别是在中华文化的语境下，元宇宙不仅是一种技术，它更是一座跨越时空的桥梁，承载了我们对于历史、传统与未来的思索。在这样的背景下，广西丰富多彩的非物质文化遗产如何在元宇宙中获得新的生命力？这一问题既是时代赋予的机遇，也是我们在文化保护与创新中面临的挑战。

中国的非物质文化遗产蕴含着各民族的生活智慧与价值观念。广西地区拥有丰富的非遗文化，从传统手工技艺、民俗活动到表演艺术，无不体现出广西人民对自然、生活和人类本身的独特理解。然而，在信息化、全球化的时代，非遗文化的传播与保护面临严峻挑战——传统的口传心授与空间传承正在逐渐失去优势。如何让这些文化遗产焕发新生，走入当代人的生活视野，成为我们亟待解决的问题。

元宇宙的出现，为这一问题的解决提供了新的可能。元宇宙不仅仅是一个数字技术的集成体，它更是一个沉浸式的虚拟空间，一个能够激发情感共鸣和深层互动的数字生态。通过再造文化场景、构建虚实结合的体验空间，元宇宙为非遗文化创造出全新的叙事方式和共情传播模式，使文化传播从"二维"向"多维"跃升，让更多人能够"亲身"体验、理解和传承非遗文化。本书围绕广西非遗文化展开研究，深入探讨了元宇宙赋能非遗文化传播的未来图景，分析了数字技术为非遗保护所带来的挑战与机会，为传统文化的未来发展提供了一个具有前瞻性的视角。

后 记

  文化是民族的根,非遗文化则是这根基上绽放的花朵。期待本书能够引领读者思考非遗文化的传承之道,在数字化的未来中看到传统文化的蓬勃生机。通过元宇宙这一崭新的载体,广西非遗文化可以走向更广阔的世界,也可以让更多的人走进独特的文化空间中,感受其韵味与魅力。在此,我们怀抱文化创新的初心,诚挚希望本书能为广西非遗文化的传播提供启示,为文化的多样性与多维度传播贡献一份力量。

党 琼

于广西大学新闻与传播学院(南宁,中国)

2024.11.12